中国艺术学文库·艺术人类学文丛　总主编　仲呈祥
LIBRARY OF CHINA ARTS · SERIES OF ANTHROPOLOGY OF ART　文丛主编　方李莉

北京 798 艺术区

市场化语境下的田野考查与追踪

刘明亮　著

中国文联出版社
http://www.clapnet.cn

图书在版编目（CIP）数据

北京798艺术区：市场化语境下的田野考察与追踪 / 刘明亮著. -- 北京：中国文联出版社，2015.1

（中国艺术学文库·艺术人类学文丛）

ISBN 978-7-5059-9455-3

Ⅰ.①北… Ⅱ.①刘… Ⅲ.①文化产业—研究—北京市 Ⅳ.① G127.1

中国版本图书馆CIP数据核字(2014)第298470号

中国文学艺术基金会资助项目
中国文联文艺出版精品工程项目

北京798艺术区——市场化语境下的田野考察与追踪

作　　者：刘明亮	
出 版 人：朱　庆	
终 审 人：奚耀华	复 审 人：邓友女
责任编辑：曹艺凡　曹军军	责任校对：朱为中　周渊龙
封面设计：马庆晓	责任印制：周　欣

出版发行：中国文联出版社
地　　址：北京市朝阳区农展馆南里10号，100125
电　　话：010-65389682（咨询）65067803（发行）65389150（邮购）
传　　真：010-65933115（总编室），010-65033859（发行部）
网　　址：http://www.clapnet.cn
E － mail：clap@clapnet.cn　　　　caoyf@clapnet.cn
印　　刷：中煤涿州制图印刷厂北京分厂
装　　订：中煤涿州制图印刷厂北京分厂
法律顾问：北京市天驰洪范律师事务所徐波律师
本书如有破损、缺页、装订错误，请与本社联系调换

开　　本：710×1000	1/16		
字　　数：257千字	印张：17		
版　　次：2015年1月第1版	印次：2015年8月第2次印刷		
书　　号：ISBN 978-7-5059-9455-3			
定　　价：47.00元			

《中国艺术学文库》编辑委员会

顾 问
（按姓氏笔画）

于润洋　　王文章　　叶　朗
邵书林　　张道一　　靳尚谊

总主编

仲呈祥

《艺术人类学文丛》主编

方李莉

《中国艺术学文库》总序

仲呈祥

在艺术教育的实践领域有着诸如中央音乐学院、中国音乐学院、中央美术学院、中国美术学院、北京电影学院、北京舞蹈学院等单科专业院校,有着诸如中国艺术研究院、南京艺术学院、山东艺术学院、吉林艺术学院、云南艺术学院等综合性艺术院校,有着诸如北京大学、北京师范大学、复旦大学、中国传媒大学等综合性大学。我称它们为高等艺术教育的"三支大军"。

而对于整个艺术学学科建设体系来说,除了上述"三支大军"外,尚有诸如《文艺研究》《艺术百家》等重要学术期刊,也有诸如中国文联出版社、中国电影出版社等重要专业出版社。如果说国务院学位委员会架设了中国艺术学学科建设的"中军帐",那么这些学术期刊和专业出版社就是这些艺术教育"三支大军"的"检阅台",这些"检阅台"往往展示了我国艺术教育实践的最新的理论成果。

在"艺术学"由从属于"文学"的一级学科升格为我国第13个学科门类3周年之际,中国文联出版社社长兼总编辑朱庆同志到任伊始立下宏愿,拟出版一套既具有时代内涵又具有历史意义的中国艺术学文库,以此集我国高等艺术教育成果之大观。这一出版构想先是得到了文化部原副部长、现中国艺术研究院院长王文章同志和新闻出版广电总局原副局长、现中国图书评论学会会长邬书林同志的大力支持,继而邀请我作为这套文库的总主编。编写这样一套由标志着我国当代较高审美思维水平的教授、博导、青年才俊等汇聚的文库，我本人及各分卷主编均深知责任重大，实有如履薄冰之感。原因有三：

一是因为此事意义深远。中华民族的文明史，其中重要一脉当为具有东方气派、民族风格的艺术史。习近平总书记深刻指出：中国特色社会主义植根于中华文化的沃土。而中华文化的重要组成部分，则是中国艺术。从孔子、老子、庄子到梁启超、王国维、蔡元培，再到朱光潜、宗白华等，都留下了丰富、独特的中华美学遗产；从公元前人类"文明轴心"时期，到秦汉、魏晋、唐宋、明清，从《文心雕龙》到《诗品》再到各领风骚的《诗论》《乐论》《画论》《书论》《印说》等，都记载着一部为人类审美思维做出独特贡献的中国艺术史。中国共产党人不是历史虚无主义者，也不是文化虚无主义者。中国共产党人始终是中国优秀传统文化和艺术的忠实继承者和弘扬者。因此，我们出版这样一套文库，就是为了在实现中华民族伟大复兴的中国梦的历史进程中弘扬优秀传统文化，并密切联系改革开放和现代化建设的伟大实践，以哲学精神为指引，以历史镜鉴为启迪，从而建设有中国特色的艺术学学科体系。艺术的方式把握世界是马克思深刻阐明的人类不可或缺的与经济的方式、政治的方式、历史的方式、哲学的方式、宗教的方式并列的把握世界的方式，因此艺术学理论建设和学科建设是人类自由而全面发展的必须。艺术学文库应运而生，实出必然。

二是因为丛书量大体周。就"量大"而言，我国艺术学门类下现拥有艺术学理论、音乐与舞蹈学、戏剧与影视学、美术学、设计学五个"一级学科"博士生导师数百名，即使出版他们每人一本自己最为得意的学术论著，也称得上是中国出版界的一大盛事，更不要说是搜罗博导、教授全部著作而成煌煌"艺藏"了。就"体周"而言，我国艺术学门类下每一个一级学科下又有多个自设的二级学科。要横到边纵到底，覆盖这些全部学科而网成经纬，就个人目力之所及、学力之所逮，实是断难完成。幸好，我的尊敬的师长、中国艺术学学科的重要奠基人于润洋先生、张道一先生、靳尚谊先生、叶朗先生和王文章、邬书林同志等愿意担任此丛书学术顾问。有了他们的指导，只要尽心尽力，此套文库的质量定将有所跃升。

三是因为唯恐挂一漏万。上述"三支大军"各有优势，互补生辉。例如，专科艺术院校对某一艺术门类本体和规律的研究较为深入，为中国特色艺术学学科建设打好了坚实的基础；综合性艺术院校的优势在于打通了艺术门类下的美术、音乐、舞蹈、戏剧、电影、设计等一级学科，且配备齐全，长于从艺术各个学科的相同处寻找普遍的规律；综合性大学的艺术教育依托于相对广阔的人文科学和自然科学背景，擅长从哲学思维的层面，提出高屋建瓴的贯通于各个艺术门类的艺术学的一些普遍规律。要充分发挥"三支大军"的学术优势而博采众长，实施"多彩、平等、包容"亟须功夫，倘有挂一漏万，岂不惶恐？

权且充序。

（仲呈祥，研究员、博士生导师。中央文史馆馆员、中国文艺评论家协会主席、国务院学位委员会艺术学科评议组召集人、教育部艺术教育委员会副主任。曾任中国文联副主席、国家广播电影电视总局副总编辑。）

《艺术人类学文丛》序

非常高兴能在中国文联出版社的大力支持下推出这样一套国内目前为止内容最完整、规模最大的艺术人类学文丛（出全将有二十余本）。我想，这不仅是在中国，在国际上也是史无前例的。说其内容最完整，是因为这套丛书包括艺术人类学教材、中国艺术人类学理论、外国艺术人类学理论（系列译著）、田野考察（包括乡村与城市），还有中外艺术人类学家对话、中外艺术人类学讲演集、会议论文集等。

如果这套文丛能全部按计划出版，这将是学界的一件大事，也是艺术人类学学科建设上的一件大事。艺术人类学是一门跨学科的学问，仅从字面上来看，其跨人类学和艺术学两个学科，但有关这方面的理论研究，不仅会影响到人类学和艺术学，还会影响到相关的一些领域，如非物质文化遗产保护，文化产业等。这是因为，如果仅仅从艺术理论的角度来研究艺术，很容易将其局限于艺术的形式与审美等方面、艺术品与艺术技巧的分析等。但如果引入人类学的视角，艺术的研究就不仅与艺术品有关，与艺术审美、艺术技巧有关，因为艺术还是潜在的社会和文化的代码及表征符号[1]，所以其还将与许多的社会与文化现象有关。

在工业文明走向后工业文明、地域文化的再生产走向全球文化的再生产、资本经济走向知识经济等人类社会面临急剧转型的今天，艺术在

---

[1] Robert Layton, *Material Culture Lecture 4*, November 2014 in Duham University.

其中所起的作用远远超越我们已有的认识。因为艺术所具有表征性、象征性和符号性，将会越来越成为趋向于精神世界发展、趋向于人的身体内部发展的后工业社会中的文化、政治、经济变革的引擎。因而，新的时代，须要我们从更深刻和更广泛的角度去理解人类的艺术，以及艺术与社会、与文化发展之间的关系，也因此，笔者认为这套文丛出版的意义巨大。

纵观人类社会发展史，我们会发现，每一次的社会转型是由科学技术的变革引起的，但每一次文化转型，包括对世界图景的重新勾勒，都是从艺术的表达开始的。文艺复兴时期，艺术是时代的先锋，这是因为艺术的感知来自于人的直觉。理性也许稳妥，但却往往迟缓于直觉。就像"春暖鸭先知"一样，艺术也是时代的温度计，是最早地敏感到社会气候变化的一种文化表征。以往，社会科学，包括人类学，对艺术研究重视不够，希望这套文丛的出版会纠正学界一些曾对艺术认知的偏差。

这套文丛是中国艺术研究院艺术人类学研究所师生们十几年来积累的研究成果。除了教材和理论部分之外，它还包含了十几本田野著作，它们是这套文丛的核心部分。因为人类学研究是以田野见长，也是以田野来实证自己的观点的。这里的田野著作分为三部分，其中一部分是关于梭嘎苗寨田野考察系列的：2001—2008年间，笔者以及其所在研究所的全体师生一起承担了国家重点课题《西部人文资源的保护、开发和利用》（由笔者担任课题组组长），而对梭嘎苗寨的考察是其中一个子课题。那是在2005—2006年间，笔者带领本所师生（杨秀、安丽哲、吴昶、孟凡行，还有音研所的崔宪老师）组成的子课题组在那里做田野。安丽哲、吴昶、孟凡行是我带的硕士生和博士生，现在他们已经毕业，在不同的大学当老师，在这个系列里能出版他们的成果，我很高兴。

其中的第二部分田野是关于北京"789"艺术区的。2006年，受民盟北京市委的委托，中国艺术研究院艺术人类学研究所做一个有关北京

"798"艺术区的研究报告,并对其未来走向下一个判断,因为当时北京市委对是否保留"798"艺术区有所犹豫。我们研究的结果是:"798"艺术区是后工业社会发展的产物,是一个城市文化发展的象征,所以必须保留。自那以后,我们所的艺术田野开始从农村转向城市,首先只是研究"798"艺术区,后来扩展到宋庄艺术区,这里除有刘明亮、秦宜的博士论文以及我们所共同写的研究报告外,还有我指导的一位韩国博士生金纹廷做的有关"798"艺术区和韩国仁寺洞艺术区对比研究的博士论文。这一系列课题研究得到文化部国家当代艺术中心的支持,因此,研究成果也是属于文化部资助课题共享的。

这套文丛的另一田野部分,就是景德镇陶瓷艺术区的考察。从1996年开始,笔者就在那里做田野,持续到今天已近20年。开始只是自己在做,后来带领学生们(先后参与过这一课题的研究生们有:王婷婷、陈紫、王丹炜、白雪、张欣怡、张萌、郭金良、田晓露、陈思)一起研究,这是中国艺术研究院艺术人类学研究所持续研究时间最长、花力气最大的田野考察点。最初关注的是20世纪90年代以后国营工厂改制下当地传统陶瓷手工艺的复兴问题。2006年以后,发现那座古老的陶瓷手工艺城市又发生了巨大的变化,其不再是一座只有当地手艺人在创造当地文化经济而发展的城市,而是加入了许多外来的艺术家(包括来自世界不同国家的)和外来的年轻的刚从艺术院校毕业的学生们的城市。他们利用当地的陶瓷手工艺生产系统和当地传统的手工技艺,创造了新的艺术品及新的艺术化的生活日用瓷。他们的到来不仅复兴了当地的传统文化,还创造了新的具有地方特色的当代文化和艺术,让景德镇又重归世界制瓷中心的地位。但是,如果说在历史上景德镇是世界日用陶瓷生产的中心,现在它竟成了世界艺术瓷的创作中心。其之所以能有如此转变,是因为,当地流传了上千年的生产方式和生产技术成了可供外来艺术家们开发和利用的文化资源。现在,当我们来到景德镇,以往那里废弃的国营大工厂以及周边的村庄都被开发成类似"798"、宋庄的当代艺术区。这些艺术区里聚集了许多传统的手艺人和外来的艺术家，是他们和当地的手艺人共同开创了景德镇新的文化模式和经济模式。

笔者花了8年的时间和国家重点课题（《西部人文资源的保护、开发和利用》）组的成员们一起，在西部（包括梭嘎苗寨）做田野，最后完成了一部题为《从遗产到资源——西部人文资源研究报告》的专著①。其中许多观点不仅出现在西部考察的专著中，还一直贯穿在我们后来所做的有关景德镇乃至"798"、宋庄艺术区的研究中。因为，在这些不同的地方，我们都看到了从"遗产（传统文化）到资源"的文化现象，即人们将传统作为资源在开发和利用的文化现象。

如：刘明亮在他的有关"798"研究的专著中，描述"798"留下的巨大厂房空间："看到其在新时期的区域功能和文化功能的转变：它是新中国工业文明和历史发展的见证，同时也保留了工业化时期和'大跃进'、'文革'、改革开放等时期的痕迹，使之一方面成为历史的见证者，另一方面又成为北京市文化产业的先行者。从这一点来看，它又是一个典型的'从遗产到资源'的案例。"② 也就是说，当年"798"工厂遗留给北京市的不仅是一个时代的物质空间，还包含了整个计划经济时期甚至"文革"时期的许多非物质的文化遗产。进驻在那个空间里的艺术家、画廊，不仅有效地利用了其高大的厂房，还有效地利用了一段"红色"的记忆，创造了其特有的记忆文化。金纹廷也在其专著中写道："'798'艺术区和仁寺洞文化区的共同点在于，传统和现代、艺术产业和观光产业共存一处。同时，两个地方都受到全球化浪潮的巨大冲击，在艺术区的构成和系统上都发生了重大改变，其变化速度之快远超出人们的预测。"③

通过这些田野我们看到：第一，当今人类社会最重要的一个标志就

---

① 方李莉主编：《从遗产到资源——西部人文资源研究报告》，学苑出版社2010年版。
② 刘明亮：《北京798艺术区：市场化语境下的田野考察与追踪》，中国文联出版社2015年版。
③ 金纹廷：《后现代文化背景下的文化艺术区比较研究——以北京"798"艺术区和首尔仁寺洞为例》，即将由中国文联出版社出版。

是"传统与现代不再对立"①,它们正在共同建造一个新的人类的社会文化;第二,以往人们是通过开发自然资源来创造文化,而现在的人们则是通过开发"文化资源"来"重构新的文化"。第三,知识社会和知识经济正在取代传统的资本社会和资本经济②,其证据是:越来越多的人在从事与知识、与智慧、与经验和信息有关的工作。这些人是艺术家、设计师、手艺人、建筑师、工程师、广告策划、网络工作者、金融家、科学家等等。也就是说,今后社会的竞争不再仅仅是资本和生产工具、生产资料以及生产规模的竞争,而是知识、技艺、信息、经验、策划能力、思考能力、创新能力的竞争。而这所有的能力,不在人的身体外部,而在于其内部。也就是说,身体与劳动工具、与资本合而为一的时代又要来临,好像是对传统的回归,实际上是一种新的社会的来临,一种新的竞争方式的来临。笔者看到有一部书,名叫《第三次工业革命:新经济模式如何改变世界》③,因此,我们不妨将我们看到的这些新的文化现象命名为"第三次工业革命中的文化变革或社会变革"。

而这一切变革都与艺术有着密切的联系,传统和现代是以艺术作为桥梁,才把它们关联在了一起。如,所有的传统手工艺,在机器生产取代手工生产的今天,只有变成艺术,或者为艺术化的生活服务,才能保存下来。正因为此,景德镇才从传统的日用瓷中心发展成当代的艺术瓷中心。另外,艺术是重构传统景观和传统文化的最直接手段,正是这种重构激发了文化产业的向前推进,也抹平了传统与现代之间的鸿沟。

同时,当文化重构成为一种当代的文化再生产方式时,艺术在其中起的作用也是不言而喻的。当笔者在西部做考察时发现,所有的非物质文化遗产,只要能转化成艺术,就不仅不会消失,还能够继续发展,这种发展不仅重新模塑了当地的文化符号与文化认同,也重新模塑了当地

---

① [美]歇尔·萨林斯著,王铭铭、胡宗泽译:《甜蜜的悲哀》,三联出版社2000年版。
② [日]界屋太一:《知识价值革命》,东方出版社1986年版。
③ 杰里米·里夫金(Jeremy Rifkin)著,张体伟、孙豫宁译:《第三次工业革命:新经济模式如何改变世界》,中信出版社2012年版。

的新的经济发展模式。①

以贵州的梭嘎苗寨发展为例，2005年我们到那里去考察时，当地的村民们生活很困难。将近十年过去了，据说当地不少的村民们已经脱贫了。他们将自己的文化变成艺术在出售，如他们的歌舞、刺绣等。这是一种文化再生产的新方式，这种方式使得人类创造文化不再仅仅是人与自然的互动、人与物的互动，而是人与文化的互动。其生产的结果是，人们不仅是在消费物质，也是在消费符号和形象，这也就是文化产业兴起的社会基础和经济基础。所以我们看到，许多的传统成了文化和艺术再创造的资源，所以我们还看到所有的非物质文化遗产都成为可供展示和可供表演的符号，而非物质文化遗产传承人也几乎都成了民间艺术家。可以说，没有艺术的表现，人们是很难认识到非物质文化遗产的珍贵性的，也可以说，如果没有艺术的表现也就不会有今天红火的文化产业。

其实，这种现象不仅表现在农村社会、传统手工艺城市。即使在现代大都市，在当代的艺术创作中也一样。人们也不再以再现自然景观或现实生活为目标，而是不断地在原有的文化中去寻找重新创作的符号。如当代艺术家张晓刚、岳敏君、王广义等，他们都是在不断地利用计划经济时期和文革时期的政治符号来作为自己的创作资源，徐冰的《天书》则是在中国的精英文字的历史中寻找资源，吕胜中铺天盖地的《小红人》却是在陕北的民间剪纸艺术中寻找资源，等等，举不胜举。在未来的后现代社会或信息化社会中，艺术作为人类文化代码所体现出的价值会越来越重要。以后，笔者会有专门的论著来讨论这一问题，并希望也能在这套文丛中出版。

总之，田野工作是令人兴奋的，其会为我们呈现出许多鲜活的社会知识和智慧，所以，这套文丛是以艺术田野为重头的。当然，理论总结也同样重要，在这套文丛中还会有罗亦菲的《1990年代以来西方艺术

---

① 方李莉：《"文化自觉"与"非遗"保护》，时代出版书局2015年版。

人类学思潮》和王永建的《新时期以来中国艺术人类学思潮》。他们都曾经是我们这里毕业的博士生，出版的也都是他们的毕业论文。另外，为了便于教学，笔者在学生们的帮助下，还会将自己多年的教学大纲编著成一本《艺术人类学十五讲》出版。

  艺术人类学是一门外来的学科，因此，翻译介绍、与西方学者合作研究是必不可少的。近年来我们所的李修建副研究员，一直在组织大家翻译一些非常经典的艺术人类学论文，其将会将这些经典的论文汇集一体，在这套文丛中出版。另外，我们还将选择罗伯特·莱顿、范·丹姆、墨菲三位世界著名艺术人类学大家的代表作翻译出版。他们和我们研究所有着长期的联系和广泛而深刻的学术交流：罗伯特·莱顿和范·丹姆基本上每年都会来中国参加我们所和学会共同组织的中国艺术人类学年会。尤其是莱顿教授，其作为外籍专家受国家外国专家局的聘请在我们所工作三年，在此期间，他一直参与我们的教学工作和景德镇的田野考察工作。所以，景德镇的这一部分成果也要部分归功于莱顿教授，是他和笔者一起指导学生，和笔者共同完成了许多研究。在共事中，我们打算以艺术人类学的田野工作为主题，出版一本对话录——东西方学者不同的田野工作方式与体验——应该会是一本有价值的书。另外，范·丹姆一直在研究审美人类学，在这方面他是世界级的权威，他一直希望和笔者有一个对话，对话的主题是通过田野来讨论不同地方文化中的不同审美趋向，以及这种审美趋向背后所生成的社会结构等——如果能完成这一对话录，其也将会被收录进这套文丛。时代的发展须要不同国家的学者共同探讨、互补和互动，加深彼此间的共同理解，同时携手解决或研究一些世界性的问题。也因此，这套文丛的作者，不仅有我们所的师生以及曾在我们所受过教育、如今已在全国不同高校担任教学与研究工作的学者们，还有多位与我们所长期合作的外国学者们。

  现在这套文丛有的已经完成即将出版，有的还在修改之中，有的刚开始写，因此，要全部完成，可能得有两三年时间，也许还会更长。但这是一套有价值的文丛，希望出版后能够引起国内外学术界的关注，同时，也希望通过这套文丛的出版能够推动艺术人类学这门学科在中国的发展，奠定中国艺术人类学在国际上的学术地位。

最后还要声明的是，这套文丛的成果不仅来自于我们所的学者们以及曾在我们所受过教育的硕士生、博士生们的共同努力，还要归功于中国艺术人类学学会的共同参与。因为，以后学会每年的年会论文集也将放在这个系列中出版，这也增加了这套文丛的出版分量。

写这篇序言时，我正在英国杜伦大学人类学系访学，受出版社敦促，匆匆写成，权当是主编这套文丛的思路概述。

再次感谢中国文联出版社的大力支持、资助！也由衷地感谢编辑们的辛勤劳动！

方李莉

2014 年 12 月 18 日

写于英国杜伦大学

目 录

绪论 001
 一、论题的提出 002
 二、时代背景与研究对象 005
 三、研究现状 015
 四、研究方法与选题意义 021

第一章 北京798艺术区发展概况 023
 第一节 798艺术区前背景：圆明园艺术群落 025
  一、曾经的"异托邦" 026
  二、身份认同及其实践 030
  三、地缘业缘下的"团体" 032
  四、梦想的破灭 033
  五、市场因素的萌芽 034
 第二节 工业废墟上的文化经验：后工业背景下区域功能的转变 038
  一、798艺术区区域特点及其发展脉络 039
   （一）区域特点 039
   （二）重要事件和发展脉络 041
  二、展示与流通功能 045
  三、公众不再缺席的当代艺术区域 047
  四、从物理空间到心理空间的转换 048
 第三节 利益博弈下的"再造798工厂" 051
  一、"再造"：主动出击 052

二、积极的实践："从遗产到资源" 053
三、"再造"：主动话语诉求 055
小结 057

第二章　多元互动的艺术生态 059

第一节　798艺术区的互动系统 059
一、主系统 059
二、次级系统 061

第二节　艺术家及其生态 062
一、798艺术区早期的艺术家群体 063
二、艺术家群落的变迁 067
（一）2003—2009年北京798艺术区入驻机构及个人历年变化统计 068
（二）2003—2009年北京798艺术区入驻机构及个人变迁分析 074
三、个案及其分析：对798艺术区"郝光事件"的思考 076

第三节　画廊 089
一、构成与类型 091
（一）当代艺术为核心的丰富业态 092
（二）中外机构及业态的统计 094
二、画廊入驻与艺术家的出走 096
（一）798艺术区变化的几个阶段 097
（二）画廊入驻与艺术区的商业化转向 098
（三）艺术家的出走 101
三、双重压力下的本土画廊生态 103
（一）艺术区内本土画廊状况简要分析 103
（二）艺术市场模型的建立与分析 105

第四节　其他入驻者 115
一、丰富的业态 115
二、餐饮：生活的艺术化 122

  三、LOFT 生活方式与艺术化时尚　　127
 问题思考　　133

第三章　市场·艺术·艺术家——798 艺术区引发的思考　　135

 第一节　当前 798 艺术区的问题与分析　　135
  一、入驻机构和个人对北京 798 艺术区的评价　　136
   （一）对 798 艺术区现状的评价　　136
   （二）对 798 艺术区未来发展的判断　　138
   （三）对 798 艺术区管理的评价　　142
  二、当前影响 798 艺术区发展的部分显性因素　　143
   （一）金融危机的影响　　143
   （二）房租影响　　146
  三、"无权干涉业主房屋用途"折射出的定位等隐性问题　　149
 第二节　市场博弈下的利益转移——以 798 艺术节为例　　154
  一、2004—2009 年 798 艺术节统计　　154
  二、名称之争及其潜在的经济利益权衡　　156
  三、2007 年艺术节与市场利益转移和话语权力的过渡　　158
  四、市场利益转移中各方力量的平衡　　162
  五、市场利益转移下的力量分化　　164
 第三节　不断迁徙的艺术群落　　165
  一、群落不断迁徙的缘由　　165
  二、空间和心理上的双重"边缘"　　167
   （一）艺术群落的变迁　　167
   （二）"塔西提岛"的诱惑　　169
   （三）主动放逐与心理上的边缘化　　170
   （四）漂移中的"灰色地带"　　171
 小结　　172

结语 173
　一、艺术区是滋生当代艺术"妖魔化"的温床？ 174
　二、艺术区的定位 176

附表 179
　一、798艺术区入驻机构及个人主要情况统计表 179
　二、访谈统计 205
　　1. 艺术家访谈： 205
　　2. 画廊及其他机构访谈： 206
　三、"面对金融危机，798艺术区如何做到可持续发展"
　　　座谈会会议内容 210

参考文献 237

后　记 244

CONTENTS

Introduction 001

    I   The Question   002
    II   The Historical Background and Research Object   005
    III   The Research Situation   015
    IV   The Research Method and Significance of the Subject   021

Chapter I   The 798 Art Zone and Its General Situation of Development   023

  Section I   The Fore-background of the 798 Art Zone: The *Yuanmingyuan* Art Community   025
    I   As a "Heterotopia" in Its Early Period   026
    II   The Confirmation of Identity and the Practice   030
    III   "Groups" due to Geographical and Professional Relationship   032
    IV   Broken Dream   033
    V   Market Factors' Coming into Being   034
  Section II   Culture Experience Based on the Industrial Ruins: The Transformation of Regional Function under the Post-industrial Background   038
    I   Regional Feature and the Trace of Development of the 798 Art Zone   039
        (I) Regional Feature   039
        (II) Important Incidents and the Trace of Development   041

Ⅱ　Function of Demonstration and Circulation　　045
　　Ⅲ　The Contemporary Art Zone with no Absence of the Public　　047
　　Ⅳ　A Shift from Physical Space to Psychological Space　　048
　Section Ⅲ　"Reconstruction of the 798 Factory"
　before the Background of an Interest Game　　051
　　Ⅰ　"Reconstruction": An Active Approach　　052
　　Ⅱ　Active Practice: "A Change from Legacy to Resources"　　053
　　Ⅲ　"Reconstruction": An Initiative Appeal for Discourse Power　　055
　Brief Summary　　057

Chapter Ⅱ　A Multiple – Interactive Art Ecology　　059

　Section Ⅰ　The Interactive System of the 798 Art Zone　　059
　　Ⅰ　The Prime System　　059
　　Ⅱ　The Secondary System　　061
　Section Ⅱ　The Artists and Their Living Ecology　　062
　　Ⅰ　The Early Groups of Artists at the 798 Art Zone　　063
　　Ⅱ　The Transition of Artists' Community　　067
　　　（Ⅰ）Yearly Statistics (2003—2009) for the Arrival and Transition of
　　　　　Organizations or Individuals at the 798 Art Zone　　068
　　　（Ⅱ）Analysis (2003—2009) on the Transition of Organizations or
　　　　　Individuals at the 798 Art Zone　　074
　　Ⅲ　A Case plus Its Analysis: Thinking about "*Haoguang* Incident"
　　　of the 798 Art Zone　　076
　Section Ⅲ　Art Galleries　　089
　　Ⅰ　Constitution and Form　　091
　　　（Ⅰ）Business in Abundance Centering on Contemporary Arts　　092
　　　（Ⅱ）Statistics for Chinese and Foreign Organizations and
　　　　　their Business　　094
　　Ⅱ　Coming of Art Galleries and Leaving of Artists　　096
　　　（Ⅰ）Phases of Transition of the 798 Art Zone　　097

(Ⅱ) The Coming-in of Art Galleries and the Commercialization of Art Zone	098
(Ⅲ) The Leaving of Artists	101
Ⅲ　The Ecology of Local Art Galleries under Double Pressure	103
(Ⅰ) General Analysis on the Situation of Local Galleries at the Art Zone	103
(Ⅱ) The Construction of and the Analysis on the Art Market Model	105
Section Ⅳ　Other People in the 798 Art Zone	115
Ⅰ　Business in Abundance	115
Ⅱ　Catering: The Artistic Tendency of Life	122
Ⅲ　"LOFT", a Life Style and a Fashion with Artistic Tendency	127
Thinking Questions	133

Chapter Ⅲ　Market, Art, Artist—Thinking from the 798 Art Zone　135

Section Ⅰ　Problems and Its Analysis with Regard to the Current 798 Art Zone	135
Ⅰ　Comments of the Internal Organizations and Individuals on the 798 Art Zone	136
(Ⅰ) Comments on the Situation of the 798 Art Zone	136
(Ⅱ) Predictions about the Future of the 798 Art Zone	138
(Ⅲ) Comments on the Management of the 798 Art Zone	142
Ⅱ　Some Obvious Factors Affecting the Development of the 798 Art Zone	143
(Ⅰ) The Impact from the Financial Crisis	143
(Ⅱ) The Impact from Rents	146
Ⅲ　"None of Our Business to Interfere with the Use of Proprietors' Apartments" Reflects the Problems like Positioning etc.	149

Section II Transfer of Interests amid the Market Game—
Take the 798 Art Festival as Example   154
- I Statistics for the Art Festivals from 2004 to 2009   154
- II The Competition for Naming Right and behind It the Balance of Interests   156
- III The 2007 Art Festival and the Transition of Market Benefits and Discourse Power   158
- IV The Balance of Power among all parties amid the Transition of Market Interests   162
- V The Power Differentiation Resulting from the Transition of Market Interests   164

Section III The Continually Migrating Art Groups   165
- I The Reason of the Continuance of Migrating   165
- II The "Dual – marginalization", Physically and Psychologically   167
  - (I) The Transition of Art Groups   167
  - (II) The "Tahiti" Temptation   169
  - (III) Self – exile and Psychological Marginalization   170
  - (IV) The "Grey Zone" amid Drifting   171

Brief Summary   172

Epilogue   173

- I Art Zones Breed "Demonization" of Contemporary Arts?   174
- II The Positioning of Art Zones   176

Attached Lists   179

- I Statistical Tables for the Organizations and Individuals of the 798 Art Zone   179
- II Statistics for the Interviews   205
  - (I) Interviews with Artists: 205

(Ⅱ) Interviews with Galleries and Other Organizations: 206

Ⅲ "To Confront the Financial Crisis, What Could be Done for the Sustainable Development of 798 Art Zones" 210

The General Topics of the Symposium 210

Bibliography 237

Acknowledgement 244

绪 论

以美国斯图尔德为代表的新进化论学派提出了"文化生态"的概念，是以人类的文化和行为与生态环境相互作用的关系为切入点；中国学者方李莉在此基础上提出了"文化生态失衡"的问题，则是从保护文化多样性的角度提出的，认为人类文化是一个有机整体，其各部分相互作用，相互联系，正因为如此才使人类文化历久不衰，导向平衡。因为"人类所创造的每一种文化都是一个动态的生命体，各种文化聚集在一起，形成各种不同的文化群落、文化圈，甚至类似生物链的文化链。它们互相关联成一张动态的生命之网，其作为人类文化整体的有机组成部分，都具有自身的价值，为维护整个人类文化的完整性而发挥着自己的作用。"① 从这一角度来看，近年来在中国大陆出现的艺术区或画家村则无疑形成了一种新的文化群落，或者称为艺术群落。它的出现无疑增加了中国当代艺术发展的丰富性，成为中国当代艺术发展的一个重要内容。

艺术群落是近年来出现的一个新的艺术现象，它的发生发展是伴随着中国社会的经济、文化转型而进行的，本论文试图通过对极具典型特征的艺术群落——北京798艺术区进行"解剖麻雀式"的田野考察，并在此基础上对其做出客观真实的描述和评价，以期通过798艺术区这一典型个案的研究来解读中国当代艺术的多元共生状况，并通过阐述798艺术区的变迁及其所遇困境，展现市场语境和全球化背景下的中国当代艺术不断建构、解构的历程，从而昭示：只有建立起健康成熟的艺术市场，当代艺术才有健康发展的可能，也才能在激烈的市场竞争中确立自己的文化地位。

---

① 方李莉：《文化生态失衡问题的提出》，《北京大学学报（哲学社会科学版）》2001年第3期，第105—113页。

北京 798 艺术区：市场化语境下的田野考察与追踪

一、论题的提出

798 艺术区[①]作为当前当代艺术的一个集中展示的区域，已经不仅仅是一个画廊的聚集区，而是兼具时尚高档区、旅游区以及具有公共艺术教育功能的区域。它既是一种艺术现象，也是一种文化现象：一个围绕当代艺术而建立起的多元文化业态区域，其不断解构和建构的过程，集中体现了当代艺术以及艺术群落在市场语境和全球化背景下的变迁。

当代艺术的发展以及围绕艺术群落所形成的完整的产业体系已经得到政府的认可，当代艺术和群落也从最初的"边缘"、"体制外"和"非主流"进入到一个可以正常"对话"的平台，并在某种程度上进入公众的生活，当代艺术及其艺术家的生存状态已经越来越受到市场和社会的关注。

上图："毛主席万岁 万万岁"
右图：狠学狠用老三篇

图1 北京798艺术区许多空间及墙面上至今仍保留着工业化时期和"文革"时期的信息 （笔者拍摄）

798 艺术区作为一个极具典型性特征的艺术群落，由于其特殊的地理位置和变迁历程而备受关注。其从当代艺术家的聚集区到当代艺术画廊聚集区、再到围绕当代艺术多业态混合的艺术生态转变，实际上是各种力量博弈的结果，在此过程中，各方力量此消彼长，正是798艺术区得以解构

---

① "798"艺术区的概念主要是从2003年的"再造798"活动而来。在笔者对早期进入798艺术区的时态空间主人兼艺术家徐勇的访谈中，徐谈到当时之所以选择这个名称是因为这几个数字特别有意思，尤其是在国际交流中更容易让人记住。但是当时七星集团的管理者反对艺术家使用"798"这个名称，因此徐勇他们后来只能将"798"这个名称换成了"大山子"，具体情况文中另有论述。根据厂区历史：这里原是718、798、706、707和797厂等大型军工企业的所在地，其前身是第四机械工业部华北无线电器材联合厂，而798只是其中的一个分厂（三分厂）。该联合厂是建国后我国"一五"计划期间的重点建设项目，1951年10月29日经周恩来总理亲自批准筹建，是由当时的社会主义阵营中的东德援建的。

和建构的主要原因。

　　798艺术区，既与早期夭折的圆明园画家村具有某种内在联系，又具有截然不同的经历与命运。它可以被看做一个舞台，在这个舞台上，集中呈现了一个区域、一个地理空间如何转化为一个公共的、文化的空间的过程；呈现的是一个非主流艺术群落在市场语境和全球背景下的文化权利诉求及理想主义追求；这里是一个非传统社区，人们之间的关系不是建立在传统的地缘与血缘关系基础之上，它是市场经济与全球化视野中逐渐形成的一种新的人文景观。

　　在市场化机制还未形成之际，中国当代艺术的发展经历了一个较为曲折的过程。由于受到市场和体制的双重压力，当代艺术最初是以一种激进的、"边缘化"和"非体制"的姿态出现的。这种姿态虽然会随中国社会结构因全球化的发展和自身改革的力量出现而有所改观，但却仍然摆脱不了社会惯性下的生存状态，因为"边缘化"的生存状态决定了早期当代艺术既不可能获得政府的认可，也不可能在国内找到市场；另一方面他们除了受到来自国内的压力外，同时也受制于西方艺术市场的压力，表现为如何进入西方艺术市场的压力和西方的"他者化"所带来的文化冲突。为了拓展市场和获得西方收藏者的青睐，当代艺术必然会经历一个接受—吸收—冲突—本土化的过程，而这一"阵痛"伴随着中国的改革开放和全球化背景而演进。艺术群落则正是在这样的整体环境下出现并发展的，因此对这一群落进行考察和研究，可以更清晰地看到文化在交流和融合的过程中所面临的冲突和压力，以及作为群落自身的应对策略。从某种意义上说，应该说群落艺术同时也是"文化多元化"的进场和"西方中心主义"逐渐退场的过程。在这一过程中，群落艺术成为冲突最为激烈的"战场"，既有来自本土传统社会的冲突，也有来自对外来文化进行吸收和融合时的"阵痛"。

　　具体到798艺术区，除了审视其中西文化的冲突性以外，也须看到其历史痕迹与当代艺术共存的方面，看到其在新时期的区域功能和文化功能转变：它既是新中国工业文明和历史发展的见证，同时也保留了工业化时期和大跃进、"文革"、改革开放等时期的痕迹。使之一方面成为历史的见证者，另一方面又成为北京市文化产业的先行者，从这一点来看，它又是一个典型的"从遗产到资源"的案例。

当然，群落艺术的出现也成为"都市文化"发展的重要侧面，从它身上，一方面让我们看到社会转型所带来的社会结构和各个环节出现的松动，同时也为传统社会注入新的发展活力，丰富和拓展了发展空间，成为文化多样化进程的一部分。

从国内的艺术人类学发展来看，当前关注更多的是民间的、少数民族的艺术，而对都市现代艺术的观照并不多，因此艺术人类学应有一个更开阔的视野，不仅关注传统艺术，也应关注现当代艺术。以艺术人类学的视角和方法，介入以画家村或艺术区为代表的群落艺术[①]研究，不仅是当代艺术发展的需要，也是艺术人类学学科发展的新的方向和重要内容。考察

---

① 生活于城市中的职业艺术家是自20世纪90年代开始出现的一种文化现象，这一群体随着改革开放、全球化的进程和市场化语境而快速发展，甚至急剧膨胀。即使是已经被取缔的圆明园画家村，其鼎盛时期的画家也达到了400多人，而到了2000年后，各种艺术区的画家群体以更加迅猛的速度在北京以及其他城市全面开花，无论从速度还是从范围，都达到了前所未有的程度。据统计，到2007年仅北京宋庄画家村的艺术家就达到了4000人，这是一个庞大的群体。

从对全国艺术区的分布可以看出，这些职业艺术家作为一种曾经非主流、边缘的艺术群体，天然的和城市有一种亲密关系，成为都市文化的重要组成部分，它同时也是都市文化在后现代社会出现的特有的文化现象。因此，对都市文化以及现当代艺术的研究，必然不能忽视这一个群体的存在，这既是现当代艺术史的一个重要的内容，也是艺术人类学介入当代艺术的一个途径和入口。

当然，对于这一个群体，现在关注的人很多，出现了很多成果，比如薛红艳的《上海，9+1：走进苏州河艺术家》，杨卫、尉彬主编的《中国当代艺术生态》，唐昕的《花家地：1979—2004中国当代艺术发展亲历者谈话录》，李勇A的《千万别当艺术家》，马越的《长在宋庄的毛》等。

除了对这一个群体的关注外，生活于城市中的另一个群体，一些还处于体制内的、在艺术上成功的、但又具有职业艺术家性质的艺术家们，也同样引起人们的关注，作为这些艺术家们，郭艳写了《私人城市：寻访28位中国当代艺术家》，通过对生活于几个重要城市中的当代艺术家的访谈，对他们的生存状态做了记录和描述。正如郭艳最后后记中写的："这本书试图记录的是当代生活在城市中的人，并通过他们的眼睛折射我们的城市。选择的艺术家仅仅是一个点，艺术家是城市中一个特殊的、有趣的、具有敏锐观察力的人群。我相信，记录下这个时代活生生的人的真实状态其意义并不亚于记录那些最经典的建筑。"

而在郭艳邀请栗宪庭为书写一个序言的时候，问起写作是侧重于城市还是侧重于城市中的艺术家时，栗宪庭在回给郭艳的Email中认为还是应该侧重于艺术家的写作："当然是后者，艺术家作为社会上更敏感的人，生活在城市变迁的过程中，应该对城市变迁有更细微的感觉，有更多的牢骚。但是另一方面，城市变迁，可能与最时髦的职业——白领之类有息息相关的关系，艺术家一方面敏感，另一方面也是这个城市生活中的另类——没有正常生活，所以很多城市里新的压力，被艺术家的另类生活逃避了——诸如上班（像我这样生活的人，讨厌中国城市化进程，就干脆躲到乡下，我今年为自己写的对联是：'春去冬来须细看/鸡鸣狗吠且闲听'——讨厌的就是城市没有了天籁和四季微妙的变化）。"

（参见郭艳《私人城市：寻访28位中国当代艺术家》，湖南美术出版社2007年版，分别见文中后记和序言。）

和研究这些不同层面艺术之间的互动和渗透,可以获得艺术史的很多启迪。"田野考察仍然是艺术人类学研究的根基,只是今后我们的田野,不仅在乡村,也在城市,在有艺术家群体的各个角落,因为我们所关照的是作为人类艺术的整体。"①

都市文化,特别是发生在都市的各种艺术现象和现场,必然成为艺术人类学关注的焦点。在这种思路的引导下,艺术家群落和艺术聚集区现象自然而然地进入了我的研究视野。②

从20世纪90年代开始,随着国内政治和经济环境的急剧变化,村落化的艺术家开始大举进驻京城。据统计,在北京的郊区,分布着大约上百个"画家村"。在这些有艺术家聚集而形成的艺术村落中,影响较大的有北京大山子地区的798艺术区、宋庄画家村、酒厂艺术区、草厂地艺术区、环铁艺术区、观音堂画廊街等。其中,798艺术区已逐渐发展成为国内最大的当代艺术集散地,在国内外的影响力也不断提升。随着比利时尤伦斯当代艺术中心、西班牙伊比利亚当代艺术中心、美国佩斯画廊、林冠画廊等国际大型艺术机构纷纷入驻,798艺术区越来越受到国内外的关注。

因此,论文就选择极具代表性的北京798艺术区作为样本,试图通过对798艺术聚集区的考察、研究,深入探讨艺术区、艺术群落的生态及其变迁。

二、时代背景与研究对象

群落艺术家,是中国改革开放后出现的一个特殊群体,他们往往以职业化和自由艺术家的身份聚集在某个区域进行艺术创作,其聚集又会形成不同规模的画家村或艺术区。他们的出现一方面反映了社会自身运动中的一些新变化,也反映出了该社会群体在面对改革开放和全球化背景以及市场语境下的自由流动。聚集成为群落艺术家寻求"乌托邦"的主要方式,其聚集形成了最早的艺术群落:画家村。中国真正意义上的画家村的出现是在20世纪90年代,最有代表性的画家村是北京的圆明园画家村,但是

---

① 方李莉:《何为艺术人类学》,《中国艺术人类学学会通讯》2007年第1期,第48页。
② 文中所用艺术家一词,主要是指从事当代架上绘画创作(主要是油画)的群落艺术家。因为无论是圆明园画家村,还是其他艺术区区域,其主导的创作力量主要来自架上绘画,特别是798作为画廊的聚集区,也主要是当代架上绘画的展示为主。当然除了架上绘画的创作以外,也包括其它的艺术种类:雕塑、设计、多媒体、行为、音乐等,不过艺术的方式越来越综合。

由于种种原因于 1995 年被取缔。这是群落艺术家第一次以一个群体的身份与体制的较量。最后虽然以被驱逐而告终,但是其影响力却不容忽视。从某种意义上说,它的出现为今后大量艺术群落区的出现撒下了种子,并为艺术群落的发展揭开了序幕。之后群落艺术村落将以更快的速度在更广泛的范围发展起来。

当然,艺术家聚集而形成艺术区的现象在国外早已有之。从早期的巴比松画派,到后来著名的纽约"苏荷(SOHO)"艺术区,无不如此。参见下表:

名称	时期	国家	备注
巴比松画派	19 世纪 30—40 年代	法国	确切的说,巴比松画派还不是今天意义上的艺术区,但已经具备了今天艺术区的某些特征。巴比松位于法国巴黎枫丹白露森林入口处,风景优美。19 世纪 30—40 年代,一批不满七月王朝统治和学院派绘画的画家,陆续来此定居作画,形成画派。
苏荷(SOHO)艺术区	20 世纪 50—60 年代	美国纽约	是闻名于世的文化创意产业集聚地,已经成为世界上通用的当代艺术代名词。90 年代蜕变为高级商业区和旅游点。
赫德兰艺术中心	1976 年始	美国	位于旧金山金门大桥附近,原是美国军事基地。1976 年部队迁出后,该建筑群渐渐荒废。后来随着艺术家的入驻,这里变成了有活力的"赫德兰艺术中心"。
左岸艺术区		法国	塞纳河艺术家聚居区。
达豪	19 世纪,盛期:1890—1914	德国	慕尼黑附近,安培河畔沼泽景区,因风景优美而吸引艺术家。
沃尔普斯韦德艺术区	始于 1889 年	德国	德国夏萨克森州布莱梅附近的沃尔普斯韦德沼地集镇,被称作"艺术家之乡"。
伦敦东区	20 世纪 20 年代	英国	20 世纪 20 年代开始有艺术家聚居。当时有一个梭珊区公寓,很多放浪形骸的艺术家在此聚集。东区在当时是"贱民"聚集地,但随着一批年轻新锐设计师在此建立工作室,这里迅速成为国际知名的艺术家聚集地。
纽卡斯尔艺术区	20 世纪 90 年代	英国	英国北部的一个艺术区,之前是一片被废弃的煤矿区,现已变成一个独特的艺术之都。

从西方艺术区的发展来看,随着工业社会向后工业社会的转变,工业

的逐渐退出，在城市及其周边留下了许多废弃厂房和场地，这些废弃厂房又因为其宽大的空间和廉价的租金而吸引大批艺术家，从而形成了各种规模的艺术区或者画家村。虽然其形成原因并不相同，但根本原因还在于社会的发展及其转型。

国内来看，从圆明园画家村到后来的北京798艺术区和宋庄画家村等等。国内一下子出现了大量的艺术区，大有"忽如一夜春风来，千树万树梨花开"的感觉，所以这种现象的出现也绝不是偶然的，其依然是社会发展及社会、文化转型的结果。

国内的艺术区主要有：

名称	时间	所在地	备注
圆明园画家村（西村）	1990—1995	北京	1995年消失。
花家地（东村）①	约始于1992—约2004	北京	已消失。
小谷围艺术村	1994—2004	广州	消失。
上海画家村	2001—2003	上海	低廉的房租吸引画家，替画家卖画并从中收取30%的提成，因经营问题于2003年消失。

---

① 唐昕对花家地的艺术家做了长时间的追踪，并以访谈录的形式做了较详细的记录。花家地画家村与圆明园画家村相比有其特殊性，是因为这里的艺术行为或断或续，并且从规模上来看无法与圆明园画家村相提并论。由于这里处于北京的东部，与曾经出现在西部的圆明园画家村相对，因此也称为"东村"。唐昕对花家地做了如下描述："从2000年开始北京花家地西里几栋楼相继住进十几位当代艺术家，因此这里被艺术界称为'花家地'，是第一个位于市区的群体，这一群体的出现很重要，因为它标志着20世纪90年代艺术家向农村逃离、远离时代生活的结束，艺术家们转向以积极的态度置身于日新月异的城市变迁中。"（参见唐昕《花家地：1979—2004中国当代艺术发展亲历者谈话录》，中国英才出版有限公司2005年版，导言）但从相关记录来看，在90年代，大约1992年开始已经有艺术家在此活动，如张洹、马六明等。"自1993年的下半年，在北京东边的长城饭店后面聚集起来。长城饭店是北京最早的国际五星级酒店之一，在离这个豪华酒店东面的一公里处，就是没有开发的农村，那里有成片成片的破房子，新聚集起来的艺术家就租住在这些破烂房子里，这里和圆明园，一东一西，所以这里的艺术家喜欢把这里叫做"东村"，再者也和纽约的东村有一比，至少在艺术的圈子里，这里也是前卫艺术的发生地。"（参见《北京东村——往事不堪回首——有关北京"东村"的一点回忆》，http://www.art86.cn/info/viewpoint/200682314430.html）

续表

名称	时间	所在地	备注
798艺术区	2002—	北京	2005年差点被拆迁，后在园区的入驻者和社会各界的呼吁下，2006年政府出面将其正式定为首批北京市10个文化创意产业集聚区之一，避免了被拆迁的命运。先后带动了周边地区的画家村发展，形成了以798为首的艺术家聚集带：酒厂国际艺术园区、一号地艺术园区、草厂地艺术园区、环铁国际艺术区、索家村和费家村艺术村落等十余个文化艺术集聚园区。
宋庄画家村	1995—	北京宋庄	1995年，圆明园画家村消失，其中的一部分画家到宋庄租房、买房，形成了今天国内国际都有影响力的画家聚集区。
大芬村	1989—	深圳市龙岗区布吉镇	并非真正意义上的艺术群落。1989年，香港人黄江来这里经营商品画（行画），形成了今天的油画村，主要生产商品油画。
"苏州河"	1998—	上海	苏州河沿岸形成的画家聚集区。 上海早期的城市建立在苏州河的航运基础上，两岸建造了大量工厂和运输码头。近年来因产业结构发生变化，苏州河两岸的工厂车间逐渐废弃。由于空间开阔、建筑精致，租金低廉而成为艺术家、创意工作者偏爱的地方。
莫干山艺术区（M50艺术区）	2002—	上海	位于上海莫干山路50号，春明粗纺厂遗留下来的工业建筑近41000平方米。原为近代徽商代表人物之一周氏家庭企业"信和纱厂"。 2002年被上海市经委命名为"上海春明都市型工业园区"，2004年更名为"春明艺术产业园"。2005年4月被上海市经委挂牌为上海创意产业聚集区之一，并被命名为M50创意园。
"创库"	1991—	云南昆明	由弃置厂房改建的艺术主题社区。
坦克库·当代艺术中心	2007—	重庆黄桷坪	以四川美术学院为依托而形成的文化创意园区。
"达尼画家村"	2003—	山东青岛	2003年7月在大泥沟头村成立。
威海"画家村"	2008—	山东荣成	规划建筑面积20万平方米，建设项目有画家工作室、书画培训中心、中国美术家协会美术馆、千米艺术画廊、画家交流会馆等。

续表

名称	时间	所在地	备注
武清艺术区		天津武清	伴随京津高铁的开通而进入建设计划，正在筹建。
纺织城艺术区	2007—	陕西西安	2007年艺术家们入驻，建立了35个开放的工作室或艺术空间，面积达13000平方米，艺术家达60余人。
牛棚艺术区	1997	香港	始于1997年。当时因财政问题，业主从位于香港油街的五栋建筑与档案仓库中搬迁，政府以廉价的租金将这些房子租给二十多个艺术团体。租期届满，政府又为艺术团体找到一处动物检疫、实验及屠宰的工厂。今天"牛棚艺术区"已成为香港最活跃的艺术区。

上表可以看出，自20世纪90年代开始，国内除了北京出现了众多的艺术家聚集区外，在其他很多省市也出现了类似的艺术区、画家村或者创意园区。其形式有自发形成的，也有政府规划而形成的；其命运既有被取缔和自行消亡的，也有发展迅速和正在筹建的。从地域分布看，自南向北、自东到西都出现了艺术家的聚集区。

图2中标示的主要艺术区或画家村说明：

北京市艺术群：798艺术区、宋庄等。

天津武清艺术区（筹建）。

山东威海"画家村"。

山东青岛"达尼画家村"。

西安纺织城艺术区。

上海画家村落。

重庆黄桷坪。

云南"创库"。

深圳大芬村（商品油画基地）。

通过以上资料可以看出，自20世纪90年代开始，国内出现了大量的艺术区。这些艺术区的产生都有不同的原因和不同的命运，但是却几乎都在这一个时期出现，这应该不是偶然的现象。那么到底是什么原因，使得国内一下出现了这些艺术家的聚集区？它们在运行机制上有什么样的特

图中黑点区域为国内艺术区所在地

注：1. 北京市艺术群：798艺术区、宋庄等艺术群
2. 天津武清艺术区(筹建中)
3. 山东威海"画家村"
4. 山东青岛"达尼画家村"
5. 西安纺织城艺术区
6. 上海画家村群
7. 重庆黄桷坪艺术区
8. 云南"创库"
9. 深圳大芬村(商品油画基地)

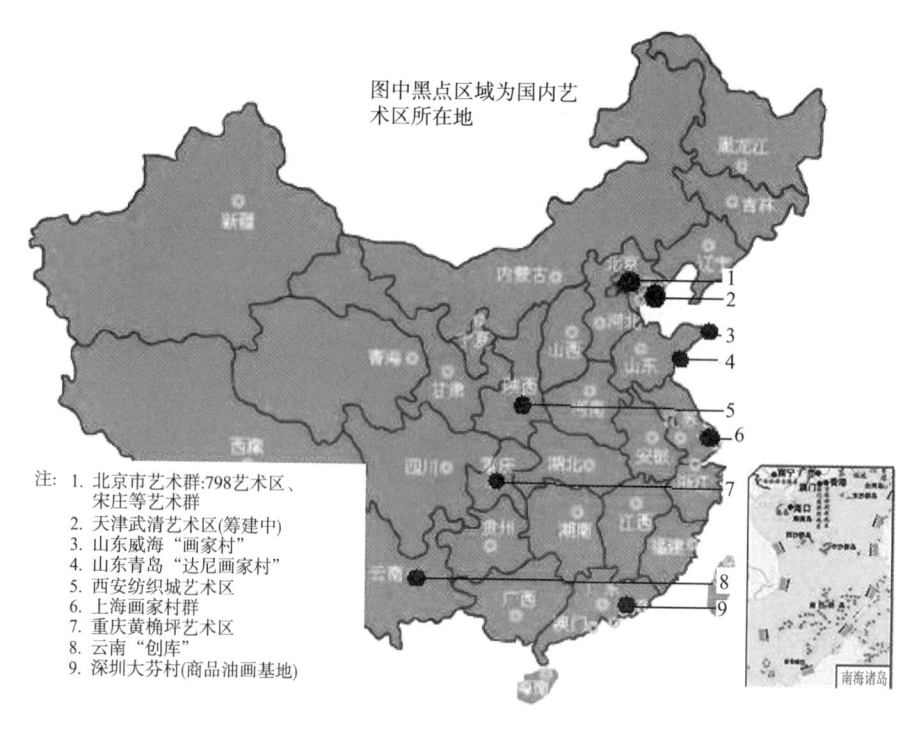

图2　国内主要艺术区分布图　（笔者整理）

征？这些艺术群落中的艺术家是有哪些人组成？他们在其中处于什么样的层面？要弄清此类问题，有必要对其中的一个艺术区进行"深描"。

在北京的艺术区当中，具有代表性的主要是北京798艺术区和宋庄画家村，而798艺术区由于其特殊的影响力，已经在其周围形成了一个艺术区的聚集带。① 该聚集带以798艺术区为中心，周边包括酒厂国际艺术园区、一号地艺术园区、草厂地艺术区、环铁国际艺术区、索家村和费家村

---

① 《北京798》一书的主编之一程磊提出了"泛798区域"的概念，认为："当代艺术将经济崛起时代的798，从包豪斯老工厂变异成为先锋时尚话题的制造基地与当代艺术和城市区域集聚核心，并将发展起一个以当代艺术为线索的泛798区域——以798为艺术作品展示、售卖的高端集场和以周边艺术区为产品工厂和仓库的'前店后厂'综合区域，以集场的效应自发解决生产职能与展示交流功能，以及艺术实验与文化产业、艺术与商业化、艺术家作品水准之间的多重矛盾。"在这里可以看出，798作为一个泛798区域核心，其中心功能是"集场"功能，而周边的艺术带则成为为"集场"进行生产的"工厂车间"，798艺术区的主要功能即"展示交流功能"，因此现在来看艺术家的迁出，实际上也与这种定位有关，因为在这种定位下，艺术家必须回到"工厂"中去生产，之后拿到"集场"展示交流和售卖。（参见程磊、朱其主编《北京798》，北京798艺术区建设管理办公室2008年版，第15页）

艺术村落等十余个文化艺术集聚园区。如图：

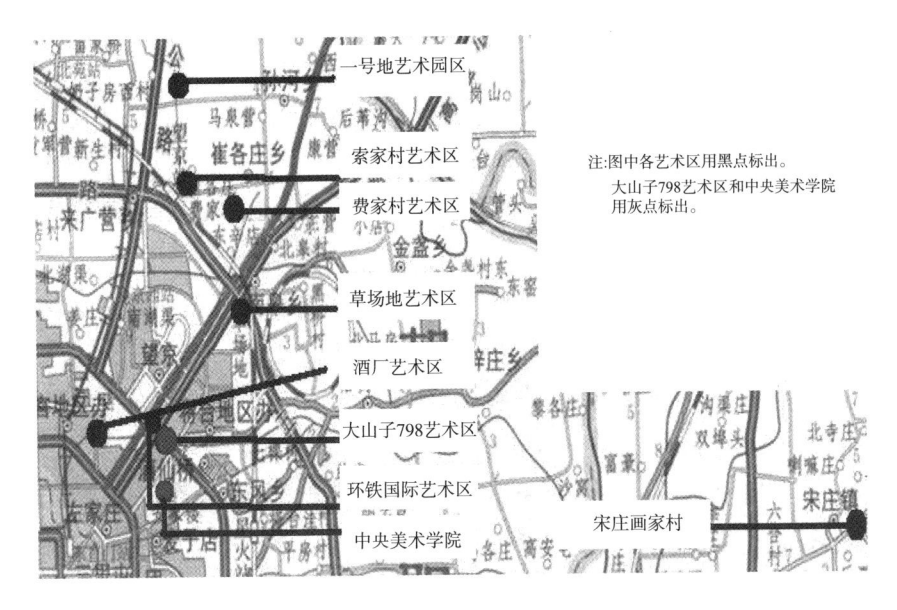

图 3 北京市艺术区群落分布图（笔者整理）

通过上面的数据和介绍可以看出，798 艺术区无论地理位置、规模、影响以及发展过程，都具有典型性，因此选择具有代表性的 798 艺术区作为切入点，进行"解剖麻雀"① 式的研究是必要的，也是有价值的。

798 艺术区与传统的村落相比，它是一个开放的空间，② 不仅是开放的空间，而且流速非常快。传统的村落是封闭的，跟外界的来往比较小，是

---

① 费孝通提出了"解剖麻雀"式的研究方法，认为"为了对人们的生活进行深入细致的研究，研究人员有必要把自己的调查限定在一个小的社会单位内来进行。这是出于实际的考虑。调查者必须容易接近被调查者，以便能够亲自进行密切的观察。另一方面，被研究的社会单位也不宜太小，它应能提供人们社会生活的较完整的切片。"（参见费孝通《江村经济：中国农民的生活》，商务印书馆 2001 年版，第 24 页）

② 实际上，798 艺术区现在更大程度上是作为一种公共空间的呈现，因为这从它 2003 年的"再造 798"开始，就已经通过开放工作室、画廊的策略对公众和社会进行有效的吸引，而这种开放直至今天仍然延续，现在的 798 艺术区，工作室和画廊随时都是敞开的。（当然，也有个别的工作室因为种种原因，没有对外开放，但这是极个别现象，并不影响 798 艺术区的开放性的定位，更不会影响其公共空间的功能，这从笔者的考察中可以看到，每天到 798 艺术区来参观的人员很多，除了游客以外，现在有很大部分是在校学生，以大学生为主，到了周末，明显的看到中学生和小学生多了起来，有些是在父母的带领下，有的是几个同学结伴同行。在我和一些（转下页注）

相对静止的一个区域；另外，传统社会在长期的发展过程中，会形成和它相适应的文化传统，而798艺术区却不是，因为798艺术区自出现到现在时间很短，因此并不存在像传统社区那样的传统文化以及稳定的社会结构；在798艺术区，艺术家群落中成员的成分非常复杂，来源也不同，因此也没有传统社会中所具有的以血缘或亲属关系为纽带的稳定社会结构，也不存在一个比较明确的等级制度。在798这样的艺术区，联结这个群落的最大力量来自经济因素，这一点类似方李莉对以樊家井为代表的新兴手工业陶瓷作坊的田野考察所呈现的那样："类似樊家井的这些手工业陶瓷作坊完全是在一种新的土壤中生长起来的，是在传统的体制、观念完全消失了的情况下生长起来的。"① 因此，"行业与行业之间，阶层与阶层之间的通道都是敞开和互通的。个人在社会空间的流动阻力是较小的，个人施展才能的机会是比较多的，也就是说在这里个人的角色不再是固定不变的血缘、地缘、族性或等级的归属来确定，而是以个人的成就为基础的'自由流动'。这种流动是景德镇民窑业从传统向现代变迁的一个重要标志。"② 从其开放性与流动性来看，二者确有相似之处。798艺术区的自由流动，其主要力量也是来自"市场经济"这双看不见的手，这种自由流动既为市场的开放提供了条件，又反过来受制于市场经济的规律。因此对798艺术区的研究，不能仅仅使用传统的人类学方法，而是要通过人类学、社会学、艺术学、经济学并重的方法，通过多学科的交叉进行跨学科研究，才能将798艺术区剖析清楚。

从艺术市场的角度来看，即使如早期的圆明园画家村，也并非没有市

（接上页注②）学生的攀谈中，可以体会到他们对现当代艺术的好奇和对798艺术区的兴趣。从这一意义上来看，798艺术区还承担了一部分美术馆的功能。）

当然，除了这一点以外，我们更应该看到，798艺术区，更多的是一个画廊的聚集区，是一个艺术品的集散地，因此其类似"购物中心"的功能才是其主要的功能。不过即使如此，并不影响其作为公共空间的价值。

莱斯雷·斯克莱尔对购物中心做了如下叙述："购物中心象征着人们生活中第三大公共空间，在它之前是家庭和工作地点或学校，人们在这里观看，同时也被他人观看。购物中心已不仅是购买和销售的场所，它已越来越挑起其他功能（比如说，教育、文化、托幼），但大多数功能都以服务中产阶级为导向。"（参见莱斯雷·斯克莱尔著《社会运动和全球资本主义》//［美］杰姆逊、三好将夫编，马丁译：《全球化的文化》，南京大学出版社2001年版，第261—262页）

① 方李莉：《传统与变迁：景德镇新旧民窑业田野考察》，江西人民出版社2000年版，第192页。
② 同上。

场。虽然圆明园画家村在更大程度上始于一种理想化的、精神化的追求，是一种文化上的"乌托邦"诉求。关于"乌托邦"的理想，曾长期生活于此的艺术家杨卫在《通州艺术家演艺》一书中对此作了描述："最早以流浪艺术家身份入居圆明园的应该是华庆、张大力等人。这些人都是80年代毕业于艺术学院的大学生，受当时新潮思想的影响，他们自愿放弃分配工作的机会，怀揣艺术家的理想流浪北京，最开始便选择圆明园为栖身之地。这些都是圆明园画家村的前奏，也可以说是雏形。但圆明园真正热闹起来，作为某种文化的象征备受世人关注则是90年代以后的事。《中国美术报》1989年在北京停刊，其中一些外省编辑和工作人员如丁方、田彬等人没有了职业，便只好转途改道搬进了远郊的圆明园，呆在那里画画。也是因为他们的关系，后来圆明园陆续搬来了方力钧、伊灵等艺术家。这些人都可以算作圆明园画家村最早的一批成员。"①今天看来，他们虽因艺术理想而聚集，但不能否认其间也还是或多或少的掺杂了一些商业的成分，因为我们现在反过头来看这一现象的时候，会发现这一群体的出现，实际上是改革开放以及从计划经济向市场经济转型下的一种必然，换句话说，没有社会经济的转型，也就不会有圆明园画家村一类的区域出现。关于这一点，杨卫也作了叙述："回头再来谈论'圆明园画家村'，我更喜欢把它看做是理想主义的产物。尽管那时候的福缘门实际上也夹带着各种各样的功利主义，且充满了商业的气味，但就其流浪的性质而言，的确是源于人性解放的某种冲动与理想。"② 由此可见，对这一群体的剖析应从市场与艺术理想两个方面来理解，而非仅从"理想化"的角度来看待该现象。

就798艺术区来看，其中掺杂了更加复杂的因素。由于其变迁的速度较快，使得艺术和经济的互动变得复杂起来，由此也使得艺术自身的内涵发生了更复杂变化，使之具备了一种更深刻的社会意义。

从全球化的背景来看，世界上许多国家都不可避免地经历着一场空前激烈和异常深刻的社会转型，③ 这次转型与历史上出现的其他社会转型相

---

① 杨卫编：《通州艺术家演艺》，湖南美术出版社2003年版，第7—9页。
② 杨卫：《批评之路》，湖南美术出版社2007年版，第89页。
③ 社会转型就是"社会之型的重大转变，当社会的根本特征发生变化时，社会转型就开始了"。其含义宽泛，"既包括恢宏的社会制度变革，也包括微小的社会习俗变化，既包括社会革命引起的社会变革，也包括民主改革带来的社会变迁。"而在"社会转型时期，社会中有两种力量在斗争，一种是传统的力量，另一种是现实的力量，传统的力量要求人民保持传统，现实的力量要求人们告别过去。"（参见兰久富《社会转型时期的价值观念》，北京师范大学出版社1999年版，第26—27页）

比文化的作用日益凸显,并由此决定了社会转型的内容和路径。798 艺术区无疑成为一个矛盾集中的区域,既因为 798 艺术区所代表的特殊的艺术群体,也在于艺术区的"非主流"和诸多"意识形态"或"政治波普"类的作品,因此在全球化时代加速来临的时候,不同文化之间在交流和融合的同时,其紧张和冲突也必然显现。既有来自自身文化内部的冲突,也有来自文化外部的冲突,即民族文化与外来文化之间的冲突。从上世纪 90 年代出现的艺术区、画家村现象以及村落化的艺术家大举进驻京城,并以一种"游离"和"边缘化"姿态介入这种文化的交流与冲突中,这成为其试图突破的一种策略,既应对西方文化又应对国内文化。一方面,具有前卫意识的艺术家试图寻找一种当代艺术语言,以期进入和西方艺术对话的平台;另一方面,在国内有别于主流或者体制艺术家而进入艺术区或者画家村的艺术家,一直被认为是非主流、早期甚至被认为是"盲流"的艺术家,体现的正是这种文化内部的冲突:一种体制内外、主流与非主流、官方与非官方艺术[①]的冲突。这种冲突同时又是体制外、非主流艺术家的"文化权"[②]的一种诉求,同样也是试图打造一个与体制内、主流的艺术相对话的平台。

当然,文化总是以两种形式共存:冲突和融合。艺术区的发展已经显示了这种"文化冲突"和"文化融合"的实际存在,中国艺术区的发展实际上是社会转型时期的"文化冲突"和"文化融合"的一个缩影。

---

① 邹跃进认为新时期以来,1992 年之前,官方艺术基本上是与意识形态和社会现实共振共存,而自改革开放的 1992 年之后,则由于在总体上意识形态的表述与市场经济下的社会现实之间产生了矛盾和距离,因而使官方艺术越来越流于一种仪式而在创造上难有作为。邹将官方艺术表述为:"在此我把它界定为与国家、执政党的主流意识形态不仅保持一致,而且从根本上说也是受其管理、赞助并宣传、肯定和赞美其主张和思想的艺术。"(参见邹跃进《中国艺术生态的生成与社会变迁的关系》//鲁虹、孙振华编:《艺术与社会:26 位著名批评家纵谈中国当代艺术的转向》,湖南美术出版社 2005 年版,第 62—63 页)

② 张云鹏对"文化权"做了界定:"无论是权力还是权利,在行使过程中都存在着一定的运行规则,在遵循着固有的或既定的规则。林林总总的规则,可以是道德领域里的,还可以是法律领域内的,也可以是社会生活中的。这些规则蕴含着的、承载着的就是权力和权利的文化,或与文化相关的权力(权利),在这里我们统称为文化权。"(参见张云鹏《文化权:自我认同与他者认同的向度》,社会科学文献出版社 1997 年版,第 10 页)

本文则侧重于 798 艺术区内的艺术家或者艺术机构,尤其是艺术家的权利诉求以及当代艺术在国际国内艺术舞台和艺术市场中的话语权利诉求。因为"权利存在于话语、制度、客体以及身份的创造之中。"(参见鲍尔德温·阿雷恩等《文化研究导论》,高等教育出版社 2004 年版,第 94 页)

不过，正如前文所述，798艺术区不仅是一个文化现象和艺术现象，也不仅仅是"文化冲突和共存"的问题，更是一个集文化、艺术、经济于一体的复合体，使之具有了对社会特殊的敏感性，使得它对于社会、经济、文化等方面变化反映都非常快。而就在当前，世界范围内出现的经济危机，已经影响到了世界的大部分国家，包括我们自身也正在经受这次世界范围内的经济危机的考验。这次经济危机已经给我们的正常生活造成了一定的影响，798艺术区也不例外，甚至所受影响更大。从最新的一些资料和调查中显示，798艺术区正在面临一次真正的考验，如果说过去的考验还是798艺术区自身原因的话，那么当前的考验除了这些以外，还加上了世界范围内的经济危机的考验。按照最新的说法就是798艺术区正在面临"严冬"。

本文就试图从这一缩影入手，通过艰苦细致的田野工作对其进行"深描"，通过对这一艺术群落各个层面的研究和剖析，以此揭示艺术区的各个层面在文化功能建构中的互动关系。从而深刻理解文化转型时期艺术聚集区的形成机制，文化生态以及面对全球化的冲击所采取的应对策略以及身份认同等问题。通过研究，不但可以更好地理解这一复杂的现象，同时也能为政府制定相关文化产业政策和艺术区建设提供参考。

三、研究现状

由于艺术区在中国出现的时间较短，加之早期的画家村因争议而被取缔等问题，国内对艺术区的研究，尤其是作为专题研究的成果并不多见。随着近几年国内艺术区的迅速发展和政府对文化产业的重视，以及中国的艺术区在国际国内造成的巨大影响等，这一特殊的艺术现象开始引起学者们的兴趣并展开了较大规模的讨论和研究，其中涌现出了部分有价值的学术成果。

综合这些成果来看，大部分研究主要是围绕北京的艺术区进行的，尤其以798艺术区、宋庄画家村以及追忆圆明园画家村的文章和著作为主。从侧面看出学者们关注的焦点主要集中在798艺术区和宋庄画家村，由此可见二者在国内艺术区的发展中是最具有典型性和影响力的。因此，本论文选择798艺术区，同时参照其他艺术区或画家村，以期看清798艺术区的整体结构和生成机制、变迁及面临的困境等。

这批文献和研究成果主要包括以下几个部分。

第一部分，798艺术区的相关艺术家、机构或艺术区建设管理办公室等编辑的资料。提供了较为丰富的关于798的历史文献资料，以及798在艺术区时期的相关资料。重要的如由798最早的入驻者之一黄锐主编的《北京798：再创造的"工厂"》，通过文字和图片介绍了798所经历的工厂和艺术区两个时期，清晰地展示了798的过去和现在。程磊和朱其主编的《北京798》，通过20余位建筑、艺术领域的权威人士及798的参与者们对798发生和发展过程中出现的矛盾、问题及未来的讨论，从新的角度重新审视、探讨798的现状以及发展困境。但上述文献更多是作为介绍性的和普及性的，书中虽有部分文章也对798的发展及其困境做了思考，但缺乏在整体关系上呈现艺术区内各成分的多元互动关系，也没有看到在市场语境下的各方利益转移，以及由此引起的艺术区的建构和解构过程。

第二部分，关于798艺术区和宋庄画家村的调查研究。2003年至2005年期间，798艺术区面临是留是拆的命运，① 当时在社会上和学术界引起了较大的关注，为此学者们做了大量的调查研究。

2005年夏天方李莉做了"大山子文化艺术产业区（798厂及其周边企业）的调查：798现象分析及对策的建议的调查报告"。本调查报告为内部报告，未发表，但是因为该报告是在当时798艺术区处于特殊时期所做的，因此具有特殊的意义和参考价值。调查分为如下几个部分：798的历史沿革、798的形成和现状的分析、对社会人士和工人群众的访谈、798发展前景展望。分别召开了由798艺术从业者参加的座谈会、学者关于798的座谈会以及798艺术厂厂方的座谈会；同时还做了关于798现象的社会调查问卷、比较及统计分析。另外还形成了关于对索家村"北京国际艺术营"的考察报告和关于通州区宋庄镇的考察报告。是798艺术区的调查中较为完整的一份艺术人类学调查。作为当时的调查报告，因为有着较为明确的

---

① 在2005年，当时798艺术区面临被拆迁的命运，因为按照七星集团的规划，要将这里拆掉以建电子城，被称为"中关村第二"。但是由于798艺术区的迅速发展，已经在社会上造成了很大的影响，加上当时中国正处于文化产业和建设的大环境，同时2008年奥运会即将在北京举行，从文化奥运这一个角度来看，使得政府对798艺术区的去留问题相当慎重。由此展开了包括社会各界人士对798艺术区是拆是留的大讨论。其中还包括清华美院教授李象群作为人大代表给政府提交了关于保护798艺术区的提案，泰康人寿董事长陈东升作为北京市政协委员提交了关于保护大山子文化产业的提案等。

目的性,也就是对798艺术区的去留问题为政府的决策提供参考依据,因此考察的角度和关注点只是集中在了798艺术区的价值问题方面,而未涉及到艺术家群落具体的文化生态以及群落内各层面的互动关系,对于文化转型和经济转型等问题的论述还不够深入。另外,对798艺术区的形成机制也未做更深入的探究,因此,还有很大的空间值得进一步做详细的调查研究。

另外,王维佳2005年9月做了"798艺术区调研报告",报告中对艺术区的来访者做了一个抽样调查,共对605名来访者进行了问卷,其中境外人员300人,国内客人305人,分别从来访者的区域、收入水平、文化水平、年龄特征、职业、来访者的逗留时间、对艺术形式的欣赏种类、在艺术区的收获等方面做了较为详细的调查并作出了相关分析。通过调研,该报告提出了关于798艺术区在下一步的园区建设中应该采取的措施和策略等等问题,为798艺术区作为文化园区的建设提出了很好的建议。该报告重点同样放在了为政府的决策提供参考依据等方面。只是同上篇研究报告的出发点稍有不同,该报告更多的是为园区的建设出谋划策。仍然没有把798艺术区作为一个文化生态的整体进行考察。

赵洪生写了"对当代艺术发展的生态和区域的思考:以798大山子艺术区为例"[①]的文章,但题目中所使用的的"生态"和"区域"的概念不同于人类学和社会学的概念,而是仅仅将其作为一个普通的发生艺术现象的场所看待的。其重点在于赞赏798艺术区这个艺术场所是一个面向平民化的场所,而不是高高在上的精英艺术的态度。文中所涉限于较浅层次的描述,没有把798艺术区作为一个文化现象来探讨。另外,赵洪生等人还做了"大山子798厂艺术区调查报告",梳理了798艺术区的发展历史,对当前的现状进行了一定的描述。但文中除了对艺术区内艺术活动的统计外,基本上没有更多实质性的调查材料,而仅将798艺术区的一些常识性的资料进行了梳理。

对宋庄画家村的关注,在某种程度上可以成为对798研究的某些参照,并在艺术生态和创作心理研究上给予相应的补充和支持。

---

① 赵洪生:《对当代艺术发展的生态和区域的思考:以798大山子艺术区为例》,《美术研究》2007年第2期,第85页。

于长江在 2006 年第 11 期的《艺术评论》发表了"宋庄：全球化背景下的艺术群落"一文。通过使用"边缘"的概念对宋庄的艺术家群体进行描述和剖析，认为先锋艺术不管因为生活成本的原因还是因为其"异端"特征，都不可能生活在城市的中心地带，同时也不可能真正的离开都市而到纯粹的乡村发展，因此处于一种两难的境地，而"正是在这种两难的境遇中，艺术家群落注定找不到一个长久安稳的栖身之处。"① 该文通过"边缘"概念的切入，揭示了这一个艺术群体在艺术追求和心理上的一种若即若离的状态，通过对"边缘"概念的引入和解析，对诸如"现代城市内在的逻辑""艺术""艺术人""艺术的本意""城市艺术化"等问题进行了探讨，进一步揭示了这一艺术群体的状态和心理。该文所述宋庄画家村群体在地理上和心理上与城市的若即若离的一种"边缘"关系，揭示了这一艺术群体特有的社会心理和生存状态。为进一步对艺术区的研究，尤其是对艺术区的区域功能和艺术家群体的社会心理方面的研究提供了一个很有意思的切入点。

不同艺术区之间既有其共性，也有其个性。798 艺术区和宋庄画家村之间也是如此，它们之间在某种程度上有相似之处，但是差别也很大，比如地缘的差距；在群落的状态上也有很大的不同，798 是一个由初期艺术家群体的聚集形成的艺术区到现在的画廊聚集区，而宋庄则是一种外来艺术家和当地居民的混居而形成的复杂的社会关系；当前 798 艺术区更多的是作为画廊的聚集区和艺术作品的集散地，宋庄则更多的是画家的创作和生活聚集地，等等此类问题都是需要进一步探讨的。

第三部分，关于文化产业及艺术区建设方面的研究。对宋庄的研究，还有如孔建华发表的系列关于文化产业建设、文化产业政策和文化区建设等的文章。孔建华使用社会学的方法，对宋庄画家村的画家结构、人员构成、艺术区的收入水平等方面做了较为详细的统计分析，其中如"北京宋庄原创艺术集聚区发展再研究"等。这类论文从文化产业角度探讨了画家村的现状，但仅从文化产业的角度进行研究，还存在一定的局限性。

另外还有将北京的艺术区作为一个集群来进行整体研究的调查，如康庆强、赵佳琛、何明的"北京文化艺术村落调查"，黄鹭新、胡天新、

---

① 于长江：《宋庄：全球化背景下的艺术群落》，《艺术评论》2006 年第 11 期，第 26 页。

杜澍、吴思群"艺术创意人才空间集聚的初步研究 6——以北京的艺术家集聚现象为主要研究案例",以及赵铁林的"南北画家村比较分析"等研究。这几份报告中,分别从不同的侧面对艺术区的形成、艺术家的聚集、艺术区的特征等方面进行了调查分析,有的从整体上探讨北京艺术村落的现状、形成原因、以及存在的问题,也有的对艺术区聚集原因、区位影响及选择等问题的研究。但这些研究大都停留在较浅层次上,基本上没有超出前文所提出的问题和关注的内容。

总之,上述调查大部分更多关注了艺术区、参观者以及文化策略方面的探讨,恰恰忽视了生活于其间的艺术家的状态以及与艺术家最密切的画廊的运行及其二者之间的互动关系,其中虽然涉及到了诸如文化、市场等因素,但是大部分都是局部的、侧重于某一个角度论述,缺乏比较整体的研究。而这一点恰恰是不应忽视的问题,因为正是艺术家的艺术活动及其生活才形成了不同特征的艺术区,形成了不同艺术区的不同生态,画廊的进驻又使得艺术品迅速进入流通流域并由此带动艺术市场的形成。二者之间形成了或积极或消极的作用,这些都需要在进一步研究中进行探讨。

第四部分,艺术家对艺术区的写作。一部分生活在艺术区的评论家、艺术家,对艺术区进行了较为详细的描述。作为艺术区的当事人,事件的经历者,对艺术区的发展及其艺术区艺术家的生活状态都有较为深刻的认识,尤其是在艺术区艺术家的创作和生活及社会心理和创作心理上为新的研究提供了较多参考。

这部分写作,写作者是事件的经历者,因此就避免了传统人类学的田野调查中作为"他者"造成的陌生感而产生认识上的偏差。这部分作者实际上是在叙述自己的经历和心理,因此从某种程度上更接近事件的真实,不过在这里仍应注意他们自身所具有的局限性。这正如事物的正反两面一样,具有优势的同时,也一定在另一方面处于劣势。生活在艺术区的艺术家在写作的过程中最大的问题在于往往只注意到他们自身感兴趣的方面,更关注他们自身的生活状态和艺术创作,而且可能对某些敏感事件还会表现出一定的回避情况。因为作为事件的当事人有时候出于自身利益或者集团利益等问题而做出不客观的描述,这也是确实存在的现象。虽然在某种程度上艺术家的描述还存在一些缺憾,但是艺术家的写作可以在某些方面为我们提供比较可靠的第一手资料,尤其是对于事件的发生以及其中重要的变迁问题等，可以为我们了解艺术群落现象提供较为宝贵的资料。这类文献如高名潞"艺术产业和中国当代艺术现状"，通过对798艺术区和宋庄的"天价大脸"现象，从市场和资本的角度描述了艺术区艺术家在创作上的模式化，以及受到市场及其他因素操纵的现象。另外，曾经生活在圆明园画家村的栗宪庭和杨卫等人，代表了最早的一批画家村成员，他们经历和见证了圆明园画家村的兴衰，亲历了宋庄画家村由小变大的过程。作为评论家兼艺术家的他们写了一系列关于圆明园画家村和宋庄画家村的文章和著作。重要的作品如栗宪庭的《宋庄艺术家聚集区的模式》《只是想住农家小院》《重要的不是艺术》等，还有对栗宪庭的访谈"栗宪庭谈画家村流变"；杨卫的文章《乡村的失落：析北京的宋庄艺术家群落现象》，围绕画家村的著作如《通州艺术家演义》，主编有《宋庄艺术年鉴》《中国当代艺术地图》《中国当代艺术生态》等。这些文章和著作为了解中国画家村和艺术区的形成和发展提供了较为翔实的资料，同时也为了解中国当代艺术发展的脉络提供参照。这些文章的价值主要在于为我们提供了较为详细的早期画家村和当前宋庄画家村的艺术家的状况和心理变化。但因为毕竟798艺术区不同于宋庄，也不同于早期的圆明园画家村，所以对798艺术区的研究还必须进入田野，通过细致的调查去剖析，上述资料的价值可以在艺术村落的研究中给予更多的参照。

第五部分，学位论文对艺术区的关注。对艺术区的研究，尤其是对798艺术区做学术梳理和研究的学位论文，至今在国家的搜索平台学位论文库中没有找到。但有部分论文在内容上涉及到了这方面的问题，如艺术市场、艺术文化产业、艺术创作和艺术家生活等方面。从对这批文献的梳理看，艺术市场、现当代艺术以及艺术文化产业等领域的问题引起了大家的共同关注。其中也有极个别论文谈到了艺术区的现象，但是要么是从LOFT改造方面，要么从文化产业方面，再要么从艺术市场等方面来论述，而很少将艺术区作为一个研究对象进行研究，也就是说这些论文只涉及到了艺术区的某个侧面，另外论文中也很少发现有作者关注艺术区艺术家的生存状态以及他们与画廊的互动，因此在798艺术区的研究方面还有很大的空间值得去开拓。相关论文有以下几篇，从区位因素研究的王伟年的博士论文《城市文化产业区位因素及地域组织研究》，研究了文化产业与地域因素之间的关系，有着较高的参考价值；徐津硕士论文《渗透可持续理念的中国 LOFT 改造研究》对 LOFT 理念和改造进行了研究；罗晓东硕士论文《国内画廊生态研究》，探讨了画廊与艺术家、艺术消费者、美术馆、评论家、拍卖行之间的相互关系，试图找到画廊良性发展的途径；崔凯旋硕士论文《市场与艺术家的事业：以毕加索为例分析市场在艺术家事业建构中的作用》较为详细的梳理了毕加索与画廊的关系以及画廊在其艺术成功的作用。但这几篇论文的研究尚不够深入。

第六部分，媒体关注。媒体对艺术区的关注和讨论，既为798艺术区的研究提供丰富的材料，同时也可以拓宽讨论的角度，但媒体所涉艺术区基本上基于新闻价值，因此缺乏学术上的深度。媒体的信息可以给论文的研究提供更多线索，以使在研究的过程中可以更有针对性。

第七部分，其他相关论文。有些著作中做了部分艺术家的访谈，如李九菊和黄文亚编著的《现场：798艺术区实录访谈》，高氏兄弟《中国前卫艺术状况：关于中国前卫艺术的访谈》，对相关当代艺术家做了较为详细的访谈，内容涉及很广泛，可以从中梳理和研究艺术区相关艺术家以及部分当代艺术家的艺术创作和生活状态，并为进一步的访谈和调查提供参照。但该类作品虽涉及到了艺术区的部分艺术家，但并没关注作为艺术区这一文化现象。

总之，在上述文献中，还缺乏对艺术区较为完整而深入的研究。鉴于此，笔者愿意通过艰苦细致的田野工作，对798艺术区做出较为客观真实的描述和思考。

四、研究方法与选题意义

本课题将采用人类学、艺术学、社会学、经济学等多种研究方法。

通过访谈、驻居体验、观察、发放问卷、统计、召开座谈会等多种具体方法，尽可能地收集翔实的材料，并从多角度不断进行充实和反思，力争对798艺术区做出较为客观、全面的分析。

通过借鉴费孝通"江村经济"解剖麻雀的方法，将798放在一个特定的区域中，在这样一个不太大的空间中，其中的结构容易让人看得清楚，将之放到我们的眼底下，做一个非常细致的解剖麻雀式的研究。

以艺术人类学的方法切入艺术群落和艺术区的研究，使得本论文不同于以往的主要从艺术本体出发的研究。同时将艺术人类学从对传统的、民间的艺术关注转到对都市化进程中所出现的艺术文化现象上来，并综合使用社会学、艺术学、人类学、经济学等综合的方法对798艺术区做多角度的探讨，并从整体上将其纳入到全球化和市场化的语境中对其进行剖析，试图从一个新的角度来探讨这一复杂的集文化、艺术、经济、社会变迁等于一体的复合体。在对该艺术区的深入调查的基础上提出关于艺术区以及艺术家聚集现象的较为完整的解释。一方面可以为国内艺术区的建设提供参考，另一方面也使艺术人类学在现当代艺术研究领域做出新的实践。

第一章　北京798艺术区发展概况

798艺术区的出现，无论从艺术生态还是从文化生态来看，既有其偶然性，又有其必然性。说其偶然是因为798本不是作为艺术区而建设的，甚至曾一度面临被拆迁的命运，但因一群艺术家的到来而彻底被改变，今天已经变成中国最大的当代艺术品集散地。说其必然，是因为艺术区是随着社会大环境的变化而出现的，是艺术家在这种变革中寻求新的突破和定位的连锁反应和必然结果。从早期来看，不满于当时主流艺术创作的艺术家，[①] 试图突破原有艺术创作体制和创作理念，追求新的生活方式和创作状态，艺术区或画家村则成为他们实现这种理想的新的活动空间：物理空间与心理空间的双重空间。从20世纪90年代的圆明园画家村，到现在的宋庄画家村和798艺术区，再到全国各地出现的各种形式的艺术区或画家村，是这种必然性的体现。

798艺术区作为一个个案，一个"田野"，既有其自身的结构和特征，是一个自足的整体，同时也受到来自国内外政治、文化、艺术市场等因素的影响而不断改变着自己的结构和功能。从这一角度来看，798艺术区又是在大的全球化背景和市场化语境下的一个不断变化的"田野"，这种变化不仅来自艺术区内部，也来自外部的诸多因素，因此其自足性和开放性是统一的。美国人类学家马尔库斯认为单一地点或者地方化的人类学田野工作已经呈现不足，他认为："各个地方都受到多方的影响，这些地方的过程已经不能用地方本身的因素解释，而是要用地方之外的因素解释……"[②] 并且，"资本、劳动力、资源的流动以及市场的流动更强化了这

---

① 这部分艺术家或不被主流艺术所认可，或不被大众文化所接受，或不满于艺术体制或术现状等等。

② ［美］安德鲁·斯特拉森、帕梅拉·斯图瓦德著，梁永佳、阿嘎佐诗译：《人类学的四个讲座：谣言 想象 身体 历史》，中国人民大学出版社2005年版，第124页。

种情况"。① 798 艺术区亦是如此，其不再是一个单纯的区域概念，而是具备多重可能性和具备多重"解码"的象征和符号。从艺术市场的角度看，798 艺术区的变迁是在市场语境下的不断解构和建构过程，从全球化的背景来看，又是东西方文化交流与融合的过程，或者说又是一场文化的角逐。在此角逐中，任何一个地区都无法避免被纳入到全球化的进程，既要进入全球化的进程，又要保持自身文化的多样性，这是在考察 798 艺术区时所必须明确的。

从 798 艺术区的变化来看，是一个老工厂到艺术家聚集区再到画廊聚集区演变的过程，其命运有些类似美国纽约的 SOHO 艺术区：工业化退出—废弃厂房和空间—艺术家聚集—画廊或商业进入—房租被炒高—艺术家出走。也正因为如此，798 又被很多人看作是纽约的"SOHO"②。然而 798

---

① ［美］安德鲁·斯特拉森、帕梅拉·斯图瓦德著，梁永佳、阿嘎佐诗译：《人类学的四个讲座：谣言 想象 身体 历史》，中国人民大学出版社 2005 年版，第 124 页。

② SOHO，即南休斯顿大街（South of Houston Street）的缩写。处于美国格林尼治村的南村与唐人街的交界地段。按照格林尼治村的刊物《村之声》（1963 年 1 月 17 日，第 25 页）中《艺术家是房产经纪人的好朋友，编辑如是说》一文中的记载，当时格林尼治村的西村还是豪华公寓增长很快的地区，这迫使当时生活于此的艺术家们迁到东和南部，以寻求价格低廉的出租房。

另外，按照萨利·贝恩斯在"格林尼治村：地图"一节的介绍，我们可以大约知道当时东村和南村是艺术家聚集的地方，因为这两个地方的房租比较便宜。中国的艺术区也多出现在类似区域，主要原因也是因为房租比较便宜。萨利·贝恩斯对东村的记载："在 1963 年，如果面对着华盛顿广场公园，站在位于汤普森大街西四街的贾德森教堂的前面，你就会在右面看到纽约大学沿西四街向北延伸至华盛顿东广场。

……

如果你沿着第八大街走，在大学区向左拐，你就到了雪松酒店，抽象表现派在 50 年代经常出没于此，之后这里就成了一个艺术家与作家集会的地方了。而你如果沿着第八街一直到第三马路——在这里第八街改名为圣·马克街道——你就到了'新东村'，一个多民族的街区，主要有犹太人、东欧人、拉美人，在这里艺术家与诗人们会找到比'西村'更便宜的住房与艺术室，新酒吧与咖啡馆也像雨后春笋般涌现出来了。"

（参见［美］萨利·贝恩斯著，华明等译《1963 年的格林尼治村：先锋派表演和欢乐的身体》，广西师范大学出版社 2001 年版，第 10—14 页。）

对于上述描述，艾瑞克·洪伯格在《纽约地标：文化和文学意象中的城市文明》一书中亦有说明，可以印证：

"艺术家、作家和社会激进分子等放荡不羁、四处迁徙的人群被这儿低廉的房租所吸引，同样让他们动心的是格林尼治村远扬的盛名——与纽约其他地方相比，它别具一格。这里不再只是一处街区，也不再只是第九区，这儿是一种态度，一种心境，一种反叛的自我断言的风格。"

（参见［美］艾瑞克·洪伯格著，瞿荔丽译《纽约地标：文化和文学意象中的城市文明》，湖南教育出版社 2006 年版，第 129 页。）（转下页注）

艺术区并不同于美国的"SOHO",因为无论从中国的社会环境、市场状况还是具体到798艺术区本身来看,它都具有自身的特征,有其自身的基因。

第一节 798艺术区前背景:圆明园艺术群落

艺术及其行为,绝不是独立存在的,它总是镶嵌在社会整体网络中的一个环节。从某种意义上看,今天的艺术区或画家村,仍延续了早期画家村的某些特征,因此在正式进入798艺术区的研究之前,对早期的圆明园画家村作一简要回顾,将会对798艺术区的研究大有裨益。

对曾经出现在20世纪90年代的艺术村落——圆明园画家村——从产生到被取缔的过程的梳理,可以看到"画家村"恰恰是当时社会转型时期所出现的一个艺术现象,"画家村"现象呈现出了当时社会生活丰富的一面。

从文化的角度看,艺术作为社会整体网络中的重要一环,还必须将其纳入到社会的整体结构中进行剖析。圆明园画家村艺术家们的烦恼、追求、艺术及行为无一不被打上了时代烙印。

圆明园画家村存在的时间很短,前后仅四五年即因各种原因而被取缔了。因为其过于理想化以及脱离现实的性质,人们常用"乌托邦"[①]一词来描述。当然在这种描述中,还包含一种复杂成分:一种"理想"状态的怀

(接上页注②)另外,马萱在《国外'艺术仓库'的发展与改造分析》一文中对当前十分流行的SOHO现代房进行了区分:"纽约的SOHO艺术区和目前十分流行的SOHO现代房和建外SO-HO是两个完全不同的概念,它是Small Office Home Office的英文缩写。同时与伦敦Soho也不同,伦敦Soho名字来源于打猎的吼声'So-ho',它是牛津街以北,沙夫茨伯里大道以南,Regents大街以西,Charing十字路以东围成的区域。这里最早是一片圆形耕地,中世纪建成一个皇家花园。17世纪皇家花园大部分地方被出售。在18、19世纪,这里吸引了来自世界各地的流亡者,有作家、音乐家、艺术家、思想家等。卡尔·马克思曾在这里的迪安(Dean)街居住,威廉·布莱克则出生在这里的马歇尔街。"

(参见马萱《国外"艺术仓库"的发展与改造分析》,《美术观察》2009年第1期,第130—133页,注5。)

① "乌托邦"一词最早出于莫尔的《乌托邦》一书。但起源则始于古希腊时期,它以三种形式存在:神话乌托邦、政治乌托邦和自然乌托邦,其特点都在于脱离现实和与现实的对立,具有较大的空想性质和理想主义色彩。(参见杨巨平《古希腊乌托邦思想的起源与演变》,《世界历史》2003年第6期,第94—102页)

念中带有一种深深的遗憾。在艺术家看来，所谓理想主要是指当时他们为了自己的理想而义无反顾选择了那种"盲流"般生活，而遗憾则在于对"被取缔"的郁郁之情，甚至认为如果圆明园画家村当年不被取缔的话，中国的当代艺术今天可能就是另外一个样子。但是历史不可能有假如，有的只能是人们不断对历史的总结并借此调整今天的行为。长期关注群落艺术的于长江当年曾与圆明园画家村的艺术家有过较长时间的接触，对此回顾时写下了这样的话："十多年前存在过的这个艺术家群落——圆明园画家村，成为中国当代另类前卫艺术的一个创世纪的神话，它是一群人，一个时代，一种狂想，一种遗憾，一种惭愧……"① 这段话呈现出的便是对圆明园画家村的首创性、复杂性及其"剪不断、理还乱"状态的一种总结。今天留有何种遗憾和惭愧？它又何以如此"传奇"？它是怎样的一个"神话"？又代表了一个什么样的时代？在今天看来它有哪些启示和价值？这些都是在对画家村的研究中，首先面临的棘手问题。对于这些问题，可以简单地概括为两点：一是在思想层面上引起的震动，因为它虽然具有不切实际的空想性质，但其表现出的对现有艺术体制以及流行僵化的艺术创作所表现出的反抗精神，却在某种程度上推动了中国当代艺术的发展；二是在实践层面上来看，他们通过行动将其反抗精神进一步深化。在思想上宣布与当时主流艺术决裂的同时，更付诸了艺术创作上的实践。正是这种实践性，才使得圆明园画家村时至今日仍为人津津乐道，也正因为这种实践性，使得画家村具有了真正的价值和意义。

一、曾经的"异托邦"

从"八五美术运动"② 开始，已经有艺术家们开始试图突破原有的艺术创作体制（包括创作理念、方式、题材、内容，以及创作者的生存状态），追求一种新的创作及生存方式，与一般的艺术家突破不同的是，其中的一部分人开始了职业化的自由艺术家生活——某种意义上，也可称

---

① 于长江：《重温画家村：对圆明园艺术群落的社会学思考》，杨卫、尉彬主编：《中国当代艺术生态》，天津大学出版社2008年版，第5页。
② 又被称为青年美术运动，主要集中在1985—1989年间，是一次典型的中国式前卫艺术运动，主要表现为对"现代性"的诉求和对各种艺术语言的探索。是中国当代艺术中的一个革命性突变现象。（参见高名潞《墙：中国当代艺术的历史与边界》，中国人民大学出版社2006年版，第16页）

之为"体制"外艺术家。这种首先在生活方式上的"突破",对很多艺术家来说要有极大的勇气,这意味着要在很大程度上,放弃既有的生活(如稳定的工资收入、较好的福利待遇以及既有的社会地位),这种"突破"无论是出于主动还是被动地选择,最直接的表现就是身份的转变,而他们试图通过这种"转变"带来创作理念和方式上的突破。随后,突破地域的限制而"自我放逐",这些"自由"了的艺术家开始进入一种漂泊不定的生活状态,并藉此进入自己所营造的"乌托邦"境地,以期实现自己的"乌托邦"理想。由于他们往往选择都市中相对边缘的位置聚集,而这种"自我放逐"式的生活状态,在当时的社会环境下,又常常难以为社会大众所接受,由此他们也被冠以"盲流"艺术家的称谓。

这部分艺术家,其生活背景和教育背景各有差别:有些是辞掉工作来到画家村,有些是刚刚大学毕业的大学生;从受教育程度看,他们有些通过自学成才,有些有着专业院校的教育背景,但都选择了体制外的自由艺术家的身份作为谋生的方式。他们一方面追求精神的自由,一方面又对社会的某些僵化状态抱有批判的态度,试图通过艺术作品来传达对社会的认识和感受,甚至通过一些在当时看来过激的行为如行为艺术来做出对社会的嘲讽和反叛。

从1989年以后,中国的政治和经济环境都发生了急剧变化,而中国的艺术村落现象也伴随这种剧烈变化开始出现并呈快速发展趋势。这些艺术村落包括1992年因艺术家张洹、马六明、苍鑫、朱冥等人定居于北京近郊的"大山子"地区,称"北京东村";[①] 1990年开始有艺术家居住的圆明园福缘门村、挂甲屯等地,同时又由于各方面的压力使得聚集到这里的艺术家开始分流,比如1994年方力钧等人转移到北京通县的宋庄并形成了今天的"宋庄画家村",以及滞留下来的杨卫等人临时聚集到清华北门形成的画家村等。

圆明园画家村的历史非常短暂,前后大约五年的时间。但其影响很大,

---

① 东村是指生活和创作于花家地一带的艺术群落。与"西村"相对,"西村"是对圆明园画家村的另一个称呼,二者一东一西,因此又被冠以"东村"和"西村"之称。虽然当时二者是同一时期出现的艺术村落,但是二者还是有很大的不同,不论规模和影响力,圆明园画家村都要大的多,而今天对早期画家村的认识,也多指圆明园画家村;并且圆明园画家村和"东村"之间还有一个不同就是圆明园艺术村聚集的多是流浪画家,尤其是到了2000年后,"东村"的人多是进修生,以一些到中央美术学院进修的学生和外地一些较为成功的艺术家为主。

直到今天这一事件还在影响着大家对艺术群落的态度和对当代艺术的判断。

圆明园画家村在大约五年的时间内经历了自盛至衰的阶段。按照曾生活于此的艺术家管一棹的介绍，圆明园画家村大致分为四个时期，他利用了佛教术语"成住坏空"①四个字来概括：

成：1990—1991；

住：1992—1994，"隐者陆续搬出，借势者渐渐加入"；

坏：1995；

空：1995之后。

从上面的分期可以看出，圆明园画家村的发展具有一个非常清晰的脉络，经历了从自发到膨胀，再到衰退的全过程。

那么，如何来看待当时画家村的状态，是否仅仅停留在一种浪漫和理想化的"乌托邦"的层面上？抑或是客观地看到这一实践性的"事实"？在笔者看来，圆明园画家村的意义并非仅仅在于其"乌托邦"性质上，而更在于其实践性，也正是因为这种实践性，从某种意义上来说，是实现了的艺术的"乌托邦"，按照福柯的说法就是一种"异托邦"②。圆明园画家村实际上有些类似福柯所说的"异位"空间，在福柯看来，"它们具有连接其他所有位所的令人好奇的特性，但却是以这样一种方式，即它们把一系列关系悬搁、中立化或颠倒了，这些关系是通过上述场所来命名、反映或呈现的。这些空间与其他所有空间相联系，然而却与其他所有位所略有

---

① 四劫：佛教把一劫分为四个阶段：（1）成劫，世界与有情产生时期；（2）住劫，又称"续成劫"，世界与有情存在时期；（3）坏劫，水、火、风等毁灭世界时期；（4）空劫，世界已不存在，空无一物。（见《诸舍论》卷十二）据称以上每一劫都有20个中劫，共80个小劫。

② "在真实场所中被有效实现了的乌托邦，福柯称之为'异托邦'"（尚杰：《空间的哲学：福柯的"异托邦"概念》，《同济大学学报（社会科学版）》2005年第3期，第21页。

福柯认为"异托邦"具有六个特征：

第一，世界不只存在一种文化，多元文化的情形就是"异托邦"，如"走婚"；第二，在同一民族或不同民族中，不同时代所处的每一个相对不变的社会就是一个"异托邦"，因为从另一个社会的眼光看，这个社会发生作用的形式是完全不同的，如"公墓"；第三，"异托邦"还指这样一种情形：在一个单独的真实位置或场所同时并立安排几个似乎并不相容的空间或场所，如戏剧舞台；第四，"异托邦"与时间的关系：因为时间与空间是对称而不可分的要素，"异托邦"在隔离空间的同时也把时间隔离开来，福柯称为"异托时"（Heterochronies），如博物馆或图书馆；第五，各种不同的"异托邦"自身是一个既开放又封闭的系统，两个"异托邦"之间既是隔离的又是相互渗透的，如"同床异梦"；第六，它是空间的两极，一方面它创造出一个虚幻的空间，但另方面，这个最虚幻的空间却揭示出真实的空间，如殖民地。（参见尚杰《空间的哲学：福柯的"异托邦"概念》，《同济大学学报（社会科学版）》2005年第3期，第22—24页）

差异……"① 这种空间有两种类型：一种是"乌托邦"，一种是"异位"（其中很重要的一种异位便是"危机异位"，当今天"危机异位"逐渐消失的时候，福柯认为"异位"正被所谓的"偏离"（Deviation）所取代）。按他的说法："乌托邦也就是非真实的位所"②。而"在任何文化中，在任何文明中，都存在着真实的场所和现实的场所，它们被设计成为社会体制以及各种实际上实现了的乌托邦"③。从这一点来看，圆明园画家村正是这样一个"异托邦"，在这里，带有"异质"性质的艺术家们找到了一个演出的平台，或者说"对话"④ 的平台，圆明园画家村的出现是一种"异质"声音在常态社会中发出的声响。

艺术家总是社会中特别敏感的一群人，尤其是在社会转型期间，他们会首先感受到其中的变化，并以各种创作方式率先突破，以表达自己对这种变革的认识。也正因为他们的这种敏感性，才使得他们先于普通人作出相应的反应而成为生活中的"异类"或者"另类"。"异类"或"另类"的出现恰恰是社会结构中所潜藏或存在着的张力释放，作为一种释放的形式，无论张力来自传统，还是来自当下，都会通过各种渠道表现出来。艺术领域所呈现的这种张力以及对张力的突破尤其明显，虽然在大多时候张力和突破之间处于一种动态的平衡之中，二者不断地被打破，又不断被修复，形成了中国社会结构中的对立平衡关系，意大利艺术理论研究者莫妮卡·德玛黛也表达了自己的看法："对我来说，中国大陆是个引人入胜的地方，那里的事物充满强烈的对比意味，统一性（Homologation）和极端差异性（Extreme Difference）以一种最为不可思议、却又最为自然的方式共存着。"⑤ 圆明园画家村虽然被取缔，但随后却出现了798艺术区、宋庄画家村等更多的艺术家聚集区。从平衡的角度来看，艺术区或画家村的出

---

① 米歇尔·福柯：《不同的空间》，福柯等著，周宪译：《激进的美学锋芒》，中国人民大学出版社2003年版，第22页。
② 同上。
③ 同上。
④ 对话是一种处于平等地位上的交流，具有平等的话语权和平等交流的机制，然而对于当时圆明园画家村的艺术家们来说，实际上这种所谓平等对话的机制并没有形成，所以对话实际上并不存在，甚至没有对话的可能，因为他们的状态更多的是一种无奈，虽然他们试图"对话"，但对话的渠道却总是因为来自外界和内在的原因而阻隔。
⑤ ［意］德玛黛著，罗永进等译：《艺术：各自为战的运动》，河北美术出版社2008年版，第169页。

现，既是一种突破，同时也是一种新的平衡。

二、身份认同及其实践

无论什么原因使得艺术家选择体制外的生活并在圆明园画家村安顿下来，其面对的首先是一种身份上的确认。因为如何在这个新的群体中生存下来并且能够找到自己的位置，是每个群落艺术家面临的首要问题。

身份上的确立总是面临各种困难，在艺术家身份、流浪身份、群体身份之间，群落艺术家面临诸多不确定性的同时，反过来又造成群落艺术家的焦虑与失语。

当身份认同存在某种焦虑的时候，心理的认同便变得更加重要。艺术家选择在圆明园画家村聚集，首先是作为"异质"姿态出现的。这一方面是对艺术体制与主流艺术的脱离，另一方面来看又是一种"自我放逐"，或者称为"自我边缘化"。无论是"自我放逐"还是"自我边缘化"的实践，其动力主要来自心理层面，也就是说圆明园画家村，从某种意义上来看其象征性意义大于现实意义。对当时在此聚集的艺术家来说，"精神上的归属感"使圆明园画家村成为"精神上的家园"，按照北大学者于长江的说法，即这个"村"具有一种"拓扑化"（Topologized）的特性，也就是说在某种意义上超越了其物理和地理意义。因为"这个'村'，最重要的还不是存在于现实中，而是存在于人们'心'中……"①。与圆明园画家村相对的"东村"的艺术家，在其心理上同样具有这种"归属感"，因为这种"归属感"需求，可以从整体上对艺术家的"身份"认同。唐昕在《花家地》一书中对艺术家的心理归属感也做了论述："……北京好像成了最让艺术家生效的机会之都，吸引着更多的艺术家从各地来到这里。人数的不断壮大让这类人群从整体上被更多的人所知，整体的'身份'开始被认识。这种感觉对于单个艺术家非常重要，在无法告诉别人你是谁的时候，告诉别人你属于哪儿，这种归属感让人很舒服，心里安定很多，这跟原始部落的形成可能是一个道理。因为中国当代美术界明确的社会化分工还没有形成，这会儿也挺像一个'部落'。比起外地艺术界的人单势孤，

---

① 于长江：《重温画家村：对圆明园艺术群落的社会学思考》，杨卫、尉彬主编：《中国当代艺术生态》，天津大学出版社2008年版，第9页。

北京这个'部落'的魅力看起来有点儿像个'王国'。"① 整体"身份"的认同是建立在艺术家处境基本相同的基础之上的，这种整体身份上的认同又强化了与体制对抗时候的一种心理依托。"人以群分"是人的一种重要特性，在"群"② 中，艺术家在身份上平等，追求上相近，并始终处于信息源中，能够在其中找到更多的"理解"和"支持"。这种心理认同感能够使群落艺术家以一种较为主动的方式与艺术体制对抗，从而实现自己的艺术理想与追求。

　　从社会结构的角度来看，这一群体并非处于社会的固有结构中。"异质"性或"边缘性"是他们的重要特征之一。从文化的角度看，他们显然又与"主流文化"不同，因此又属于一种"亚文化"状态，这种既非"主流文化"又在社会结构上的"异质"性便使他们自然而然的受到社会的某种排斥，当然他们也会在某种程度上反过来排斥主流文化或"体制"而处于边缘状态。然而，"异质"性又是每个社会，尤其是在社会转型与文化转型时期不可避免要出现的现象。对这一群体的"边缘性"可以从两个方面来理解，一方面这是群体主动的选择。在对圆明园画家村和其他艺术群落的考察中，笔者遇到了很多放弃了主流生活的艺术家，自愿选择这种边缘的生活状态；另一个方面因受到常态社会的排斥而形成的边缘状态。不过今天情况已有了很大的变化。随着艺术市场的不断完善，商业的力量已经使得这一群体从社会的边缘逐渐进入到社会的主流状态，即使他们有些时候为了保持其"边缘性"而故意做出某些形式，但这时的"边缘性"已与之前大不相同了，因为市场的因素已然渗透到艺术家生活的每一个侧面，如果非要说"边缘性"，那么在笔者看来，则更多的是一种"姿态"或"象征"的意味了。对于这一变化，我们必须将其放到市场化语境与全球背景下进行理解。

---

　　① 唐昕编著：《花家地：1979－2004 中国当代艺术发展亲历者谈话录》，中国英才出版有限公司 2005 年版，第 119—120 页。
　　② 中国文化强调的是群体文化，突出人的社会性。笔者认为798艺术区以及其他艺术区的聚集，所形成的"群"，还不是简单意义上的群体主义的价值观，而更多地表现出的是一种"扎堆"效应，在其间，既有一种心理上的群体观，但更多的是对个人理想的追求，并在聚集的过程中得到一种心理上的认同，而非为了强调群体主义而聚集。

三、地缘业缘下的"团体"

费孝通在"中国乡村社会结构与经济"一文中把人口聚集分为五种类型：村、围墙衙门式的城、临时集市、集镇和通商口岸。① 而画家村作为一种"村"，实际上并非真正传统意义上的"村"，因为随着传统社会向现代社会的转变，都市化进程越来越快，使得更多的人开始脱离从小生长的村落，进入都市以寻找新的生存方式。艺术村落正是在这样的背景下发生的，虽然它不同于传统的"村"，但是却隐含着某种传统"村"所具有的结构，比如圆明园画家村也有"村长"——伊灵。但这里的"村长"却又不是真正意义上的村长，他既没有行政级别，也不是民主选举产生，因此不可能真正地去行使村长的权利，而所谓的"村长"不过是一种象征性的称谓而已，即这里的"村长"实际上是没有权力的。但松散的群落组织并不影响群落成员的"归属感"，因为共同的追求和命运使得这些流浪艺术家更容易互相认可，从而形成一种精神意义上的"团体"。

不过这一"团体"并非铁板一块，分化现象却始终存在。在"群落"形态基础上形成的心理"归属感"，在某种意义上暗含着一种"小集团"利益的存在，即以不同形式出现的"圈子"，甚至这种"圈子"还会导致群落艺术家从一个"体制"走向另一个"体制"。

所谓"圈子"是建立在地缘关系或业缘关系上形成的画家村内部的小"团体"或"帮派"，虽然并非是真正意义上的"团体"或"帮派"，但反映了当艺术市场还没有真正形成时，"业缘"和"地缘"会成为联结他们的一个重要因素。对这一点，艺术家杨卫曾做了记录："张洪波跟摩根是老乡，同属于贵州籍，再加上诗人王强等几个人，一起被当时圆明园的人笼统归为所谓'贵州帮'。那会儿，在园子里有两个所谓的帮派势力，一个是所谓'贵州帮'，一个是所谓'东北帮'。其实，说他们是帮派，并不是因为他们有什么组织，而只是他们相互之间走得比较勤，交往比较密而已。不过，这种勤和密有时也会使外围疏远一些的人产生心理失落感。"②

---

① 费孝通：《中国乡村社会结构与经济》，王铭铭主编：《中国人类学评论 第2辑》，世界图书出版公司北京公司2007年版，第1页。
② 杨卫：《历史的后花园——圆明园画家村逸事》（文章节选），http://www.bookschina.com/2704928.htm。

如果说地缘是这个群落中一个重要凝聚力量的话，那么就整个群落来看，使之聚集的力量则是来自业缘。从这一个群体的人员构成来看，主要人员以美术创作为主，确切地说是以西方架上绘画为主的创作群体，虽然其中不乏诗人或者音乐创作者，但从其主要人员来看，画家村的影响主要还是来自这里的画家，① 在笔者看来，在画家村聚合中，业缘的因素甚于地缘。于长江认为他们的聚集更多的是人格上的共性使然，而并非因为"美术"的因素或者是水准的因素，他说："这里聚结成为一个如此特殊的群体，实际上并不是因为'美术'这个因素，也不是专业水准的问题，而是他们具有人格上的共性。"② 当然于长江在这里看重的是他们"人格"或者"性格"上的共性，有一定的道理，但却不宜因此否定业缘上的作用。应该说，从聚集的因素看，实际上要更加复杂，因为除了上述提到的"业缘""地缘""人格"的共性外，还有处于萌芽期的"市场"因素及国际、国内整体相关的大环境，这些都会在某种程度上影响着这一群体的"聚合"与"离散"。

四、梦想的破灭

圆明园画家村的最终被取缔，不仅是文化冲突的体现，更是社会巨大张力的现实实践。因为在主流文化看来，这一群体本身就是一个具有反主流冲动和实践的群落，他们的出现给常态社会或者刚性社会造成了一种张力，而这种张力发展的结果就是强大的一方彻底的压倒和摧毁另一方，在于长江看来，"圆明园画家村的发生、形成直到最后被取缔，既是中国社会转型期社会结构内在不协调造成的冲撞，也是社会应对某些外部势力介入而做出的反应，是一个典型的系统不兼容的结果。"③ 这种系统的不兼容，会表现在不同的层面上和表现出不同的强度。宦东槐在"探访圆明园画家村"一文中对画家村的被迫解散表达了无奈和遗憾，并发出了"画家为何来此租房？画画干什么？为什么轰他们走？"这样的疑问，而从他们

---

① 如后来的成功者方力钧、岳敏君等都是以油画创作为主的艺术家。
② 于长江：《重温画家村：对圆明园艺术群落的社会学思考》，杨卫、尉彬主编：《中国当代艺术生态》，天津大学出版社2008年版，第7页。
③ 于长江：《重温画家村：对圆明园艺术群落的社会学思考》，杨卫、尉彬主编：《中国当代艺术生态》，天津大学出版社2008年版，第12页。

遇到的一个妇女的话中我们也可以稍微明白一点。以下是妇女和宦的对话：

"一中年妇女看我们转了多时，便壮胆而好奇地问：'你们找谁这么下劲？'我说：'听说这村子里住着画家，怎么今儿一个也没见到呢？'她脱口而出：'噢，画画的吧，全没了，都给轰走了，这儿不让他们住了。''为什么不让住呢？''俺们不晓得，反正居委会布置了，谁租房谁负责。'"①

从这段对话中，一方面可以看出当时民众对这些所谓艺术家的认知程度也就限于"画画的"，另一方面则是从"……反正居委会布置了，谁租房谁负责"的话中也看出隐含其中的政府态度，明显地呈现出一种张力。最终圆明园画家村被一种强制的行政手段拆散了。综合各种材料和对部分画家的访谈，将之驱散的具体原因基本包括如下几条：

1. 生活在此的艺术家在生活上放荡不羁。比如像画家们的长头发、喝酒等。这是因为在当时人们思想还不完全开放，因此他们的诸如此类的生活方式并不被普遍接受，在当时看来他们无疑成为社会的异类，加上当时户籍制度还有相当的作用，所以他们这群流浪在北京的艺术家，又被称为"盲流"。②

2. 扰乱社会正常生活秩序。常被冠以"耍流氓"的称呼，比如张东的撒尿事件，严正学因与公交车售票员闹矛盾而被抓的事件等。

3. 西方人士等的参与。比如"当时圆明园画家村发生某些事情，某些西方国家大使馆就打电话'过问'。……西方某些人把他们说成一群受迫害的人，从他们的角度进行了一些报道和宣传，这使画家村的存在被严重政治化了。"③

五、市场因素的萌芽

圆明园画家村与后来的艺术区以及画家村相比，人们更多从理想主义

---

① 宦东槐：《探访圆明园画家村》，（来源：新安晚报），http://www.cnarts.cn/yszx/12383.html。

② 他们之所以被称为"盲流"，是因为他们为"三无"人员，也就是：无户口、无公职、无家庭。
关于对当时"三无"人员的论述可参见汪继芳的《圆明园画家村》，http://www.cnarts.cn/yszx/12382.html。

③ 于长江：《重温画家村：对圆明园艺术群落的社会学思考》，杨卫、尉彬主编：《中国当代艺术生态》，天津大学出版社2008年版，第11页。

的角度去理解，而较少涉及市场因素。但从其形成的规模以及变迁来看，市场因素在其中起到了重要的作用是不应被忽视的。

从规模上看，圆明园画家村在其存在的短短几年时间里，达到了令人惊讶的规模，造成了很大的影响。据资料显示，当时圆明园画家村的核心区域位于北京圆明园废墟附近福缘门村，它实际上形成于80年代末，90年代初。在其鼎盛时期，艺术家曾达到三四百人，按照艺术家杨卫的说法就是"我虽然没有对'圆明园画家村'的艺术家人数做过具体统计，但的确感受过那种摩肩接踵、熙来攘往的热闹情形。在我的印象中，那时的福缘门几乎每户都有艺术家居住，甚至还有许多房东干脆搬到别处，而将自己的房子全部租给艺术家。"① 从许多房东将自己的房子让出来，全部租给艺术家居住来看，一方面说明了当时居住于此的艺术家确实数量众多，另一方面也说明市场经济的因素开始渗入普通民众的心中。对于这一点，杨卫亦有记述："尽管那时候的福缘门实际上也夹带着各种各样的功利主义，且充满着商业气味，但就其流浪的性质而言，的确是源于人性解放的某种冲动与理想。事实上，也正因为市场经济的来临，将中国的历史从过去禁锢的计划经济体制下解放了出来，才真正使人们有了某种选择与竞争的自由。如果没有商业社会的大环境，是不会出现'圆明园画家村'的，当然，也就更不会出现后来各种各样的艺术村落。"②

"树林画展"是另一个重要的代表事件，体现了当时艺术家对市场的渴求及其无奈。试图获得公众的认可，同时也能获得市场的认可，可以说是当时艺术家们着力解决的问题。据《圆明园画家村大事记》："1992年7月12日在福缘门村后的一片小树林，画家们聚到一起，举办了一次别开生面的自由展览——《职业画家露天展》（通称树林画展）。前来观看画展的除二十几位外国人外，还有摇滚歌星崔健及后来'穴位'乐队的主唱秦思源、一些新闻记者和画画的圈内人。但没有一幅作品被认购。傍晚，郭新平、叶友、黄鸥等人以行为艺术的方式焚烧了一部分作品作为画展结束。"③ 小树林画

---

① 杨卫：《圆明园画家村》，杨卫、尉彬主编：《中国当代艺术生态》，天津大学出版社2008年版，第2页。
② 杨卫：《圆明园画家村》，杨卫、尉彬主编：《中国当代艺术生态》，天津大学出版社2008年版，第3页。
③ 世纪在线艺术网：《圆明园画家村大事记》，http://www.cl2000.cn/reports_detail.php?iInfoID_6767.html。

展实际上承袭了当时"第一届星星美展"时期在中国美术馆东侧小花园栏杆上举办露天展览的形式。此种情形可以从两个方面来理解：一是在早期的展览中，当代艺术基本上是被拒之门外的，即使得以在中国美术馆举行的 1989 年现代艺术大展，也因为当时的行为艺术临时被关闭，而且从此美术馆再接受当代艺术的展览就变得非常慎重了。这再一次说明当代艺术在早期，不仅不被公众承认，同时也不被主流艺术的代表如美术馆认可，因此从一开始当代艺术的生存就处于一个边缘化境地，不仅没有市场，甚至连展示的地方也没有，于是才出现了所谓的美术馆东侧小花园的"第一届星星美展"，也才有了本文的小树林画展。露天展览的选择虽然是出于展览场地的无奈，但是也可以看到艺术家们强烈的需要交流的愿望，虽然他们以反体制、非主流的思想标榜，但是与公众交流，试图进入公众视野和获得理解的愿望还是非常强烈，当然其中暗含的市场的需求也是不言而喻的，因为从吸引到的外国友人前来参观可以看出。通过露天的形式试图以更加个性的方式进入公众视野，应该是当代艺术家试图冲出当时困境的一种希望，然而在当时的社会环境下，他们的行为除了引起更多人的好奇外，市场几乎还不可能建立，所以参展的艺术家在展览的最后以行为的方式焚烧画作，这可以看做是他们既在绘画形式上又在行为上的尝试，当然笔者更愿意看做是艺术家们面对当时处境的一种策略，其中既有反抗，也有无奈。不过这种试图通过开放的形式引起公众注意和试图与公众交流的形式，虽然在当时并没有带来多大的市场成效，但是艺术群落的概念却逐渐在公众心中形成了，就这一点而言，他们无疑是成功的。到了后来 798 艺术区时期，早期的入驻者以更加积极的态度通过"开放""再造"的形式与公众交流，使得 798 艺术区逃脱了即将被拆迁的命运而最终得以保留，并发展成为今天最大的当代艺术画廊聚集区。

　　由此可见，仅仅把圆明园画家村看作精神层面的追求并不全面，而必须将其放到市场化语境中进行考察，否则就会陷入一种唯浪漫和唯理想的情景中，而忽视了其中真正引起变化的因素。看到这一点，就会在看到其"浪漫""自由""理想"的同时，而不忽略这些字眼背后的真实状况。

　　中国社会的政治松动为早期画家村的出现提供了可能产生的条件。但松动并不代表这一现象已经被接受，因此艺术群落内外交困的境况依然存在。这种交困一方面来自外部：国内外艺术市场的压力、政府和民众认可的压力等;另一方面来自艺术家内部:艺术村落内部和艺术家自身。这两方面的交困使得早期的艺术家始终处于社会、心理和创作上的双重甚至多重的"边缘",从而使其具有了"异质"性质。反过来,"异质"成分在社会的出现,恰恰说明了社会已经处于转型的临界点,而各种力量地博弈又必然加速这种转型的实现,同时也会在社会结构和经济体制的各个角落产生各种空隙,出现一种"边缘"地带,而这种边缘地带,① 在笔者看来是"温暖"的,因为它孕育着各种新的可能。边缘地带的"温暖"来自其孕育性,这不同于边界,因为边界是截然二分的,非此即彼,并不存在其他的可能,从这一点来看边界是"寒冷的",而"边缘"则是温暖的。

除此之外,早期画家村的形成更多笼罩着理想化的色彩,同时又因其理想化的破灭而充满遗憾。在理想的追求和破灭的过程中,艺术群落的"实践性"② 成为早期画家村存在的价值所在,而非仅仅是其理想化或者"乌托邦"追求。在理想化色彩的背后是大部分人所忽略了的经济因素,这一因素并不因为其理想化而消失,反而始终伴随着画家村和艺术区的生长过程。只是由于早期艺术市场还没有真正形成,所以经济因素始终处在隐蔽的状态之中。

同时画家村的出现又是文化冲突的集中体现,既有来自内部的冲突,也有来自外部的冲突。"画家村"可以从两个角度来理解:一方面是这里的"村"不同于传统的"村落",说是"村",实际上是一个临时的聚集点:一个城中村、村中村。表现出一种对城市和当地行政村落的一种既有依附感,同时又试图独立特行的特点,表现出一种若即若离的状态,因此也就使得这一"村落"具有了一种极其矛盾的性格;另一方面就是这里的"画家",首先是一种身份上的确认,从表面看,"画家"一词只是表明了其所从事的职业,但是从深层次来看,这实际上反映了一种立场:一种反叛精神及其不合作的态度,也就是说具有了一种"职业化"倾向,而这种倾向是不同于通常所说的"职业",其表达出一种更深刻的含义。正因如此,艺术村落中才表现出了更强烈的文化冲突及其意识。既然作为"职业

---

① 对于边缘和边界的讨论可以参见滕守尧《文化的边缘》一书。(参见滕守尧著《文化的边缘》,作家出版社1997年版,第4页)
② 这里的实践性主要是指画家村不仅是艺术群落所追求的一种理想,更是一种实践。

化"的一种探索和追求，首先表现出的就是一种对传统"画家"角色的重新审视，甚至颠覆。这包括对传统画家的角色及其思维方式、创作方法、形式材料等的再思考，而新的角色和身份的确立必然又带来其与传统"画家"或"艺术家"的决裂，其冲突来自系统内部，是自身"不兼容"的结果；而同时更大的冲突来自外部，也就是来自西方世界，也可以从两个角度来理解：一个是对西方现当代艺术的理解和吸收过程，该过程在早期表现出一种囫囵吞枣的态势，所以艺术作品更多表现出粗糙和模仿化的倾向；另一个是对西方的依附过程，因为来自系统内部的冲突及其新身份确立，使得他们不得不去求助于西方的收藏，这也是为什么在当代艺术的创作中为何屡屡出现大量迎合"他者化"眼光需求作品的原因。在市场语境下，这种迎合会长时间的存在，因此身份上的迷失也必然长时间的存在。但是作为艺术家经历过身份的迷失以后必须要重新确立自己的身份，既要确立自己在当代艺术发展过程中的身份，也要确立自己在国内和国际艺术市场上的身份。身份的确立，或许才是画家村和艺术区长期存在和健康发展的基础。

第二节　工业废墟上的文化经验：后工业背景下区域功能的转变

美国社会学家丹尼尔·贝尔在其《后工业社会的来临》一书中首先从后工业社会理论入手来探讨后现代文化。主张按工业化程度将社会划分为三种类型：前工业社会、工业社会和后工业社会。在前工业社会主要是人与自然界的竞争，工业社会是人与经过加工的自然界的竞争，而后工业社会则是人与人之间的竞争。在后现代社会中，其特点是信息化技术与工业化的机械技术的共存。

798艺术区正是基于这样的社会背景出现的。从圆明园画家村的消失，到新的艺术区和画家村的出现，是20世纪80、90年代以来中国社会从工业社会到后工业社会转型时期出现的艺术现象。伴随这种转型，是大批工业产业退出后而在都市遗留下废弃的工业厂房及空间，为新兴的文化信息等产业的大面积进驻创造了条件。艺术家进驻798并在此形成以当代艺术为核心的艺术群落，798的区域功能也随之转变。

一、798 艺术区区域特点及其发展脉络

（一）区域特点

798 艺术区位于北京市东北角朝阳区酒仙桥街道大山子地区，故又称"大山子艺术区"（英文简称 DAD - Dashanzi Art District），是原 718 联合厂等电子工业的厂区所在地。此区域西起酒仙桥路，东至京包铁路、北起酒仙桥北路，南至将台路，如图 4 所示。

798 当前位于七星集团所在的 718 大院内，"占地面积近 30 万平方米，建筑面积 20.37 万平方米。其中，50 年代建筑面积 97229.19 平方米（锯齿形包豪斯风格建筑 19834.45 平方米）。"[①]

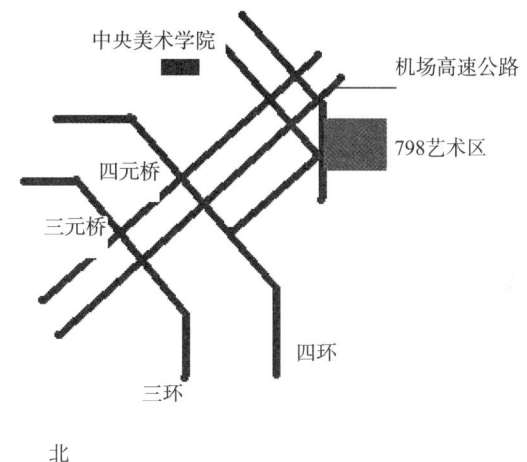

图 4　北京 798 艺术区位置示意图
（笔者绘制）

图 5　798 艺术区典型的锯齿形包豪斯建筑及其内部空间　（笔者拍摄）

---

① 数据来自"北京市第十三届人大二次会议第 0572 号建议的办理报告"。

图 6 798 艺术区的规划模型 （笔者拍摄）

798 艺术区靠近北京四环路，旁有机场高速公路通过，交通非常便利。同时这里还是北京市的 CBD 商业圈区域，加上 798 艺术区大规模的包豪斯建筑群，因此无论从地理上、环境上还是从建筑特色上都有较之其他艺术区无可比拟的优势，这也是 798 在短短几年时间内发展迅速，并产生巨大影响力的重要原因。

798 艺术区从 2002 年开始至今短短六七年的时间内，经历了一个快速变化的过程，无论从规模还是从功能上都经历了很大的变化。2003 年只有三十几家艺术机构和个人，到现在为止发展到了三百家左右，整整增加了近十倍；范围也从最初的部分空间扩大到整个 798 园区；功能上则从一个艺术家聚集区转变成了现在的当代艺术画廊聚集区，从艺术作品的创作区转变成了现在的艺术作品的展示区和流通区。关于 798 艺术区区域功能的转变，可以从两个方面来理解，一个方面是工业化退出后，798 遗留下了大量闲置的厂房，为艺术家的进驻提供了空间上的可能；另一方面是艺术群落及当代艺术也开始逐渐获得发展空间。也就是说从硬件和软件两个方面都具备了画家村和艺术区成立的条件。

由废弃工厂及其空间变身为艺术区或画家村而完成区域功能转变的例子并不少见，这似乎成了国内外的一个文化经验。从国内外艺术群落的发展看，他们一般会选择如下区域：废弃工厂；大都市的城乡结合部；靠近大都市的郊区。之所以如此，是因为闲置厂房具备宽敞的空间，同时其阔大而带工业化生产遗迹的空间又能保持艺术家对工业化的留恋；房租便宜；城乡结合部和郊区较容易找到大片的可供使用的空间。但无论选择哪个区域，其共同点都是在生活和思想上要容易保持相对自由，至少要在某种程度上保持艺术家独立的个性以及一种浪漫的"乌托邦"理想。具体来看，这些区域与城市之间总保持一定密切的关系，之所以如此，是因为这里具备信息上的优势，因为在城市中可以有更多的潜在市场和显性市场；同时靠近都市，却又与都市保持一定的距离，可以做到若即若离的状态：一种厌恶城市生活，但又离不开它；向往田园生活，但又不可能真的退回到农村。而上述区域的折中性正好满足了艺术家既理想化又不离现实的心理需求，这也是艺术家们选择不断漂泊生活方式的重要心理基础。通过上述分析可以看出，艺术村落需具备的基本条件包括相对理想的都市环境，既要有艺术家聚集所需区域，同时还要有相对便宜的房租以使生活成本不至于过高；相对宽松的社会环境，这样才能使得艺术家的流动和聚集成为可能；潜在的艺术市场和显性市场的存在等等因素。

（二）重要事件和发展脉络

798艺术区真正进入人们视野主要是从2002年开始的，其中重要的事件如徐勇的时态空间成立、东京画廊入驻以及随后的"再造798"等活动。在此之前，虽然这里的空间已经开始陆续的被人租住、使用，比如中央美术学院租住这里的空间做教室、洪晃的杂志社进驻等，但这并非严格意义上的798艺术区时期。因为798在2002年前后两个阶段有着较大的区别，2002年之前的入驻者，在某种程度上来说只是纯粹的租户而已，他们与七星集团之间的关系是简单的租赁关系。而2002年之后的入驻者，如徐勇、黄锐等人却打起了开发798并试图建立中国当代艺术区的算盘，所以从严格意义上来说从这个时候开始，艺术家改造798的行动成为一种自觉行为，798区域功能的转变才真正开始。也就是从这时候开始，入驻者与七星集团的租赁关系变得不再纯粹，房客大有反客为主之势，由此一系列的事件得以展开。

下面对798艺术区的一些主要事件进行了梳理，以期通过事件片段还原其功能再造的过程。表格如下（以2002年为界，将798的区域功能再造分为两个时期，之前还不是严格意义上的艺术区阶段，但是已经有部分艺术家进驻，因此从功能转变的角度来看，这个时期可以看成艺术区的准备期，或称为泛798艺术区时期）：

北京798艺术区：市场化语境下的田野考察与追踪

时间	事件	人物、机构	备注
2000年前	已有部分机构入驻	中央美术学院雕塑系、《乐》杂志社以及少数艺术家	在此期间基本未产生影响。
2000年	早期进入的艺术家和机构	隋建国、洪晃	中央美术学院雕塑系搬走后，隋建国将自己的工作室设在了798厂的一处窑炉车间。著名出版人洪晃将杂志社和住家搬到798工厂。
2001年		刘索拉	先锋小说家、著名音乐人刘索拉连同自己的音乐搬入798工厂。
		之后，黄锐、苍鑫、白宜洛、陈羚羊等艺术家纷纷入驻	
2002年		罗伯特	2002年6月，美国人罗伯特进入798艺术区，建立"八艺时区"，2003年开办书店。其现在的场地由原798的回民食堂改造而成。
2002年10月	东京艺术工程（又称东京画廊）进驻798，并作首展——"北京浮世绘"①		该事件受到社会和艺术界关注，是艺术区的第一件大事，从此798艺术区真正进入人们的视野。②
2002年年底	时态空间改造完成	徐勇	徐勇曾策划"胡同游"，从而引发"后海文化"。

---

① 该次展览对于798艺术区的重要性，舒阳在《798艺术区的前世今生》一文中有记录："'北京浮世绘'开展后，更多的国内外艺术机构和艺术家进驻798地区，798艺术区的规模初步显露。可以说'北京浮世绘'开幕，是798艺术区开始形成的第一个标志性事件。"
（参见舒阳《798艺术区的前世今生》，杨卫、尉彬主编：《中国当代艺术生态》，天津大学出版社2008年版，第69页。）
另外，舒克文在《配合主题——"丰收"与"浮世绘"》一文中，对当时"浮世绘"的展出也做了介绍："'浮世绘'是在北京东部大山子一个停产的旧厂房里开辟的一个展场，这里后来聚集了各种各样的艺术工作室，成立了北京的新一款秀场。"（参见舒克文《相信艺术还是相信艺术家》，中国人民大学出版社2003年版，第295页）
② 郑阔在《历史的涅槃》一文中认为："2002年，日本东京画廊进驻798，这打破了中国原有艺术聚集区的纯艺术家性质，显示了798当代艺术产业化发展的可能性。"（参见程磊、朱其主编《北京798》，北京798艺术区建设管理办公室2008年版，第52页）

续表

时间	事件	人物、机构	备注
		之后，李象群、赵半狄、刘野、吴小军、张小涛、马树青、石心宁、摩根、邢俊勤、史国瑞、傅磊、毛栗子等艺术家纷纷入驻	
2003年4月13日	"再造798"	黄锐、徐勇	2003年4月的"再造798"活动，极大推动了798艺术区功能转变，也加快了它突破原有规划后自行生长的速度，798艺术区大致形成。郑阔"历史的涅槃"一文中有记录："如果说2003年4月13日由艺术家们发起的'再造798'活动，以民间话语形式宣告了798由老工厂到艺术区的蜕变，宣告了一个新艺社区的诞生，那么清华美院的李象群教授在'两会'期间向北京市人大递交的《保护一个老工业的建筑遗产，保留一个正在发展的艺术区的提案》，则是民间话语在寻求官方认同。"①
至2003年4月	艺术区初步成型		包括画廊、艺术基金会、出版传媒、设计广告、时尚品牌、咖啡店、餐馆、酒吧等约38家机构和46个艺术家工作室。
	2003年度北京首次入选原美国的《新闻周刊》评选年度世界城市之一		原因即因"798厂"艺术区的存在。该刊认为，798艺术区的存在和发展，证明了北京作为世界之都的能力和未来潜力。
2004年4月24日—5月23日	首届北京大山子艺术节	组织者：黄锐、徐勇等人。参与机构：百年印象、二万五千里长征文化传播艺术中心、仁俱乐部、空白空间、北京季节画廊、三版工坊、3818库、闹设计俱乐部等	按照对798艺术区的调查和访谈，大家认为，798艺术区的最终确立，实际上得益于大山子艺术节的举办，如果没有大山子艺术节，可能也就没有现在的798艺术区。另外，这次艺术节完全是一次以民间力量为代表的民间机构创办的国内最大规模的国际当代艺术活动。该艺术节以"光音/光阴"为主题的当代艺术系列活动大小达30多个，同时艺术家的工作室也向公众免费开放。据估计，上万人次在此期间来798一探当代艺术的究竟。

---

① 程磊、朱其主编：《北京798》，北京798艺术区建设管理办公室2008年版，第53页。

续表

时间	事件	人物、机构	备注
2005 年	798 艺术区内的包豪斯建筑被北京市政府列为"优秀近现代建筑"		从此 798 艺术区的建筑免遭被拆迁的命运，798 艺术区得以继续存在。
	第二届大山子国际艺术节	组织者：黄锐	近 10 万人入场参观。
2006 年	798 艺术区被列为首批文化创意文化产业集聚区之一		被北京市和朝阳区政府授牌。798 艺术区开始不断得到政府的认可和支持。
2006 年 3 月	798 艺术区建设管理办公室成立		北京市朝阳区政府联合七星集团成立 798 艺术区领导小组，下设 798 艺术区建设管理办公室，以"协调、服务、引导、管理"为宗旨，推进艺术区文化产业的健康发展。
2006 年 9 月	首届北京 798 创意文化节	组织者：黄锐	历时 17 天，大约 8.5 万境内外游客访问 798 艺术区。
2007 年 4 月	2007 北京 798 艺术节	艺术区管理办公室、朱其、程磊等	主推 70 后，主题"买得起的艺术"，历时 14 天，吸引了全球 19 万游客到访。
2007 年 6 月			"截止到 2007 年 6 月，北京 798 艺术区的入驻机构已经达到了 400 余家，汇集了画廊、设计室、艺术展示空间、艺术家工作室、时尚店铺、餐饮酒吧等众多文化艺术元素。"[①]
2008 年	2008 北京 798 艺术节	主策展人：王林	主题："艺术不是什么"。
2009 年	2009 北京 798 艺术节	策展人：鲍栋、杜曦云、刘礼宾	主题展："再实验：智性与意志的重申"。七星集团通过下属机构艺术区建设管理办公室对艺术节全面接管。

从该发展脉络中可以看到 798 作为工业化退出后的闲置空间，被艺术家发现并进而作为艺术工作室租用，随之开始了 798 的改造活动。随着人气的增加，画廊也开始进驻，规模和影响不断扩大，其业态也逐渐从单一走向多元。从 798 自身来看是艺术区不断得到认可，业态不断丰富，区域功能不断转变的过程；从当代艺术的发展来看，则是当代艺术从"地下"走向"地上"，群落艺术家从边缘走向主流的过程，体现了群落艺术家群

---

① 程磊、朱其主编：《北京798》，北京798艺术区建设管理办公室2008年版，第55页。

体文化权利上的诉求。从中可以看到错综复杂的关系和不同力量的博弈,其结果是不同力量的此消彼长和艺术区不断建构的过程。

其变动示意图如下:

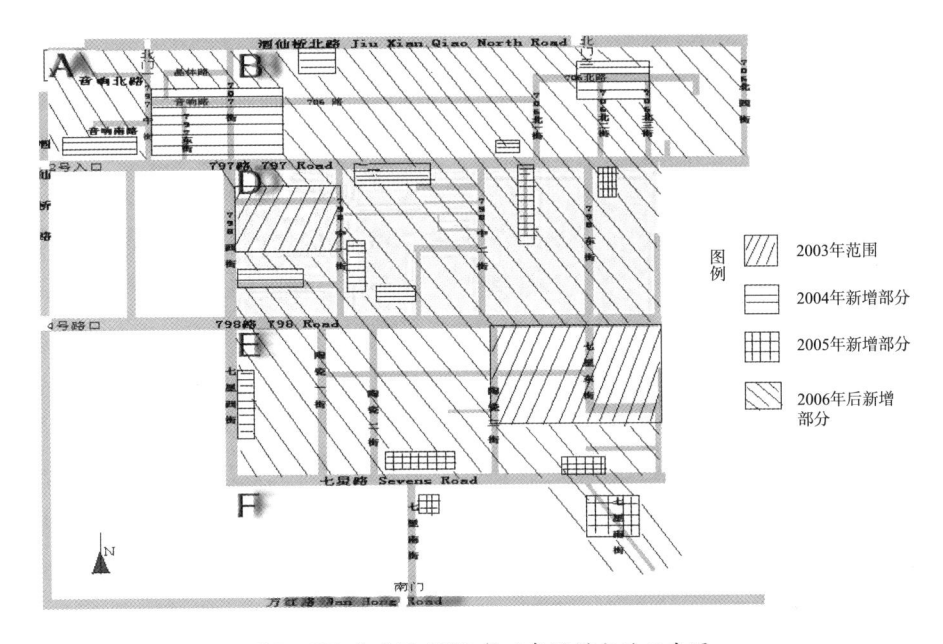

图7 798艺术区2003年以来规模变动示意图

二、展示与流通功能

798艺术区经历几次主要的转变,在功能上已经不再仅仅是一个艺术家聚集的区域,而是融合多种功能于一体的新型艺术园区。这里既有艺术家的工作室,也有以当代艺术经营与展示为主的画廊,同时还包括其他相关业态。因此798艺术区已经不能再用简单的划分进行归纳,798艺术区今天已经成为一个多元化发展、多业态共存的区域。

不过在所有的功能中,艺术作品的展示以及流通功能在今天看来还是最主要的。因为在中国还没有任何一个区域有如此集中的画廊规模,从这一点上看,798已经成为中国本土最大的当代艺术品集散地。程磊使用"集场"的概念来说明798当前的状态,认为798艺术区即是当代艺术的集场:"作为新的城市公共空间,798艺术区在多极力量的积聚下自发生成,已经成为艺术与时尚的多元文化反应堆。全球化和本土化、产业和反产业、自发兴起和规划开发、草根艺术家和艺术托拉斯、艺术与商业、高端与低端、中国与外国、社会化和精英化,多种力量、多重矛盾、多元价值共存于798。798已经形成并成为北京在全球化背景中的唯一一个当代文化与艺术的'集',北京已经有很多艺术区,却只有这一个艺术集场。"① 所以798在功能上的主要特征,就在于它现在已经成为中国最大的画廊聚集地。当然我们也还必须看到这种功能上的确定和变动是同时进行的,798艺术区由于特殊的地理位置和在产权以及形成上的特殊性,以及798在北京市文化产业规划中的特殊性等因素,其变动总会随着不同方面的力量的加强和削弱而摆动。这从798艺术区如今其他功能越来越强烈的现状已经可以看到一些端倪,因为今天这里,已经不再是只有艺术家的聚集区,也不再是纯粹当代艺术的集散地,而是又加入了如旅游、高档商业区等其他新功能。

　　当然,至今大家在认识上还是倾向于其集场的功能。马克·汉克巴勒(策展人、纽约艺术家联盟管理人)也认为"798早就已经超越了那个功能阶段(笔者:这里指草根阶段),它现在是一个通过画廊、艺术空间、艺术节等事件曝光艺术的中心,也是一个高端的零售中心。"② 当然,这里的"零售中心"更多的类似于程磊所说的"集场"中集市之意。但是汉克巴勒也意识到"如果在展现艺术的过程中能够保证内容的高质量,那么消费主义式的大量买卖就不见得会造成负面影响。"③ 不过,对于后一句话,看来可能仅是一种美好的愿望了,事实上,现在798艺术区的商业化倾向,尤其是低俗的商业化倾向已经非常严重,并且它越来越多的向"集场"和"集市"的方向发展。

---

　　① 程磊、朱其主编:《北京798》,北京798艺术区建设管理办公室2008年版,第78页。
　　笔者认为在这里"集场"具有多种解释的可能性,既有"集中",又有"聚集",也有"集市"之意。集中与聚集主要是指艺术家和艺术机构在该区域的聚集、集中,而"集市"的意思则是指当代艺术的集散地,交易场所,因此从这一个角度看,798又是艺术家、画廊的集聚地,同时也是现当代艺术品的集散地。
　　② 马克·汉克巴勒:《798是曝光艺术的中心,也是高端的零售中心》,程磊、朱其主编:《北京798》,北京798艺术区建设管理办公室2008年版,第194页。
　　③ 同上。

三、公众不再缺席的当代艺术区域

当代艺术在中国大陆介入生活的方式一直是处于试验性的、"地下"的和"边缘"的。当代艺术最初的阶段缺少公众的参与,小圈子内的传播和"地下"性成为当代艺术早期的主要特征,即使是到了圆明园时期,当代艺术在公众看来,也还是"奇形怪状"和令人惊诧的。人们之于当代艺术的好奇,与其说是对于当代艺术自身,还不如说是对从事当代艺术创作的艺术家本人及其"异质"生活。实际上,公众对当代艺术的认识,更多的是从对艺术家边缘性生活方式的关注开始的。20世纪,中国经历了众多的苦难,在人们总是愿意谈论集体性而忽略个体性之时,集体性体验总是压倒个体的体验。"文革"十年,人们变得更加小心谨慎,因为个体经验更加变得微不足道,甚至在某些时候还会带来危险的后果,如牢狱之灾。在此种大的背景下,伴随着中国改革开放以及对外交流的全面展开,西方思想一下子涌入国门,人们开始思考人的个体生命及其价值。对个体生命及其经验的关注与社会结构的刚性与机械性之间产生了巨大的张力,一些敏感的艺术家试图突破原有的束缚和原有的创作模式,开始尝试以一种崭新的方式介入生活和创作。在西方艺术市场的介入下,当代艺术开始了它的实验之旅。从当代艺术的实践来看,其实验性和反叛性从一开始就缺乏公众基础,公众的缺席一直是当代艺术发展初期的主要状态。

圆明园画家村以及随后出现的各种类型的艺术区和画家村,成为当代艺术家主要的聚集地,群落成为其主要的聚集形式。艺术村落和艺术区的出现除了成为当代艺术发展的主要基地以外,更重要的是也成为公众介入当代艺术的重要途径。798艺术区在功能上的扩展,就是在艺术家聚集的基础上以及伴随画家工作室形式而带来的附加的公共艺术教育功能,这成为公众了解和进入当代艺术的重要桥梁和途径。当代艺术及其艺术家开始了从"地下"到"地上"、从边缘性进入公众视野的转变。通过艺术区和画家村新的功能拓展,当代艺术终于开始进入公众生活。艺术区和画家村的这种转变,逐渐摆脱了早期艺术群落被随时取缔和拆迁的命运,而进入到一个新的发展阶段。这种转向,既可以看做刚性社会的一种松动,也可以看做一种民主的进程。是社会转型的一种新的社会群体流动形成的新的艺术现象,当然我们也愿意从人的觉醒和对个性生活以及个体生命体验的角度来看待这一现象。不过随着最新的艺术区发展，798周边的众多艺术区又开始了"被拆迁"之旅，这一现象已经超越艺术区本身的研究范围，而更多的涉及国家的土地政策、文化政策以及个人权益的保护等问题，而非单纯的艺术区研究所能及了。

798艺术区的公众艺术教育功能，无论是否是其初衷，但是这种教育功能毕竟已经成为可能和现实。公众顺畅的进入，使得从过去单纯的对艺术家生活的关注进入到对当代艺术的关注，开始进入到对创意的、个性化的生活方式的关注。艺术化的生活和生活的艺术化开始进入普通人的生活，这是艺术区在功能转变后的成果之一。

公众的介入，改变的不仅是艺术群落自身，也改变着艺术群落和公众及社会的关系，因为当代艺术进入公众视野，公众既成为观众，也成为潜在的当代艺术市场，在某种程度上他们也成为重要的评判者。这里有两点值得注意：一是关于"自发形成"的问题，798艺术区的可贵之处就在于其最初的野生状态，也就是其自发性，当然798艺术区的最终形成，绝不仅仅因为其自发性，其中还有更加复杂的原因，是诸种力量合力的结果。

总之公众的介入既改变着自身，也改变着当代艺术及其群落的生存，更改变着他们之间的关系。

四、从物理空间到心理空间的转换

798艺术区，已经不再仅仅是一个区域的概念，也不再仅仅是一个地理概念和具体的物理实体的存在，而成为一种符号，一种象征。在今天的话语语境中，798艺术区正在向更深层意义转变：成为一个生成性、情境性和关系性的意义对象。其在概念生成上指向了生活于798艺术区的人——艺术家和围绕艺术家所展开的事件及其关系。798艺术区已经成为中国当代艺术的实验基地，成为艺术区的重要代表。阿巴杜莱认为"地方未必是物理实体，尽管它可能具备物理边界"[①]。他说："我把地方主要看成关系性的和情境性的，而不是阶梯状或空间性的。我视其为一个复杂的现

---

① ［美］安德鲁·斯特拉森、帕梅拉·斯图瓦德著，梁永佳、阿嘎佐诗译：《人类学的四个讲座：谣言 想象 身体 历史》，中国人民大学出版社2005年版，第126页。

象学对象……它自己有某种能动性、社会性、再生产性。"① 实际上，不仅是798艺术区入驻者对空间和环境进行的重新改造，同时也是入驻者被改造的过程，二者之间相互生成。包豪斯的建筑以及这里诸多的工业化和"文革"政治运动的痕迹协调共生，产生一种时空的错位，使得无论是798艺术区本身还是生活于此的艺术家或者艺术机构，包括进入798参观的群体都融入一种情境性：群落、艺术、废弃工厂、区域文化得到了共生。由此可见，798艺术区已经从物理层面进入到心理层面、文化生成的层面上来。

类似现象，纽约专栏作家艾瑞克·洪伯格在《纽约地标：文化和文学意象中的城市文明》一书中亦有说明："艺术家、作家和社会激进分子等放荡不羁、四处迁徙的人群被这儿低廉的房租所吸引，同样让他们动心的是格林尼治村远扬的盛名——与纽约其他地方相比，它别具一格。这里不再只是一处街区，也不再只是第九区，这儿是一种态度，一种心境，一种反叛的自我断言的风格。"② 其特殊之处，并非只是因为特殊的物理空间，之所以如此是因为"这里不再只是一处街区，也不再只是第九区……"而是代表着一种"态度""心境"和"风格"。在此，物理空间在某种意义上会因功能的转变而指向一种非物理性的空间，也就是到达心理层面，成为一种新的心理空间。798艺术区亦是如此，因为这里已经不再仅仅是艺术区，而是代表了一种创造性、时尚和LOFT的生活方式。798艺术区的概念指向已经超越了物理空间层面进入到一个可以象征自由生活和创造性活力的精神核心。

空间和时间的转化，一方面是时间转化为空间记忆，另一方面是空间又凝结着时间化的痕迹。798艺术区既是时间化的结果，同时也是对空间梦想的直接演绎，其中集中体现着新中国的工业化进程，同时又演绎着中国当代艺术的新梦想。时间总是和空间纠结在一起，成为历史的两个维度，不过随着资本的介入，空间和时间的客观属性也必然发生着相应的变化。英国学者D·哈维提出了"时空浓缩"的概念，暗示了空间和时间的客观属性发生的巨大变化，由于资本主义生活节奏的急剧加速，使得空间

---

① ［美］安德鲁·斯特拉森、帕梅拉·斯图瓦德著，梁永佳、阿嘎佐诗译：《人类学的四个讲座：谣言 想象 身体 历史》，中国人民大学出版社2005年版，第126页。

② ［美］艾瑞克·洪伯格著，瞿荔丽译：《纽约地标：文化和文学意象中的城市文明》，湖南教育出版社2006年版，第129页。

障碍被大大克服，从而导致空间范畴开始压倒时间范畴，而使时间空间化了。798艺术区正在将空间之轴进行放大，浓缩了时间进程而演绎着新的空间变化的神话。

将上述关系概括可以得到下图：

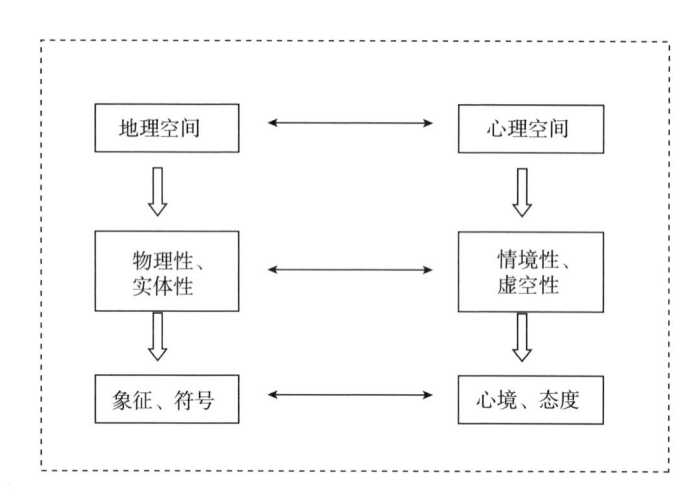

```
┌─────────────────────────────────────────┐
│    地理空间    ←→    心理空间            │
│       ↓                 ↓                │
│   物理性、        情境性、               │
│   实体性    ←→    虚空性                 │
│       ↓                 ↓                │
│   象征、符号  ←→   心境、态度            │
└─────────────────────────────────────────┘
```

图8　地理空间和心理空间对应示意图

从上图可以看出，798艺术区今天实际上是一个物理空间和心理空间的集合体，其中既有物理空间所指向的物理性和实体性，也包括心理空间所指向的情境性和虚空性，以及由此所形成的象征性和符号化关系。在此集合体中，时间之轴始终贯穿其中，既有时间随物理空间的延展，也包括时间在心理空间上的浓缩。

从这一角度来看，聚集于此的群体同时在不断丰富着798艺术区的能指和所指。群落与空间之间正在形成一种新的复杂依存关系，其空间形式也正由单一关系向多元对立关系转变，甚至空间始终存在着"神圣化"。福柯认为"私人空间与公共空间之间的对立，家庭空间与社会空间之间的对立，文化空间与实用空间之间的对立，闲暇活动空间与劳动空间之间的对立。所有这些对立，仍受到不言而喻的神圣化的控制。"[①] 实际上从人类社会的发展来看，空间总是与"神圣""危机"联系在一起，而在早期社

[①] 米歇尔·福柯：《不同的空间》，福柯等著，周宪译：《激进的美学锋芒》，中国人民大学出版社2003年版，第21页。

会的空间观尤其如此，马凌诺斯基在《文化论》中曾探讨了"神圣化"问题，认为"原始宗教中的一大部分，是关于人类生活上重要危机的神圣化。"① 各种宗教仪式的场所是神圣的，同时，各种"危机"又与受孕、出生、青春期、结婚和死亡有关，而这些又总是与神圣化的宗教仪式相关，从这个角度来看，空间，已经不再是仅仅供个体或事物存在的虚空，而是一种存在的关系。从某种意义上来看，798艺术区同样处于这样一种复杂的对立关系的整体之中，一种整合了的物理空间和心理空间的整体。

工业废墟上的文化经验，主要探讨工业化时期遗留下来的废弃工厂在后工业文明时期的再利用以及功能上的再造。这是许多国家在发展过程中都会遇到的问题，工业化退出后所遗留的众多厂房及空地，面临新的功能变化：要么被夷为平地后重新开发，要么重新改造和使用而被赋予新的功能。从中西方的经验来看，废弃的工业厂房及区域通过转型为画家村、美术馆或者艺术区，不仅可以使一些具有特殊意义的空间得以保留，同时可以通过文化艺术的介入而使之获得新的发展可能，并且带动周边区域在经济和文化上的发展。现在的798艺术区则是其中影响较大的一个个案。它成功地从废弃工厂蜕变为中国当前最大和最有影响力的当代艺术展示区域，同时由于其开放性及与公众的关系，使自身更具备了公共教育功能，以及兼带旅游功能及高档商业区等的多业态区域。798艺术区也不再是一个单纯的物理空间的演绎，而成为中国当代艺术一个新的象征和符号。

第三节　利益博弈下的"再造798工厂"

798艺术区的确立，是各种力量共同促成的结果。在此过程中，体现出的是艺术区的入驻机构（艺术家 艺术机构、其他如商铺、餐饮等）、政府、七星集团之间的互动关系；是艺术与商业、区域文化和社会文化大背景等之间的博弈。798艺术区最初的推动来自纯粹的民间力量，表现出的是一种"野生"状态，而随着艺术区的不断发展，其影响逐渐扩大，其他如政府规划、七星集团、其他商业性机构等各方力量开始逐渐介入，并

---

① ［英］马凌诺斯基著，费孝通译：《文化论》，华夏出版社2001年版，第85页。

开始了 798 艺术区新的建构过程。从某种意义上来说,798 艺术区是不同力量利益博弈的结果。

一、"再造":主动出击

从大的方面看,艺术区或者画家村的形成具有一定的共性,具体到每一个艺术区和画家村,其形成和发展又不尽相同,具体的地理位置、形成的时间、国际国内的政治和经济环境等都影响着艺术区和画家村的发展。从 798 艺术区和圆明园画家村二者来看,其差异也非常明显:"再造 798 工厂"和圆明园画家村的聚集,不论方式还是业态的分布都有着相当大的不同,即使是其"乌托邦"式的追求也是不同的,虽然从表面上看二者之间有非常相似的地方,但是必须看到,"再造"本身是一个主动的过程,是有目的有意识的活动过程,具有极大能动性。其中起作用的除了一些关键人物如徐勇、黄锐等的努力外,更重要的是政府在态度上的松动,这种松动给了 798 艺术区可以存活的可能和空间,而圆明园画家村则因为政府的强制取缔而消失,这种不同体现了政府在对待当代艺术,尤其是对当代艺术在态度上的宽容以及转向所致。另外由中国当代艺术所形成的巨大艺术市场以及当代艺术在西方艺术市场逐渐获得认可也促使政府重新思考关于艺术区和画家村的建设问题。

"再造"的过程是一个主动出击的过程,在这一过程中体现了艺术家与 798 艺术区的房主七星集团与政府规划之间的一种博弈,这是一种最初的非体制力量试图通过自己的努力寻找生存空间的过程,这不同于早期的画家村,因为当时更多的是出于一种理想,寻求一种心理上的归宿,更多的具有"乌托邦"性质,也就是说,当时的画家村实际上是一个暂时的避难所。798 艺术区则不同,不论是早期入驻者的经历,还是他们的艺术成就,都不同于当时圆明园时期的艺术家,因为在此聚集的艺术家已经稍有名气,甚至是成功的艺术家,他们对 798 的发展,朦胧中存在着一个较为确定的可能。这从 798 早期举办的一系列活动可以看出,他们不仅抱有理想,更重要的是通过不断的与七星集团的"斗争",同时不断的争取得到政府的支持,并最终在政府的支持下保住了 798 作为艺术区的命运,从这一点看政府才是最终决定性的力量,所以,798 艺术区成立是一种合力的结果。相反,圆明园时期的艺术家对于自己的命运缺少确定的认识,在他们的心中只要有一个地方能够创作就行，当然前提是房租要便宜、环境要相对宽松和自由，在这种情况下其结构相对松散，此种状况前文已有提及，不再赘述。圆明园这种松散的状况，一旦面临外部的力量时，其态度就会比较脆弱，除了被迫解散以外，甚至会主动撤离。798艺术区初期也曾遇到了类似情况，甚至情况更糟，但当时的入驻者不仅没有退让和撤离，而且以更有效的方式展开对798艺术区的保护。在笔者考察的过程中，早期的入驻者徐勇和黄锐曾对笔者谈到，他们实际上在刚刚进入或者是和七星集团签租约的时候，已经确切地知道这里是要在几年后被拆迁的，知道按照规划这里会在拆迁后建立电子城。从中央电视台"今日说法"栏目对"再造798工厂"的节目报道中也看到，包括李象群在内的早期进入的艺术家或者是艺术机构的负责人实际上都是知道这种规划的，而且也知道将来这里会被拆掉重建，这从他们早期对空间的改造情况也能印证这一点，因为李象群对记者说，当时只对自己的空间做了简单的处理，之所以如此，还是因为不知道哪一天这里就会被拆迁，因此没人敢投入太多，以李象群为代表的是一种情况，但更有一些入驻者进行了较大投入。在对徐勇的访谈中，笔者了解到：徐勇因为早期有开发北京胡同和什刹海的经验，所以他认为798同样具有得天独厚的自然资源，因此应该可以被重新注入新的理念，并且得到合理的开发和重建新价值的可能，所以他对自己空间的投入很大，我问他当时是否考虑到这里将要被拆迁的时候，徐勇认为也是在赌一把，当然这种赌并非赌徒式的赌，这从徐勇后来一系列的行动中可以看到，一方面徐勇通过不断地组织各种活动，以获得更多媒体的关注和社会的支持，同时通过自己开发北京胡同和什刹海时的经验，不断地与政府相关部门沟通，试图得到政府的支持，所以以徐勇为代表的早期入驻者相对于圆明园画家村时期的入驻者来看，有较为明确的目的性。

二、积极的实践："从遗产到资源"

"再造"798工厂，也是从遗产变成资源的过程。798艺术区包豪斯建筑群所特有的美学价值、历史和文化价值在当时并没有被认可，因此挖掘798艺术区的"遗产"价值成为当时入驻者们的主要努力方向，并最终获得了政府和社会的认可。

围绕798艺术区的"遗产"价值展开的"再造798工厂"活动，从某种意义上说又是一个"从遗产到资源"的过程,因为人类的遗产不仅是死的物,而且是具备活的基因的资源,费孝通曾指出:"……之所以称为资源,就是其不仅是可以保护的,而且,还是可以开发和利用的,是可以在新的历史条件下有所发展、有所作为。"[1] 因此"遗产"与"再造"成为当时学者们围绕798展开讨论的焦点,也是早期艺术区入驻者们获取支持的重要基础,同时也成为最有效的策略,因为自始至终他们都清楚应该不断地通过与公众、媒体和政府沟通,使人们能够认识到798建筑群和798工厂的文化价值,以最终争取到政府的支持。随着全球化发展,政府开始认识到"文化"作为软实力在国际交流中的重要作用,在新的时期"文化"必将成为一个国家发展的重要支撑,是一个国家综合国力的重要体现,因此政府对不断出现的艺术区都采取了慎重的态度。同时,文化产业在经济发展中开始呈现越来越重要的价值和作用;另一方面随着当时北京奥运会的申办成功,"人文奥运"的理念也开始深入人心。综合上述多重因素,798艺术区获得了不同于早期画家村的有利条件。从政府的角度来看,对文化尤其是对艺术在态度上出现了明显的转变以及政策上的松动,同时798的早期入驻者也看到了798艺术区在建筑资源和人文资源上的价值,因此在争取获得政府支持的过程中,始终紧紧围绕保护和开发两条主线与政府展开谈判。上述几个方面的原因,使得798艺术区获得了不同于圆明园画家村的难得的发展机遇和可能。

在笔者与很多人的交谈中,他们都谈到了这里的建筑所具有的历史价值和美学价值。"这些空置厂房经他们改造后本身也成为新的建筑作品,与厂区旧有建筑在历史文脉与发展范式之间,实用与审美之间展开了生动的对话。而这批入驻者的生存方式本身就是经济改革的产物,他们在'乌托邦'与现实、记忆与未来之间展示了个人理念与社会经济结构之间的新型关系。798艺术区是'飘一代'的落脚点,是新时期以来的青年文化经过积淀转向成熟的过程,这里形成的文化将是地方资源的国际化转化,是个人理想的社会化。再造798艺术区将意味着先锋意识与传统情调共存,

---

[1] 方李莉编著:《费孝通晚年思想录——文化的传统与创造》,岳麓书社2005年版,第90页。

实验色彩与社会责任并重，精神追求与经济筹划双赢，精英与通俗的互动。"① 由此可以看出，遗产的保护和开发不是一个单纯静态和单一的过程，而是一个动态的多元保护和开发的过程，因为只有在开发和利用中的保护才可以更有效地对遗产进行保护，798 艺术区如此，其他区域的保护也应如此，"从遗产到资源"成为有效的保护途径和方法。

三、"再造"：主动话语诉求

深入到事件背后，我们更愿意看到在这一博弈过程中，艺术家已经从幕后开始主动走向前台，当代艺术也开始有"地下"状态逐渐向公众开放，通过这种形式来获得更多的生存空间，因此可以说这一过程正是以艺术家为代表的民间力量在某种程度上话语权诉求的具体体现，吕澎也认为"'再造798'就是一种以艺术为手段来改变体制的政治意识的表现。"② 当然在多大程度上能够改变体制和政治意识并不重要，重要的是艺术的力量开始以一种主动的方式去获取生存空间和进行权利的诉求，以及面向公众开放和试图进行"话语交流"的欲望，这不仅是策略上的一种转变，更是态度上的重要变化。

所以，从 798 早期的入驻者看来，"再造"实际上可以从两个方面来理解：一个方面是可以借此让社会和公众认识到 798 建筑的美学价值和历史价值；另一方面也是获取公众支持和引起媒介关注的重要途径和方法。因为在当时的状况下，如果从租赁的角度看，798 的入驻者只是这里的房客，他们的力量与房东也就是七星集团相比，相当弱小，根本不是一个级别，这从相关资料和笔者的访谈中可以得到印

图9 访谈时态空间主人徐勇（右）

---

① 邱志杰：《798 的回音》，李九菊、黄文亚编著：《现场：798 艺术区实录》，文化艺术出版社 2005 年版，第 4 页。

② 吕澎：《798 小史》，http://www.artda.cn/view.php? tid = 1089&cid = 30。

证，后文还有专门叙述。在当时的博弈过程中，入驻者遇到了来自集团的极大阻力，甚至当时举办艺术节，不但得不到七星集团的允许，甚至在名称上连"798"三个字都不允许艺术节使用。

　　要突破遇到的阻力，必须获得更多方面的关注和支持，还必须对798艺术区在建筑美学上和历史文化价值上获得更多人的认可。中央电视台"今日说法"栏目2008年曾以"再造'798工厂'"为题做了专门报道：按照报道中的说法，当时徐勇他们所做的"再造798工厂"的活动，目的是希望引起社会对这里的包豪斯建筑的关注。徐勇谈到："之所以再造，是因为这是过去的一段历史，是在一个废旧工厂的基础上，赋予其新的内容。"① 在与集团的博弈过程中，艺术家们逐渐获得了更多的支持，尤其是获得了媒体的支持，而且"再造798工厂"的理念也在更短的时间和更大的范围内得到了更广泛的传播，早期的入驻者通过不断的"斗争"慢慢壮大起来，以至于让集团始料不及的是，艺术的力量最终战胜了集团的规划，使得798的命运得以改写。

　　当然，除了艺术区内入驻者们的主动努力外，园区外的很多学者也做了很大的努力。园区内的代表如李象群，作为北京市人大代表做了关于保护和开发798的提案；园区外的代表如学者方李莉，作为政协委员提交了"大山子文化艺术产业区（798厂及其周边企业）的调查：798现象分析及对策的建议的调查报告"；泰康人寿的陈东升博士提交的政协第1323号提案，即《关于北京市城市定位和发挥北京独特的文化产业优势的建议》等都成为对798保护的重要力量；另外，据徐勇介绍，七星集团当时的总裁也作为政协委员提交了关于保护和开发798的提案，曾让大家很是意外。由此可以看出，在事件发展的过程中，不同的力量总有一个消长的过程，同时也孕育着不同的可能。作为七星集团本身，实际上到了这个时候也已经开始意识到了798工厂以及其包豪斯建筑所蕴含的巨大的价值；政府力量的介入，主要是朝阳区政府和北京市政府对798艺术区的调研，并组织专家对其作出评估，最后使得力量偏向了艺术家一边，政府最终将798艺术区作为文化产业园区保留了下来。

　　由上述内容可以看出，在798艺术区初期，以民间力量最为积极，也

---

① 来自访谈录音。时间：2009年4月2日，地点：798艺术区时态空间。

就是说是民间力量为主的时期,至中期,民间力量开始得到政府认可;而今天,当保护不再成为困扰798艺术区的难题的时候,如何发展成了最为关键的问题,因为作为当初最主要的力量——艺术家在逐渐被边缘化。798艺术区面临着新的问题和挑战,市场成为影响今天798艺术区的最主要因素。当商业和艺术相遇的时候,艺术则被推入到一种更加复杂的关系之中。从798艺术区今天的现状来看,商业因素开始逐渐以一种看不见的手改变着艺术区的结构和各种成分,改变着艺术区的整个艺术生态。

小 结

从20世纪90年代开始在中国大陆出现的各类艺术群落来看,基本上以民间力量推动而自发形成的,其成长的过程,往往是各种利益博弈的过程。也就是说不同力量在艺术区塑造过程中的此消彼长,导致了艺术区的不断解构和建构。

798艺术区的形成和发展,可以带给我们如下几个方面的启示。

从遗产到资源的过程。

虽然,直到2005年798艺术区内的包豪斯建筑才被北京市政府列为"优秀近现代建筑",但最初各方争斗的焦点却始终围绕798的建筑美学价值和历史文化价值展开讨论,才使得798最终获得了政府和社会各界的认可,并避免了被拆迁的命运。798艺术区的实践过程,艺术行为介入遗产的保护和开发,不仅是一个从遗产到资源的过程,也是一个艺术和遗产保护相结合的经典案例,从中可以看出,遗产的保护不是一个单纯静态和单一的过程,而是一个动态的多元保护和开发的过程,因为只有在开发和利用中的保护才是更有效的方法。

"再造"的主动性与实践性。

798从废弃工厂到当代最大和最有影响力的当代艺术集散地的"再造"过程,集中凸显了在全球化背景和市场语境下,民间力量开始超越早期的理想主义阶段的"乌托邦"追求,并将艺术的追求和当下的社会及人的生活状态相结合,开始了对自身话语权的主动诉求。其"再造"的理念和行动以及将798艺术区以一种开放的公共性的姿态推向公众的方式,既有极大的前瞻性，也有积极的实践性。既克服了早期当代艺术始终处于"地下"和小圈子的状态，又为当代艺术的发展找到了可行的实践性道路。

由此可见，艺术的力量开始以一种主动的方式去获取生存空间和进行权利的诉求，以及面向公众开放和试图进行"话语交流"的欲望，这不仅是策略上的一种变化，更是态度上的重要转变。这不仅是为了群落自身，而且是在为中国当代艺术的发展不断地争取发展空间和获得更多的话语权。

丰富的城市文化形态。

798艺术区以及其他艺术区和画家村的不断涌现，各种艺术村落在北京乃至全国的出现，不仅是对单一生活形态的突破，以及在僵化的生活状态中注入活力的一种体现，也是城市文化多元化和创造力的体现。

市场的悖论。

在798艺术区初期，以民间力量最为积极，至中后期，民间力量开始得到政府认可以及政府开始以多种方式介入艺术区的建设，在此过程中，市场始终以较为隐性的方式出现。而今天，市场因素已经成为影响艺术区当前发展的最重要力量。市场力量推动了艺术区的发展，同时又促使798艺术区进入新的解构和建构，形成了新的艺术区形态和艺术家生态，艺术家作为最初最重要的民间力量开始逐渐被边缘化，并开始不断退出798艺术区，这成了一个难解的悖论。

第二章 多元互动的艺术生态

798艺术区的艺术生态呈现出多元共生的状态,在这个艺术群落中,各成分之间相互依存,互为前提。其主要成分包括:艺术家、艺术区的管理者、进入园区的社区外群体,经营机构(如画廊)、其他艺术机构、其他经营机构等。这些不同的成分之间通过市场连接到一起,形成了一个完整的艺术生态系统,构成一个复杂的多元互动链条。

第一节 798艺术区的互动系统

在这一部分,通过细致和详尽的调查数据梳理和分析,试图将艺术区多元互动的艺术生态客观地呈现出来。

根据艺术区的不同层级及其互动关系,划分为两个层级的互动系统:主系统和次级系统。

主系统:艺术区内部系统。

次级系统可以分为两个方面:艺术群落和群落外系统;中国当代艺术与国际艺术市场。

内部系统可以成为一个自足的系统,也就是园区各个层面的机构和个人的互动共生关系,这成为798艺术区的主系统;群落和群落外系统,主要是指艺术区的开放性质,也就是其非封闭状态,从798艺术区早期入驻者徐勇、黄锐等组织"再造798工厂"开始,就注定了这里的开放性质,作为中国当代艺术的风向标,其变化反映了中国当代艺术发展的状况。

一、主系统

主系统,也就是艺术区的内部系统运转。我们可以暂时将之看做一个

封闭系统,从这一角度上来看,它又是一个自成一体的自足系统,其自身的内部各层面之间也形成一个多元共生的互动关系。如图:

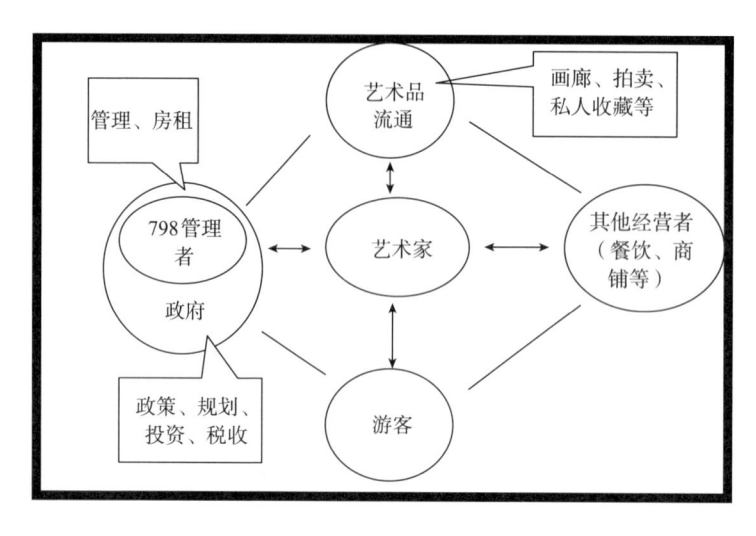

图 10　798 艺术区互动系统主系统示意图

通过该图可以看出 798 的主要环节包括两个:生产①和流通②,即艺术家的生产和围绕艺术家生产的艺术市场,也就是流通链条。在这个链条中艺术家和画廊是一对直接的核心关系。在 798 艺术区的早期阶段,艺术家在这个结构中占据核心地位,其他的成分都围绕艺术家而动。关于这一点,在对 798 的考察过程中大部分受访者认为艺术家应是园区的核心,因为在 798 艺术区形成的初期,是艺术家的入驻将 798 艺术区的人气带动起来,由此带动了画廊的大量入驻,但随之也出现了不同力量的分化。当房租暴涨,商业化倾向不断强化,艺术家便开始了撤离 798 艺术区的行动。从而使画廊成为艺术区新的核心力量,798 艺术区开始有一个艺术家聚集区变成了一个画廊的聚集区,而艺术家在园区的地位开始慢慢地边缘化了,但艺术家以及艺术家的生活状态却仍时时与 798 艺术区联系在一起。

---

① 798 艺术区的作品除了艺术区的艺术家的创作以外,还有很大部分来自艺术区之外的艺术家的创作。
② 主要指画廊。其他如拍卖、艺术博览会等则不是 798 艺术区的成分,但拍卖或博览会会直接或间接地影响 798 艺术区的艺术市场。

二、次级系统

次级系统模式示意图：

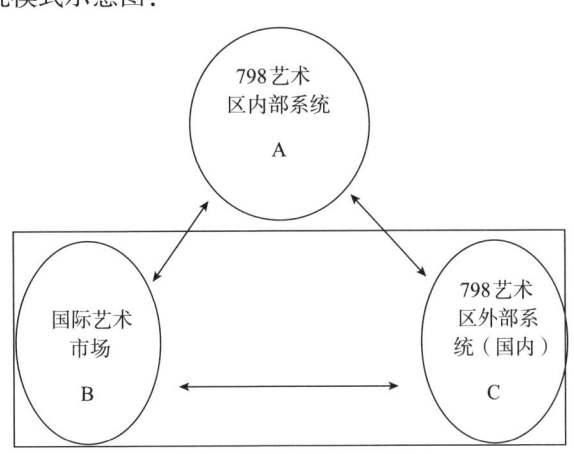

图11 798艺术区互动系统次级系统示意图

在这个系统中，处于黑色方框中的B和C分别代表着艺术区外部系统，是艺术的多样性和开放性上的体现，从二者与艺术区内部系统交流看，二者处于同一层级，都与798艺术区产生多元互动关系。艺术群落一方面呈现自足和自我完善的状态，同时又与国际、国内艺术市场产生关系密切的交流，其中既有对国际、国内艺术市场的依赖，同时也是逐渐获得艺术市场认可和获得话语权的过程。如果说圆明园画家村时期对话语权和当代艺术合法性的争取还处于初期萌芽状态，也就是处于一种"地下""半地下"状态的话，那么到了798艺术区时期则完成了从"地下""半地下"状态到"地上"状态的转变，由于当今国际国内市场对当代艺术的热炒，使得当代艺术作品的创作和经营越来越进入公众视野，艺术市场在推动当代艺术和艺术群落的发展中起到了巨大的作用。

在与园区外部系统尤其全球文化背景下的国际艺术市场的互动关系中，其中既有外部力量对园区的冲击，同时也有园区对外部系统的影响。这种作用是一种双向互动的关系，影响可以是积极的，也可能是消极的。其复杂性深藏在内部，各种力量的角逐和博弈使得各种关系错综复杂，其涉及到的不仅仅是艺术区自身的问题，而且涉及到政治、经济、文化生态、意识形态以及艺术群落的生存状态等多重现实问题。对国际艺术市场的依赖是从当代艺术发展的初期就开始萌生的,在当代艺术实验还没有得到体制和主流文化认可之时,当代艺术率先在西方艺术市场获得了认可。关于这种"墙外开花"的策略,意大利德玛黛博士曾对圆明园画家村和花家地艺术群落考察时写道:"圆明园艺术村和'东村'曾经像'公社'一样聚居过中国各地的艺术家,但很快都被政府拆除了。这些艺术家没有当地'户口',只得不停地讨生活。在那时,北京已经成为中国唯一一个艺术家能被外界了解的城市,只有在这里,他们才能遇到重要的相关人士,特别是越来越频繁来到中国的外国策展人,他们大多没有时间走遍全中国,因此多只在北京停留。"① 按照德玛黛的解释,当时最为活跃的艺术评论家栗宪庭最早引起欧洲人的注意,又因为栗宪庭生活在北京,因此对于很多艺术家来说非常重要,而栗宪庭也为众多的艺术家敞开大门,并在这些艺术家的成长和推介中起到了重要作用。如果说与国际市场的互动更多地使中国的当代艺术获得认可,那么与 798 外部系统如社会公众、媒体等的互动则让 798 等艺术区成为一个社会关注的艺术现象,对艺术区的开发和保护也逐渐获得社会和政府的认可,从而在政策层面获得了生存的空间。

通过对 798 艺术区内部互动系统和外部互动系统的分析,可以看到各成分间的多元互动,构成了艺术区特有的艺术生态。

第二节　艺术家及其生态

群落艺术家是一个特殊的群体,他们主要是职业化的自由艺术家,常常因聚集而形成艺术群落。早期的圆明园画家村、花家地的艺术"东村",今天的 798 艺术区、宋庄画家村等都是这样的艺术群落。但这一个群落却总是聚散无常,因为当他们的聚集将一个区域的活力激活后,又会成为商业资本追逐的目标,而商业的介入又会最终驱赶这些艺术家。这似乎已经成了一个"怪圈"。无论是因为体制还是因为商业的原因,他们总会一次又一次地迁徙。在迁徙漂泊的过程中,他们会经历来自生存空间和心理空间的双重考

---

① [意] 德玛黛著,罗永进等译:《艺术:各自为战的运动》,河北美术出版社 2008 年版,第 322 页。

验，他们的生存状态又真实地反映了中国当代艺术的一幅生动图景。

透过他们的艺术创作、生存状态以及群落的变迁，可以看到在社会结构的整体网络中，艺术及其艺术家的身份变迁，从而折射出社会变革时期艺术的变迁及与社会的互动。

一、798艺术区早期的艺术家群体

艺术家的聚集形成了不同的艺术群落，众多的艺术群落形成了今天各地的艺术区。它们形成的时间和原因各不相同，但其共同的特征是其最初的形成都是因艺术家的聚集而产生。虽然早期的一些艺术村落或因为政治、规划、商业等原因消失了，但是新的艺术群落却在更多的地方和区域形成。

艺术群落和群落艺术在今天已经逐渐成为都市文化的一个重要组成部分，既是中国当代艺术发展的见证者，也是当代艺术的实践者。他们的生活、创作以及命运恰恰是一部活的群落艺术史。

798艺术区是继圆明园画家村和花家地之后的重要的艺术区域。它稍晚于宋庄画家村，今天它与宋庄画家村成了中国最有代表性的艺术群落。798艺术区最初主要包括如下几种成分：艺术家①、画廊和艺术设计公司等。艺术家是798艺术区最初的主要力量，是艺术区的主要成分。因此本节主要探讨798艺术区的艺术家来源、构成以及变迁。

图12 料阁子 左图为艺术家入驻后对料阁子工作室改造，（艺术家傅磊提供）右图为今天的料阁子入口处 （笔者拍摄）

---

① 包括来自早期画家村如圆明园画家村、花家地画家村的部分艺术家、来自院校的个别艺术家以及来自其他渠道的艺术家，还有音乐人（如刘索拉）、其他类型的人（如出版人洪晃和罗伯特等）。

798 艺术区最初的艺术家主要是架上绘画的画家，他们主要集中在"料阁子通道"和其附近区域。如下图：

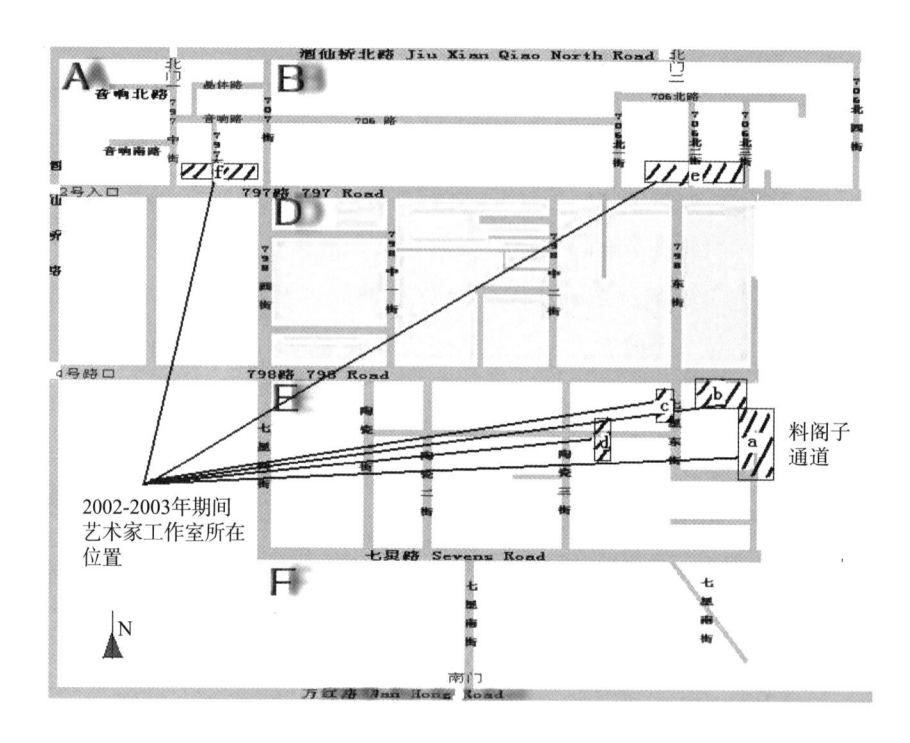

图 13　料阁子及 2002—2003 年期间艺术家工作室所在位置示意图（笔者绘制）

今天的料阁子，位于 798 艺术区 E 区的一个通道中，今天已经很少有人能走进这个通道了，因为通道中的光线很暗，除了位于最外端的赵半狄工作室和最里端的毛栗子开办的料阁子餐厅酒吧以外，通道中其他的艺术家工作室基本上都关着门，今天还在这里进行创作或保留工作室的艺术家主要是傅磊、张小涛、邢俊勤和赵半狄。

按照艺术家张小涛和付磊的介绍，2002—2003 年期间艺术家聚集到 798 开创工作室，主要位于料阁子和料阁子附近区域，图中笔者用带斜线的方框进行了大致标示，以便对当时艺术家工作室位置做一个大致地了解。

位置 a（料阁子）：傅磊，史国瑞，邢俊勤，苍鑫，石心宁，马树青，张小涛，吴小军、刘野、赵半狄。

料阁子附近：

位置 b：孙原、彭禹，陈文波，马晗。

位置 c：徐勇，陈羚羊，白宜洛。

位置 d：唐宋、肖鲁、李松松、黄锐。

其他位置：

位置 e（在今天的 A 区）：林清，王迈，刘索拉，喻高、张玮。

位置 f（在今天的 B 区）：熊文韵，史金淞，史晶。

798 艺术区最初的艺术家基本上来源于以下几个途径：

1. 圆明园画家村解散后的艺术家，如石心宁、王迈。

2. 花家地即"东村"艺术村解散后的艺术家，如陈文波、陈羚羊、张小涛。

3. 院校及军旅艺术家，如中国军事博物馆的邢俊勤以及 2002 年之前在此工作的中央美术学院的隋建国。

4. 其他途径的艺术家。

通过早期艺术家工作室分布，可以看到在 798 艺术区发展的初期，艺术家的工作室基本上集中在料阁子和其附近区域，但今天的料阁子基本上没有太多的人注意了，而且由于料阁子通道的光线昏暗，加上部分艺术家们的撤离和很少在这里创作的缘故，料阁子通道今天很是冷清，料阁子好像也已经被人遗忘了。只有翻看当时的资料和与当事人交谈，才知道当时艺术家们的活动区域就在料阁子，因为这里集中了 10 位艺术家，而且他们今天大部分都活跃在中国当代艺术的舞台上。

从资料看，2002—2003 年期间 798 的艺术家大约 29 人，有 21 人集中在料阁子和料阁子附近，有 8 人在其他区域。如图：

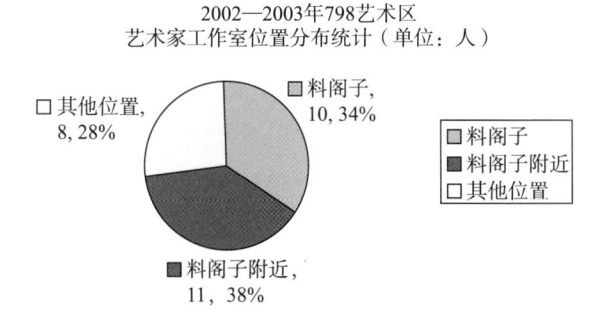

2002—2003年798艺术区
艺术家工作室位置分布统计（单位：人）

其他位置, 8, 28%
料阁子, 10, 34%
料阁子附近, 11, 38%

□ 料阁子
■ 料阁子附近
□ 其他位置

通过图表可以清晰地看出，在艺术区的初期，艺术区的艺术家工作室主要位于今天的料阁子附近，所以笔者在对一些早期艺术家进行访谈的时候，他们都很有感慨，对料阁子这一块区域充满了感情。

今天仍然生活在此的艺术家还有傅磊，赵半狄，邢俊勤和张小涛。不过张小涛的工作室现在主要为一些年轻的艺术家做一些免费展览，属于公益性的活动，在于扶持年轻艺术家，按照张小涛的说法："我是这里的受益者，应该对这里有所回报。"① 邢俊勤的工作室现在主要做一些个人的画展，在笔者考察期间，只有傅磊和赵半狄还在此创作，其他的艺术家如苍鑫等都已经离开这里，其他位置的工作室也已经变成了画廊和商铺等。

图14 笔者访谈料阁子的艺术家：左图：访谈艺术家张小涛（右），右图：访谈艺术家傅磊（右）

从798艺术区早期艺术家的聚集来看，主要出于下面几个原因：交流的需要，市场的需要，"归属感"及心理的需要。与圆明园画家村相比，艺术家的聚集除了对交流和心理"归属感"上的需求以外，从市场的角度看，798艺术区时期的市场因素要多一些，而圆明园画家村时期则相对要少，因此，圆明园画家村时期的艺术市场是隐性的，而798艺术区时期的艺术市场则是显性的。

据笔者在访谈中的了解，早期的艺术家之间及与入驻机构（如画廊等）之间的交流很多，当时他们的工作室比较集中，基本上就在料阁子周边，他们白天画画，晚上就挨家请吃饭，"喝啤酒、吃烧烤"，"冬天的晚

---

① 据采访录音，时间：2009年3月21日，地点：将府庄园张小涛工作室。

上，厂区所有艺术家和居民有时会聚在某个工作室吃集体火锅。……到了春天，我们就聚到马晗工作室的房顶上喝点儿半温不热的啤酒，先从里面爬上一堵摇摇欲坠的护墙，然后往沥青屋顶上一躺，看满天的星星，数也数不完。"[①] 当时艺术家们的关系非常融洽，直到今天还有被访谈者在谈到这一事情时表达了自己的留恋，但今天798的艺术家或者机构之间却少了早期的这种聚会，交流自然也就少了很多。谈到这一点，艺术家有时候很感慨。笔者却从中发现了一个非常有意思的现象：当艺术市场不好的时候，大家很乐于交流，而且交往非常多，可是市场好了以后，这种交往反而少了，大家几乎也不再来往了。但有一点需要注意，那就是在798艺术区，聚集的艺术家在数量上并不多，基本上维持在几十人的规模，这与圆明园时期相比有很大的差别，因为在圆明园最鼎盛的时期，人数达到四百人左右。另外798艺术区入驻的艺术家，更多的是一些在创作或者市场上的成功者，他们的入驻更多的是寻找一个适合创作的区域，在这一点上与早期的圆明园画家村也不尽相同，因此其心理归属感也会不如早期画家村的艺术家强烈。这从笔者与798艺术区艺术家的访谈中可以看出，虽然早期大家的关系比较融洽，但是随着画廊的入驻和艺术区规模的进一步扩大，艺术家之间实际上的交流基本上切断了，大家几乎个人忙个人的，心理归属感的淡化也就在所难免了。因此，对798艺术群落的考察，应更多地从市场语境的角度来考虑，只有这样才能更好地理解798艺术区及其变迁。

二、艺术家群落的变迁

798艺术区最初的入驻者是艺术家。艺术家的入驻，改变了这片废弃的工厂，并进一步改变了798艺术区被拆迁的命运。

艺术家是798艺术区的开创者，但不一定是这里最终的留守者。他们与艺术区的关系总像是一个怪圈：他们的入驻，让一个区域注入活力，使该区域的土地在短时间内得到升值，同时房租提高，反过来，艺术家又会因生活成本的提高和喧嚣的环境而被迫迁移，去寻找下一个适合他们生存

[①] 非尔：《"漂浮"回忆798》，黄锐主编：《北京798：再创造的"工厂"》，四川美术出版社2008年版，第25页。

的区域，然后进入另一轮循环。

艺术区艺术家的聚集与离散，可以直观地反映出艺术区的整体的变化。艺术家的变迁反映了艺术区的解构和建构的过程，又是不同业态之间不断寻找新的平衡以及不同层面间的不断博弈和利益不断转移的过程。

（一）2003—2009年北京798艺术区入驻机构及个人历年变化统计

通过对798艺术区入驻艺术家的变动情况，可以清晰地看到艺术区几年来的整体变化。艺术家的变迁，是伴随整个艺术区的变迁开始的。因此有必要对798艺术区的各个成分之间的变化做一数字统计，以期观察艺术家与园区内其他成分间的互动关系。

北京798艺术区2003—2009年入驻机构及个人变化统计表：①

时间	艺术家工作室	画廊	其他艺术机构（设计、广告、媒体、书店等）	餐饮类	商铺类（含各种时尚精品店）	总数	备注
2003年	18	6	10	2	2	38	
2004年	38	11	16	5	5	75	
2005年	40	19	31	6	7	103	

---

① 说明：由于缺少2007年的数据，故统计中无法完成对当年度的入驻机构或个人的统计。另外，除2009年的数据是笔者经过近三个月的调查得来的以外，其他年份的数据都来源于历年的地图。其中2003年的数据来自"再造798"时期配合工作室开放而印制的导览图；2004年和2005年的数据来自第一届和第二届大山子艺术节所印制的地图；2006年的数据来自798艺术区管理办公室印制的798艺术区地图；2008年的数据来自798艺术区"读图时代"所出售的一份798艺术区的地图；2009年的数据来自笔者对798艺术区几乎全部入驻者的调查问卷和访谈，有个别的机构和个人的信息由于种种原因没有采集到，不过这部分数据大约只占3%左右，因此并不妨碍对798艺术区的基本分析。另外，由于笔者取得798艺术区的地图来自不同的渠道，加上这几年798艺术区变化的流速很快，所以可能在呈现的结果上会有一定的出入，但是笔者尽可能的对照不同版本的地图所提供的数据，尽可能地做到统计的可靠性。当然，这些数据中的微小偏差并不妨碍我们对798艺术区几年来的变化做出较为客观和准确的分析和判断。

续表

时间	艺术家工作室	画廊	其他艺术机构（设计、广告、媒体、书店等）	餐饮类	商铺类（含各种时尚精品店）	总数	备注
2006年	51	87	39	12	14	203	
2008年	43	120	48	20	14	245	
2009年	25	168	36	38	64	297	从2009年以来的调查发现，现在的机构越来越多地进行混业经营①，有些画廊同时也开着咖啡馆，或者时尚产品的销售等。如果在本年度的统计中将这些混业分开来统计，数量会远远大于总数一栏中出现的数字。

机构或个人不同时期变化示意图：

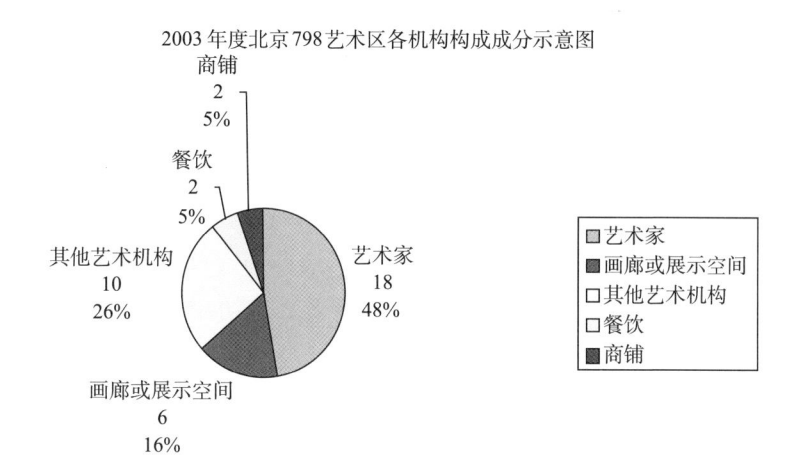

2003年度北京798艺术区各机构构成成分示意图

商铺 2　5%
餐饮 2　5%
其他艺术机构 10　26%
画廊或展示空间 6　16%
艺术家 18　48%

图例：
- 艺术家
- 画廊或展示空间
- 其他艺术机构
- 餐饮
- 商铺

---

① 主要是指那些在某种主业经营为主的机构中，还经营着其他类型的商品，比如，有些书店同时也经营艺术品，而有些画廊又同时经营着咖啡厅等，这里称这一类型的经营机构为混业经营。

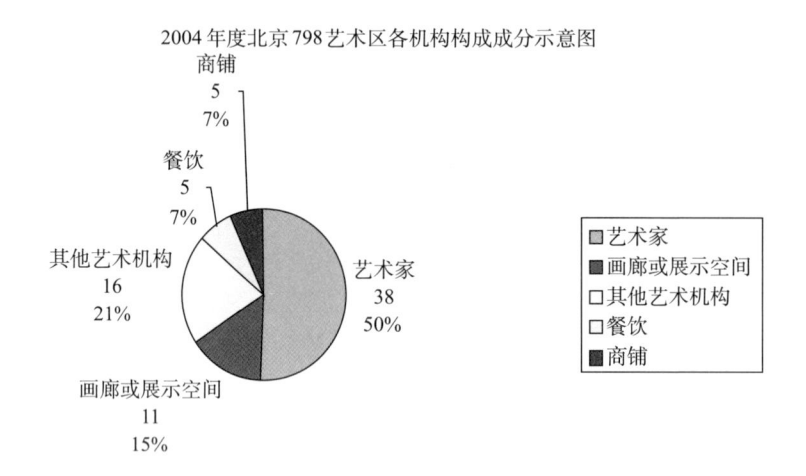

2004年度北京798艺术区各机构构成成分示意图

- 艺术家 38 50%
- 画廊或展示空间 11 15%
- 其他艺术机构 16 21%
- 餐饮 5 7%
- 商铺 5 7%

由 2003 年和 2004 年的统计可以看出：艺术家在 798 艺术区发展的初期，是艺术区的主要成分，其比例接近 50%，其他的机构（包括餐饮、商铺等）共占 50% 的比例。由此可以看出，798 艺术区的初期发展主要是因为一部分艺术家在这里建立工作室。而其主要的原因有两点：

1. 房租便宜。

根据对早期艺术家的访谈，可以知道当时由于改革开放以及对职业化自由艺术家的向往，当时在北京聚集了相当多的艺术家，其中一些是在北京高校毕业后留下的，一部分是冲破体制束缚而进入自由职业领域的人，还有很大一部分是外地慕名而来的艺术家们。他们组成了当时活跃在北京地区的艺术家群体。

而这一部分人在北京面临的主要问题是找到廉价的创作空间。这从资料以及对艺术家的追踪访谈可以看出，他们选择的区域，房租一般比较便宜，位置比较偏僻，交通相对不便。可以想象，当时很多的流浪艺术家在生活都没有保障的情况下，房租的支出当然是越便宜越好。

北京 798 艺术区在当时还没有被确立为艺术区的时候，实际上就是一片废弃的工厂，而且厂房非常破烂，各处都有堆积的垃圾，因此房租相当便宜。徐勇、黄锐以及早期进入 798 的艺术家张小涛和傅磊都曾谈到了这一点。对于当时 798 的破旧感，张小涛还受此影响，创作了系列以城市垃圾为主题的作品，按照张小涛的说法就是"梦工厂和垃圾场"并存的地方。当时谁也没有想到，他们的聚集竟然开辟了中国当代艺术最大的画廊区。

2. 空间宽敞，而且极具特色。

宽敞明亮的厂房及其独特的空间结构，是吸引早期艺术家入驻798的另一主要原因。在2002年艺术区形成之前，实际上也已有艺术家开始租住798的空间。①

起初，人们并没有认识到798的包豪斯建筑风格的建筑价值、美学价值、历史价值，以及它的再开发和再利用的价值。这从被七星集团曾经拆除的大片包豪斯建筑的行为中可见一斑，现在位于四号门南侧的停车场，即是当年被拆除了大量的包豪斯建筑而形成的空地，现在只是作为停车场使用，实在是可惜。对于这一点，黄锐在《一、二、三、四、五、六，798》一文中做了记录："过去，这里是718分厂，占地两万多平方米，整齐的杨树绿荫，环绕呈U字形的标准包豪斯建筑。其平直的立方体错落有致，严谨强悍，无论是从建筑美学，还是城市风范，都是不可多得的遗产，但是它在2004年8月，被主人们一声令下拆掉了。"②

从2005年开始，入驻798的艺术家以及其他机构如画廊等开始逐渐增多。艺术家在园区内的比重开始下降，其变化如下：

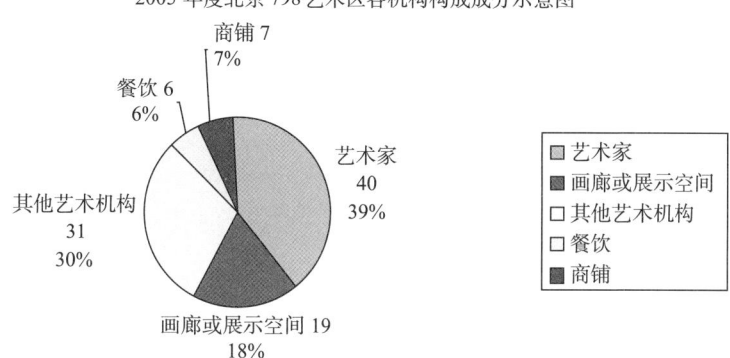

2005年度北京798艺术区各机构构成成分示意图

- 艺术家 40 39%
- 画廊或展示空间 19 18%
- 其他艺术机构 31 30%
- 餐饮 6 6%
- 商铺 7 7%

---

① 这一段时间，并不属于798艺术区的时期。最早进入798艺术区的集体是中央美术学院在1995年到2001年六年间的过渡时期，中央美术学院临时租借798的部分空间教学。可以说开启了798艺术区发展的齿轮。另外，雕塑家隋建国为便于进行大型作品的创作，曾租用了798的荒废厂房做工作室。主要原因也在于这里厂房高大的空间以及低廉的租金。

② 黄锐：《一、二、三、四、五、六，798》，黄锐主编：《北京798：再创造的"工厂"》，四川美术出版社2008年版，第8页。

2006年度北京798艺术区各机构构成成分示意图

- 艺术家 51 25%
- 画廊或展示空间 87 43%
- 其他艺术机构 39 19%
- 餐饮 12 6%
- 商铺 14 7%

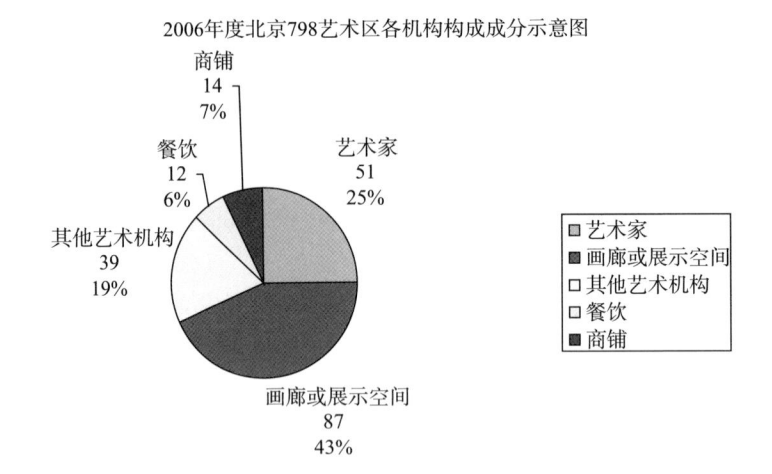

2008年度北京798艺术区各机构构成成分示意图

- 艺术家 43 18%
- 画廊或展示空间 120 48%
- 其他艺术机构 48 20%
- 餐饮 20 8%
- 商铺 14 6%

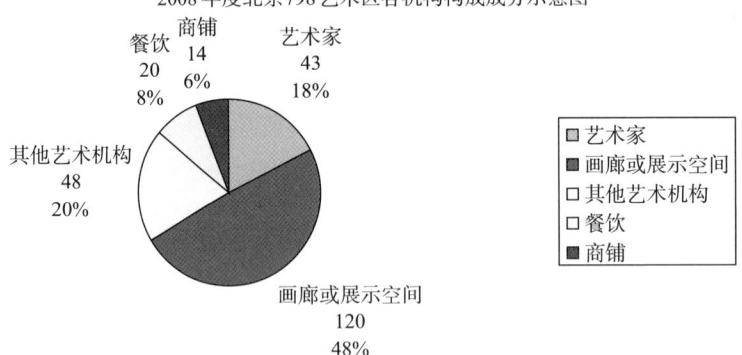

2009年度北京798艺术区各机构构成成分示意图

- 艺术家 25 8%
- 画廊或展示空间 168 51%
- 其他艺术机构 36 11%
- 餐饮 38 11%
- 商铺 64 19%

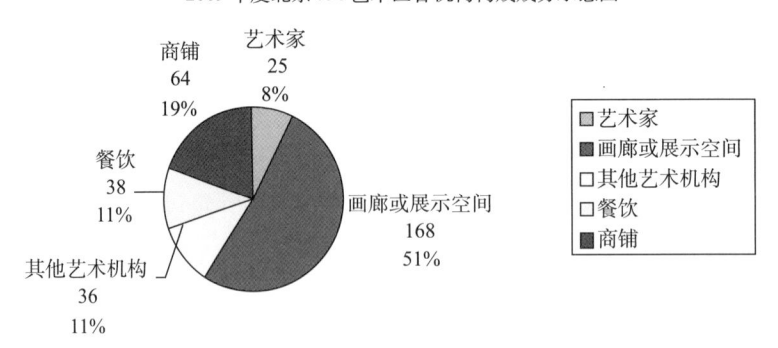

通过以上四年的统计结果可以看出：在随后的几年中，艺术家的数量稍有增加，之后就快速减少，而与之相反，画廊的数量比例急速扩大，使得从最初的16%上升到56%，而数量上也从最初的6家增加到现在的168

家，整整翻了28倍，同时还有一个值得注意的变动就是餐饮和商铺数量上的增加，从增长速度看，商铺的增长速度最快，从最初的2家到现在的64家，整整翻了32倍，比画廊的增长速度还要快。

在笔者的考察中，有一点印象非常深刻，那就是798艺术区的变化非常大，而且速度非常快，尤其是从2009年开始，这种变化就变得非常明显。有时候只相隔很短的时间，就看到艺术区内又开了几家新的经营机构。当然这里新开的机构主要是两种：一是咖啡店，二是商铺。

所以，在与798艺术区内的入驻机构谈到这些现象的时候，大部分人都表示了自己的担忧，甚至有些人表示了明确的反对。在大部分人的眼中，认为798艺术区现在已经非常低俗，因为这里几乎变成了一个低端的旅游区，放眼望去皆是一些出售旅游产品的商铺。而且，据笔者的考察，甚至有些商铺开始以出租柜台的方式将空间租售给更小的商户，自己则做起了老板。我在考察中遇到了大约四五家类似的情况，而且和他们的老板聊起来的时候，他们还以此为骄傲，认为这样可以更有效地利用这里的空间。这种将空间分割，再分租给更小的租户的办法，虽然充分利用了这里的空间，但是却让798艺术区的商铺更加类似一些旅游区的小商贩，因为在他们的眼中，"艺术"的招牌可以为其带来更多的利润，虽然这些商铺也打上了"精品、原创"的字样，但是这仍然掩盖不住其背后隐藏着的向低端、粗俗方向发展的趋势。

在访谈的过程中，也听到了很多人的担忧，有些被访者对笔者说："如果这种'行骗'的行为最终因为商品的质量以及对商品所打的'原创、手工'等旗号开始质疑，甚至引发矛盾的时候，可能798艺术区就更让人瞧不起了……作为早期进入798艺术区的艺术家，早期出门总以自己生活在798为自豪，现在再出门，已经不敢说自己是798艺术区的艺术家了，因为人家听后的语气和眼神已经不是从前了，从前是一种羡慕和自豪，现在是一种非常矛盾的态度……"①

从以上分析可以看出，798艺术区在发展过程中，确实遇到了一些难题，艺术区的发展正面临着两难选择。

---

① 据访谈录音。时间：2009年6月，地点：798艺术区寒石工作室。

（二）2003—2009 年北京 798 艺术区入驻机构及个人变迁分析

将上文中的各项数据进行整理，可以得到 798 艺术区自 2003 年到 2009 年的各成分之间的变动示意图：

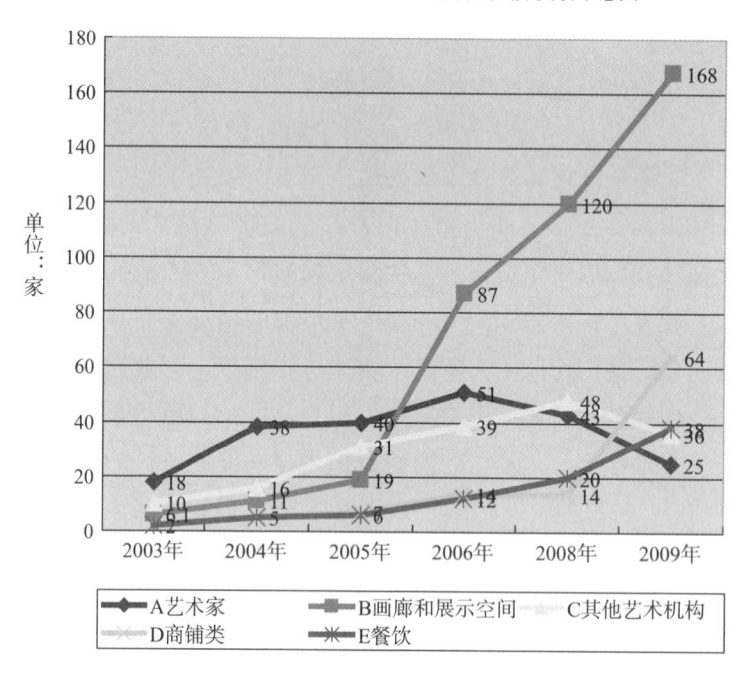

2003—2009年度北京798艺术区各构成成分变动示意图

单位：家

（横轴年份：2003年、2004年、2005年、2006年、2008年、2009年）

数据点：
- A 艺术家：18、38、40、51、43、25
- B 画廊和展示空间：2、16、19、87、120、168
- C 其他艺术机构：10、11、31、39、48、38
- D 商铺类：6、9、18、41、44、64
- E 餐饮：1、5、7、12、14、38

图例：A艺术家　B画廊和展示空间　C其他艺术机构　D商铺类　E餐饮

上图是 798 艺术区从 2003 年到 2009 年间的入驻机构和个人的变动示意图，其中不同线形代表不同的构成成分的变化。概括而论，入驻的机构和个人主要有五种类型：A. 艺术家、B. 画廊和展示空间、C. 其他艺术机构（包括广告设计类、影视媒体类、出版及书店类等）、D. 商铺类（包括服装、陶瓷器、绳艺、根艺、旅游产品及其衍生品、普通类商铺等）、E. 餐饮（咖啡店、饭店）。

从上图可以看出，B、D、E 呈现上升趋势，A、C 则呈现下降趋势。其中变化最为显著的是 A、B、D 三类。其中代表画廊和展示空间的曲线在 2005 年之前缓慢上升，而从 2005 年开始进入急速上升期，从不足 20 家一跃到了 2009 年的 160 多家，四年的时间翻了 8 倍，接近每年以翻两番的速度递增，从这里看出798艺术区的急速膨胀期或者发展期是从2005年开始的，同样是上涨，作为商铺的增长则是从2008年开始的，从统计中可以看出，从2008年到2009年一年的时间内，艺术区的商铺从14家猛增到64家，整整翻了4倍多，由此我们才明白为何大家对艺术区的商业化倾向表示担忧。据笔者的了解，之所以很多艺术机构和艺术家选择撤离798艺术区，是因为一方面是房租的不断提高，另一方面则是这里的"商业化"气息和"旅游化"倾向。当然我们知道，作为798艺术区的业态，不应该是单一的，从文化的多样性上来看，这里的业态应该更加丰富，但是在发展的速度和定位上，管理者却面临着巨大的考验，需要管理者拿出智慧和远见。另外，餐饮业的发展相对平稳，稳中有升，但从图表中可以看出现在也已经进入了加速上涨的前期。从总量上看，商铺和餐饮的绝对数量虽还不是太大，但是在分布上并不合理，因为这些商铺和餐饮基本上集中在798路，这样确实也给很多人造成了咖啡一条街和商品一条街的印象。不过在这里我们还要注意一点，那就是当艺术区真的滑向时尚商业区和旅游区的话，那么这种所谓的时尚和旅游的概念也会因为艺术区内核的变化而成为无源之水，最终走向衰落。而且更为严重的是，一旦798艺术区走向了上述的方向，则再想逆转的话，基本上没有可能了，这也是笔者在访谈中深有感触的地方。

与这三类机构相反，其他艺术机构相对平稳，但处于下降趋势。艺术家在数量上则完成了一个平稳上升的时期后进入一个下降期，这个下降期是从2006年开始的，关于这一点，很多资料也谈到了。从2006年开始，艺术家逐渐撤离798艺术区引起了媒体和艺术界的广泛关注，甚至引起很多人的疑问：如果艺术家都撤了，那么798艺术区还算不算艺术区？从统计中可以清晰地看出，当前生活在艺术区的艺术家比例已经由最高时期的50%下降到了2009年的8%，从数据可以看出，艺术家在艺术区已经被边缘化了，甚至成了微不足道的成分。相反的倒是除画廊以外的商铺和餐饮业处于上升期，尤其是商铺的变化，可以说是处于急速上升期。

到底是什么引起了上述变化，如果抛开艺术区的表象问题，那么在其背后真正的推动力，是市场因素，是整个大的市场语境下的一个利益整合和重新分配。在此过程中不同利益方不断分化，导致了798艺术区的整体变迁。当然，在市场因素之外，国家的政策、管理者的管理水平以及对798艺术区的定位，也都会影响到不同利益方的力量分化。从这一点看，798艺术区的变迁，是以市场为主导的多种合力的结果。

三、个案及其分析：对798艺术区"郝光事件"的思考

798艺术区的入驻艺术家和画廊等机构与七星集团之间是一种租赁关系。不过翻看798自2002年以来作为艺术区的历史，这里又不同于普通的租赁关系，因为毕竟是因为房客的原因，而改变了这里的发展轨迹，也就是说是房客改变了房子的用途，从这一角度看，用"反客为主"来表述则更加恰当。

如果从二者早期的亲密程度来看，他们之间又像是一对恋人，既有融洽的一面，也不时伴随着小小的矛盾，初期二者的关系曾有一段甜蜜的时光。

但随着艺术区的不断红火和艺术市场从火爆到低落，他们之间也开始从甜蜜走向平淡，然后进入到一个各种矛盾集中爆发的时期。如果从二者的矛盾来看，有些已经相当激化，甚至开始诉诸法律解决，这个时候，二者之间又变成了原告和被告的关系。

在诸多的关系中，笔者选择艺术区和郝光的矛盾来展示，试图通过对一个事件的分析，从中看到其背后各种错综复杂的关系及艺术区发展中所遇到的一些问题。按照媒体的诸多报道，大家都习惯于将七星集团物业与郝光之间的矛盾称为"郝光事件"。事件的大体起因是七星集团物业以郝光欠缴物业费又多次催缴未果为由，切断了郝光在798艺术区的工作室用电和用水，直至最后将其工作室的门窗打破，将郝光的工作室强行收回。该事件引起了大家的广泛关注，之所以如此，一是因为郝光是入驻798艺术区较早的艺术家之一（2003年入驻），而且郝光是一个法籍华人，事件也就显得更加敏感，再者二者之间的矛盾激化，双双互不相让，直到对簿公堂，期间二者都曾采取一些非常规手段，使用了过激行为。因此对郝光事件的梳理，可以以小见大，窥探798艺术区业主与租户之间的关系及其变化。

如果把艺术家和七星集团的关系比作一对恋人，那么他们之间的关系到现在为止，度过了几个时期："蜜月期"—平淡期—矛盾激化期。

1. "蜜月期"：2002—2005年；
2. 平淡期：2006—2007年；
3. 矛盾激化期：2008至今。

我们对798艺术区的考察主要放在2002年之后的时期，因为从这一年开始才有了艺术家的大规模进驻，而且也正好从这一年开始，798才在艺术家和入驻机构的共同努力下开始引起社会各界的广泛关注。至于之前的几年，也就是中央美术学院因为花家地的新校还没有建好，而临时在798租赁教室，也就是中央美术学院的"二厂时代"（1995年—2001年），同时隋建国带领学生在现在唐人画廊的空间中进行雕塑创作和教学，这一段历史因为并非完全意义上的艺术区，所以笔者并没有把这一段历史纳入到798作为艺术区的层面上来。

在798艺术区发展初期，七星集团因为大量厂房闲置，所以为了能在短期内获得一定的收益，集团才有了想把空置厂房出租的想法。据最早进入798的时态空间主人徐勇介绍，当时因为艺术家进驻艺术区，给艺术区带来了经济收益，集团为此还表彰了物业的成绩，为物业颁发了奖状。这一个时期作为集团来说，唯一的目的是在拆迁计划进行之前，可以将园区的空置厂房短期出租，获取部分收益。因此，凡是来798园区寻求租赁的艺术家，① 在最初的这段时期，入驻艺术家和画廊与七星集团的关系非常融洽，在一些回忆早期798的资料中可以看到，一边是工人们在机器的轰鸣中忙忙碌碌地进出车间，而一边则是长发飘飘的艺术家。在工人们的眼中，艺术家在厂区的出现，无疑成为厂区的一道风景，工人们对艺术家充满了好奇，而艺术家则在这样的环境中得到创作的灵感。这一段时间是他们之间的一段"蜜月期"。但是由于入驻艺术家和画廊等机构力图将798作为艺术区保护下来而引起管理层的不安时，便产生了摩擦，比如管理者对"大山子艺术节""再造798工厂"等系列活动的阻碍等，甚至从2004

---

① 当然当时来这里的艺术家大部分都是朋友关系，因为按照徐勇的说法，他曾经约好几个朋友来这里看房子，希望他们能够在这里建立工作室，因为徐勇非常看好这里的发展，并且非常喜欢这里的空间形式，认为这里适合艺术家的创作，但是按照徐勇的说法，他的几个朋友实际上并没有看好这里，所以有些就没有来，之后入驻的艺术家们互相转告，所以慢慢就聚集起了最初的几十个艺术家，这也是为什么早期基本上是艺术家进驻的原因。因为在当时798还是一个"养在深闺人未识"的状态，所以外界并不了解。正因为最早的一批艺术家的进驻，才吸引了更多的艺术家。

年开始，七星集团还实行了一段时间的冻结计划。在冻结期间，园区的空间一律不再出租，目的主要是控制进驻人数，害怕随着艺术家和画廊入驻而使798的拆迁计划搁浅。

现在来看，所谓的"蜜月期"也主要是指在艺术区的初期，一方面由于集团有通过出租空置厂房而获取收益的需要，另一方面是艺术家由于对园区空间和艺术气氛的认可，不断地有新的艺术家进入，从而形成了最初的艺术家群落。而在此期间，租赁双方的关系相对比较融洽，很多事情都比较容易协商，加之相比现在的规模来看，当时入驻者的数量毕竟较少，因此在沟通和协调方面都存在着诸多便利。

不过也是因为这种融洽的关系，使早期的很多合作并不规范。即使是合同的拟定，也存在诸多不规范之处，以至到了法庭相见的时候，问题才开始呈现。

根据笔者的访谈和对园区的考察了解到。其实郝光事件并不复杂，因为充其量也不过就是一个普通的民事纠纷。纠纷的表层原因就是七星物业以郝光拖欠房租和物业费为由而封闭了郝光工作室，并且砸碎了工作室的门窗玻璃。而作为事件的当事人之一的郝光则认为自己没有任何过错，不但没有欠费和拖欠房租，而且还对798艺术区的建设怀有满腔热情。据郝光称，七星集团的破门而入导致自己受到了相当大的损失，并且在事件的过程中丢失了三幅画作。

除去上述情况，实际上问题的焦点还并非如此，其中还隐含着较为深层的原因：在笔者梳理访谈资料的过程中，发现郝光事件也不过是园区矛盾的一个较为典型的体现而已。实际上在郝光事件之前，已经发生过黄锐和七星集团之间的矛盾，最后结果是以黄锐退出了事。究其深层的原因就在于无论黄锐还是郝光，已经不再是受集团欢迎的人。

集团一方面力图通过提高房租增加园区的收益，另一方面对798艺术区的发展又缺乏明确的定位，以至于在2006年之后，随着园区内商业机构的增加，加之园区促进旅游业的定位，使得园区越来越向高档商业区和旅游区的方向发展。另外，加之前几年的红火状况，导致798艺术区的空间越来越紧俏，已经由最初的买方市场变成了现在的卖方市场。在集团看来，798艺术区的空间并不愁出租，而对于一些对园区建设不配合的机构和个人，园区采取了不再续签合约的方式，试图清理一部分人，而黄锐和郝光恰恰就是这些不配合的艺术家之一。所以从集团来看，卖方市场所形成的优越感，必然使得他们在工作态度和方法上多有不妥。而对园区的不明确定位又必然引起园区内机构和个人的反感。从2006年开始，房租进入了一个疯长的时期，有些房租已经开始高得离谱，对于房租的变化情况，文中有专门论述，这里不再赘述。总之黄锐、郝光的言行已经让七星集团感觉不舒服，所以将他们清理出艺术区则成为必然，但深层的原因实际上还是一个利益及其再分配的问题。

在笔者的访谈中，当问起是否了解郝光事件的时候，很多人其实并不了解，但是从回答中，笔者能够感受到他们对郝光的评价中也透着不满。在部分人看来，郝光总是挑刺。比如在2006年，房租涨价初期，很多艺术家和物业谈判，希望能够考虑到艺术家的承受能力，降低房租。但是郝光却认为应该将房租涨上去，当时引起很多与会者的反感。后来笔者问起郝光是否有这回事的时候，郝光承认有此事，笔者问为什么，郝光说是因为在他看来，生活在798艺术区的艺术家都应该是成功艺术家，不应该斤斤计较房租，如果承担不起，可以选择离开，再说通过提高房租可以将很多没有实力的人挡在艺术区之外。在郝光看来，当时好像随便谁都可以到艺术区来，因此郝光认为应该支持提高房租价格。到了最近的事件，郝光却又因为物业不断提高房租和不满意园区的管理与物业闹了起来，但这次郝光并没有得到更多园区内住户的支持。所以导致后来矛盾越来越深，最后只能诉诸法律解决。无论是表层原因还是深层原因，最后的结果还是使得矛盾激化并导致双方关系不断恶化。

至于最终的法庭审判结果以及事件的真伪，在正式的法律结果出来之前，笔者无法判断，但是在对该事件的访谈中，笔者还是愿意通过手头所掌握的材料对此做一个分析，目的不在于判断二者的对错，而是探讨艺术区在建设和发展的过程中，园区内各层面如何在市场语境下建立协调有序的关系。

下图是七星集团催郝光腾退房屋的公函和七星集团递交北京市仲裁委员会的申述理由：

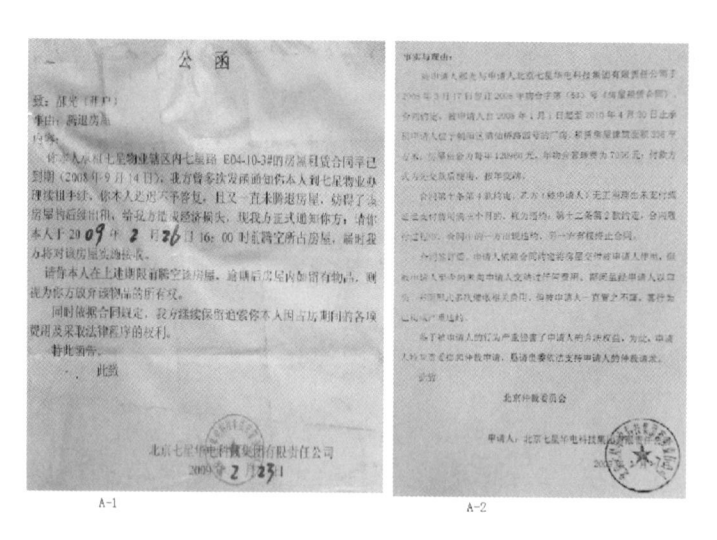

图 15　物业催郝光腾退房屋的公函和七星集团递交北京市仲裁委员会的申述理由　（笔者拍摄）

A-1：七星集团催促郝光腾退房屋的公函，内容如下：

致：郝光（租户）

事由：腾退房屋

内容：

你本人承租七星物业辖区内七星路 E04-10-3# 的房屋租赁合同早已到期（2008 年 9 月 14 日），我方曾多次发函通知你本人到七星物业办理续租手续，你本人迟迟不予答复，且又一直未腾退房屋，妨碍了该房屋的后续出租，给我方造成经济损失，现我方正式通知你方：请你本人与 2009 年 2 月 26 日 16:00 时前腾空所占房屋，届时我方将对该房屋实施接收。

请你本人在上述期限前腾空该房屋，逾期后房屋内如留有物品，则视为你方放弃该物品的所有权。

同时依据合同规定，我方继续保留追索你本人因占房期间的各项费用及采取法律程序的权利。

特此函告。

此致

北京七星华电科技集团有限责任公司（章）

2009 年 2 月 23 日

A-2：七星集团递交到北京仲裁委员会申请仲裁的理由：

事实与理由：

被申请人郝光与申请人北京七星华电科技集团有限责任公司于2008年3月17日签订2008年物合字第（53）号《房屋租赁合同》，合同约定，被申请人自2008年1月1日起至2010年4月30日止承租申请人位于朝阳区酒仙桥四号的厂房，租赁房屋建筑面积336平方米；房屋租金为每年120960元，年物业管理费7056；付款方式为先交款后使用，按年交纳。

合同第十条4款约定，乙方（被申请人）无正当理由未支付或延迟支付费用满三个月的，视为违约；第十二条第2款约定，合同履行过程中，合同中的一方出现违约，另一方有权终止合同。

合同签订后，申请人依照合同约定将房屋交付被申请人使用，但被申请人至今尚未向申请人交纳过任何费用。期间虽经申请人以口头、书面形式多次催缴相关费用，但被申请人一直置之不理，其行为已构成严重违约。

鉴于被申请人的行为严重侵害了申请人的合法权益，为此，申请人特向贵委提起仲裁申请，恳请贵委支持申请人的仲裁请求。

此致
北京仲裁委员会

申请人：北京七星华电科技集团有限责任公司（章）
2009年2月27日

按照七星集团的叙述，之所以让郝光腾退房屋在于其拖欠房租。但是在笔者的访谈中，郝光认为自己没有违反合同，并认为七星物业没有经过注册，并不具备物业资质，是个非法物业，所以根本谈不上与自己的物业管理关系。在所有的与自己的合同及文本中使用的公章皆为北京七星华电科技集团有限责任公司，所以在郝光看来七星物业根本不成立。

七星集团和郝光签订的合同文本部分内容：①

---

① 郝光提供，内容出自北京市仲裁委员会转给郝光的文件复印件。（笔者拍摄）

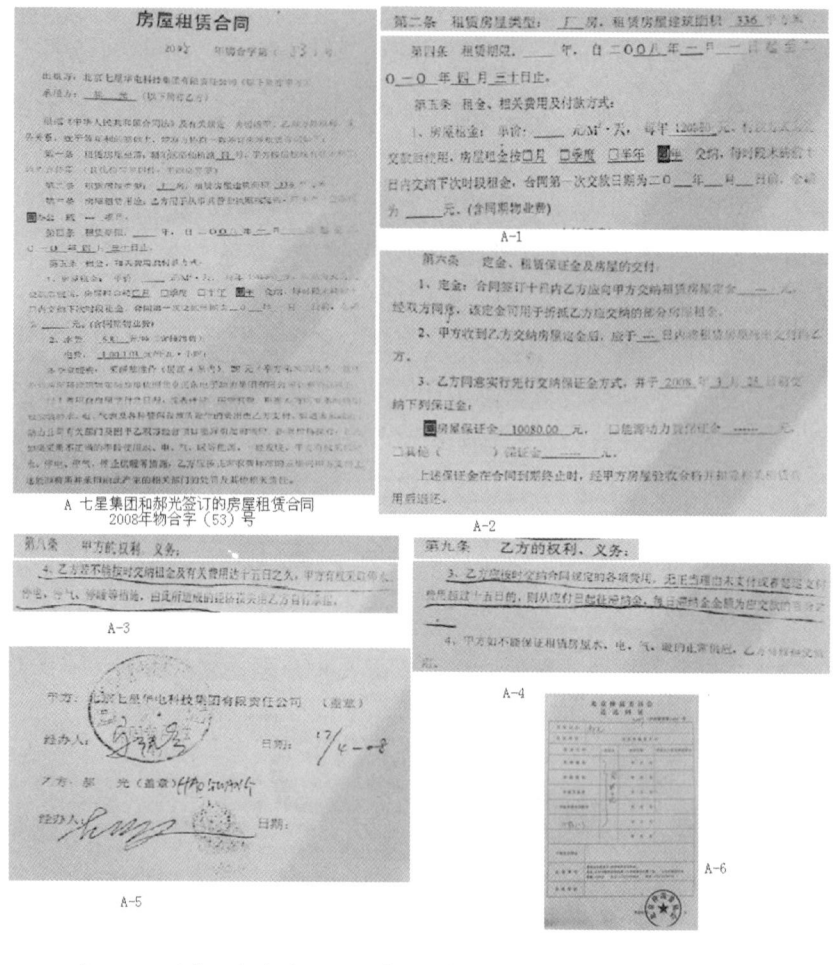

图 16　七星集团与郝光签订的房屋租赁合同部分内容　（笔者拍摄）

说明：

A：北京七星华电科技集团有限责任公司（甲方）与承租方郝光（乙方）签订的房屋租赁合同首页。合同编号为：2008年物合字第（53）号

A-1：合同第二条、第四条与第五条。

第二条　租赁房屋类型：厂房，租赁房屋建筑面积336平方米。

第四条　租赁期限。_____年，自二〇〇八年一月一日起至二〇一〇年四月三十日止。

第五条租金、相关费用及付款方式：

1、房屋租金：单价_____元/M²·天，每年120980元，付款方式为先交款后使用，房屋租金按____月____季度____半年__√__年交纳，每时段末的前十日内交纳下次时段租金，合同第一次交款日期为二０____年____月____日前，金额为_____元。（含同期物业费）

A-2：合同第六条。

第六条　定金、租赁保证金及房屋的交付：

1、定金：合同签订十日内乙方应向甲方交纳租赁房屋定金……元，经双方同意，该定金可用于折抵乙方应交纳的部分房屋租金。

2、甲方收到乙方交纳房屋定金后，应于………日内将租赁房屋使用交付给乙方。

3、乙方同意实行先行交纳保证金方式，并于<u>2008</u>年<u>3</u>月<u>25</u>日前交纳下列保证金：

房屋保证金<u>10080.00</u>元，能源动力费保证金……元，其他（　）保证金……元。

上述保证金在合同到期终止时，经甲方房屋验收合格并扣除相关租赁费用后退还。

A-3：合同第八条。

第八条　甲方的权利、义务：

4、乙方若不能按时交纳租金及相关费用达十五日之久，甲方有权采取停水、停电、停气、停暖等措施，由此所造成的经济损失由乙方自行承担。

A-4：合同第九条。

3、乙方应按时交纳合同规定的各项费用，无正当理由未支付或者延迟支付费用超过十五日的，则从应付日起征滞纳金，每日滞纳金金额为应交款的百分之一。

4、甲方如不能保证租赁房屋水、电、气、暖的正常供应，乙方有权拒交费用。

A-5：甲方、乙方、经办人的三方签字。

签订日期为2008年4月17日。

A-6：北京仲裁委员会送达回执。

（2009）京仲案字第0202号。

图17 由于物业对郝光工作室断水断电,所以郝光每天生活在他在799工作室的橱窗中。并以行为艺术的方式抗议798艺术区物业的行为。A-1郝光所指是其工作室被打破的门;郝光在自己的橱窗上写满了维权的话语;A-2至A-4郝光在橱窗中生活（图片来自郝光博客http://haoguang.blshe.com/post/7554/345815）

合同中缴费日期一栏为空白，因此从这里我们无法判断是否缴费或是否已经过期。另外郝光说自己所租的房屋一直没有暖气，而按照合同第九条第 4 款"甲方如不能保证租赁房屋水、电、气、暖的正常供应，乙方有权拒交费用。"所以郝光说自己也完全有理由不交房租。

一方面郝光认为自己没有违反合同，也不存在欠费问题，另一方面从七星集团阐述的事实与理由中可以看到，郝光又是一直在欠费，也就是说，从二者之间签订合约的那天开始直到七星集团提起仲裁，郝光一直拖欠着房租。至于其中的真伪，笔者无法判断，而只能等待法庭的判决。

郝光事件的影响很大，有多家媒体（包括中央电视台在内）对此事进行了报道，同时因为郝光的法籍华人身份，致使法国大使馆也派人过问。

虽然事情的结果还没有出来，我们也无法对此事进行评判，但并不妨碍对 798 艺术区的建设和下一步的发展做一些思考。

从上述材料可以看出，事实上艺术家与七星集团之间曾经有过比较融洽的关系，也就是前面所提的"蜜月期"。早期的时候，二者之间各取所需，相互依存，房主和房客之间互相协商，就像朋友一样。在笔者的访谈中，很多早期的入驻者也表达了这种印象，谈到早期的生活，大家非常怀念，因为早期艺术家的进驻使得艺术区得以成型，并进而改变了艺术区的发展方向。但是随着该区域的名气日盛，加之画廊进驻的加速，艺术家与集团的关系就变得开始微妙起来。从集团的角度看，虽然他们知道艺术家曾在 798 艺术区的发展中起到过重要的作用，但是随着市场的好转，更多的画廊涌入 798 艺术区，而画廊与艺术家相比，能够为集团带来更大的收益，因此集团开始重视画廊也便成为情理之中的事。另外，在集团看来，个别艺术家还表现出了不合作的态度，郝光则是其中的一个，因此集团通过采取强硬的措施，将其所使用的工作室收回。但是无论如何，从中我们看到的是艺术家在艺术区逐渐边缘化的过程。798 向画廊集散地的转变，事实上已经限制了艺术家工作室的发展空间。因此二者之间逐渐产生矛盾也便是必然的了。

在郝光看来，798 艺术区物业的管理混乱，眼中只有钱，因此图中 A 使用了"Welcome Money"的字样，同时郝光对 798 艺术区近来的商业化倾向定位也非常不满，认为这里快成了一个小商品批发市场了，所以在图中 B 部分郝光将所谓的"创意市集"与早期进入的艺术家集体的形象做了

郝光创作:
《sos798.2008》

A 局部

B 局部

图18　郝光创作的艺术作品《SOS798.2008》　（笔者拍摄）

一个对比，以期引起大家的思考。

下面这些图片是笔者在798艺术区内拍到的，从图中可以看到现在已经被撤的所谓创意市集的字样还存在。

应该说，798艺术区发生的"郝光事件"，媒体起到了推波助澜的作用，这一事件引起社会各界的关注，对于诸多报道，这里不再赘述。笔者就自己的考察和访谈，谈谈对"郝光事件"的一点思考。

对于"郝光事件"，如果以一种更加开阔的眼光去看待的话，其实未必是件坏事。如果我们将其看做一个对话的平台，那么通过这件事情，事

A 曾经的创意市集

在798摆摊的小贩1

在798摆摊的小贩2

图19 艺术区曾经的创意市集,因为受到园区画廊和机构的反对,最后还是被取消了,但是摆摊的小贩仍会一早一晚出现在园区内的路边,在笔者的访谈中,很多人也谈到了对这种现象的无奈 (笔者拍摄)

实上是搭建了一个对话平台,通过一个集中、剧烈的事件,让我们能够比较清晰、比较充分地去关注发生在798艺术区的一些具体的事情。

由于这一事件发生在798艺术区大部分画廊经营不景气的时候,又加上事件相关者所采取的较为激烈的方式与方法,使得事件本身具有了更多的新闻价值,从而引起了更多媒体的关注。也因此让我们有机会从一个新的角度去看待798艺术区,而不是像过去那样只是注意到798艺术区的时尚化、前卫性、商业性问题,从而引发人们进行思考,甚至引起包括一些对798艺术区并不太了解的人的参与。所以,虽然798艺术区的"郝光事件"看起来有些小题大做的样子,但笔者认为其意义实际上已经超越了事件本身,而上升到一个更高的层面引起我们的社会学、人类学思考,以及由此进入对798艺术区的下一步发展的追问。

表面上看,事件的起因很简单,名义上无非是因为大小环境使然。从大环境来看，是因为美国次贷危机引发的国际性金融危机使世界经济衰退而引起的一系列连锁反应，而这种反应具体到798艺术区来说，就是国际国内艺术市场的萧条。据笔者调查，798艺术区内的画廊，其中有很多家因为市场不好，处于难以为继的地步。从小环境来看，是因为随着798艺术区国际国内知名度的提高，其房租水平也水涨船高，另外加上2008年上半年798艺术区改造工程所引起的一系列不便，和物业方的管理等问题，而引起的租户和租住户之间的矛盾不断升级，而"郝光事件"恰恰就是在这样背景下产生的。

就笔者的理解，其实艺术区的事情说起来并不复杂，因为无非是一个利益的问题。按照常理，这么简单的一个事情，本来没有什么不好解决的，然而为什么还要经历这么长时间，同时又引起这么多人的关注呢？所以看起来简单的事情又并不简单。

当远东经济画报社记者刘晓东女士问起我怎么看待这件事情的时候，我说，可以概括为一句话：简单是因为原因在于利益，不简单在于利益如何分配和如何平衡。

在这一事件中，798艺术区的管理层和物业应该扮演一种什么角色？这是摆在相关利益方都应思考的问题，尤其是798艺术区的直接管理者，更是有无可推卸的责任。因为从笔者近一段时间的调查中了解到，很多在798艺术区的经营机构，尤其是画廊，由于大环境的经济不景气和小环境如房租高、服务差等因素，使得经营者举步维艰，虽然我们不能就此断言画廊的经营状况就是因此而引起的，但是，艺术区出现的一部分画廊搬出798艺术区的现象，我们不能说与此毫无关系。798艺术区现在的状况，使我想到中国的股市从2007年下半年开始一直持续到2008年末的大熊市。在这个熊市中，中国股市市值蒸发，股民资金缩水，从而影响到国内实体经济的正常发展。据财政部的一份报告称中国因为股市的萎靡仅证券印花税就少收入了将近1000亿元，而股民的损失就更加严重了，据报道平均损失达到50%以上。当然至于熊市的原因，因为笔者不做这方面的研究，所以无从谈起，但是有一点却是肯定的，因为在这一过程中，没有任何一方是赢家，大家都是输家。

所以，在798艺术区的建设和发展中，如何做到双赢，甚至多赢，才是摆在艺术区管理层和物业面前的最重要问题。

第三节 画廊

中国的当代艺术市场经过十几年的发展,开始从"无"到"有"并逐渐壮大,著名的未来学家奈斯比特曾预言:"很快中国像一块磁铁一样,吸引着世界上最大的美术馆、博物馆、收藏家和艺术品投机者。"[1] 今天,当代艺术作品正从十几年前的无人问津变成市场的香饽饽,屡屡在拍卖市场上拍出天价。十几年的时间,中国当代艺术的市场迅速扩大,从宏观上来看,主要得益于国家经济实力的提升和全球经济的繁荣。从我国的情况来看,主要得益于大量画廊的建立和拍卖市场的兴起,使得当代艺术家们拍出了做梦也想不到的价格。

下表是2007年的纽约和香港的两场拍卖统计,其火爆程度堪比股票市场和房地产市场。

2007年纽约苏富比春拍和香港苏富比春拍的比较:[2]

拍场名称	拍卖时间	拍品量(件)	总成交额(RMB)	总成交率
2007年纽约苏富比春拍"亚洲当代艺术专场"	2007.3.21	310	209,632,850	76%
2007年香港苏富比春拍"中国现当代艺术专场"	2007.4.7	186	212,327,690	89.8%

这次春拍较之去年,呈现出更加稳健的上扬趋势。而且从几场"专场"拍卖来看,无论是中国的当代艺术还是中国的传统名家作品,都受到了市场的追捧,而且在市场表现上全线飘红,并极具大幅上扬之势。见下表:

2007年香港苏富比春拍"中国现当代艺术专场(一),现代部分"成

---

[1] [美]约翰·奈斯比特、[德]多丽丝·奈斯比特著,魏平译:《中国大趋势:新社会的八大支柱》,中国工商联合出版社2009年版,第116页。

[2] 宋轶:《2007香港苏富比春拍:为中国艺术市场再添一把火》,《艺术与投资》2007年第5期,第27页。

交前五名：①

序号	作者	拍品名	估价（HKD）	成交价（RMB）
1	徐悲鸿	放下你的鞭子	30,000,000—40,000,000	71,280,000
2	朱德群	意志坚强	7,000,000—15,000,000	8,078,400
3	朱德群	结构二六人	6,000,000—8,000,000	6,969,600
4	赵无极	22-2-1967	3,000,000—5,000,000	4,752,600
5	朱沅芷	自由之路	1,200,000—1,800,000	3,920,400

2007年香港苏富比春拍"中国现当代艺术专场（二），当代部分"成交前五名：②

序号	作者	拍品名	估价（HKD）	成交价（RMB）
1	张晓刚	天安门一号	5,000,000—7,000,000	15,285,600
2	刘野	沉船	2,000,000—3,000,000	6,969,600
3	张晓刚	大家庭系列	5,000,000—7,000,000	5,860,800
4	张晓刚	毕业生	2,500,000—3,500,000	5,306,400
5	严培明	毛	1,600,000—2,000,000	4,039,200

艺术作品在拍卖市场上的屡创新高，同样也促进了画廊的发展。艺术品拍卖市场的火爆，正好促进了中国当代艺术的发展。就798艺术区来说，画廊也从2002年的不到10家发展到2009年的160多家，这既反映了当代艺术在国际国内开始不断得到认可，同时也从另一个侧面反映了艺术市场的红火状况。随着画廊数量和规模的扩大，798艺术区逐渐发展成了一个画廊的聚集地，成为中国当代艺术的一个"集场"，其发展越来越引起国际国内社会的关注，成为继长城之后北京又一个重要的参观景点。798在某种程度上已经从一个地理概念逐渐变成了一个文化概念，更多地成为都市文化的一个风景线，成为一个城市活力的体现。

---

① 宋轶：《2007香港苏富比春拍：为中国艺术市场再添一把火》，《艺术与投资》2007年第5期，第28页。

② 宋轶：《2007香港苏富比春拍：为中国艺术市场再添一把火》，《艺术与投资》2007年第5期，第29页。

画廊的聚集现象，不仅在国内，在国外也大量存在，画廊已经越来越成为繁华都市中的一道亮丽风景。罗晓东在其硕士论文《国内画廊生态研究》中，对国外的画廊聚集做了介绍："巴黎近郊的蒙马特高地被认为是现代画廊的发祥地之一，而今天法国的高档画廊集中在拉丁区、巴士底广场及蓬皮杜艺术与文化中心附近区域。目前全世界画廊最集中的地区是纽约，纽约的画廊又主要集中在苏荷（SOHO）、57街、特里比卡（TRIBECA）、东村、上城及格林威治村（GREENWICH VILLAGE）等地区，其中仅苏荷区的大大小小画廊就有三百家左右。在亚洲国家中，日本画廊最多，几乎分布在沿海大城市，其中东京为最多，有近千家，主要集中在最繁华的商业街区银座，此外，大阪、京都、名古屋的画廊也较多。"① 从这段文字可以看出，在国外的一些发达国家的都市中，画廊的聚集现象很普遍，而这样的画廊聚集区反过来又丰富了这些国家的都市文化。

今天798艺术区已经成为中国最大的画廊聚集区，成为中国当代艺术最大的展示空间和集散地。它已经从最初的画家聚集地转向今天的画廊区。不过，其功能随着不同成分的介入，也正在发生着新的变化，其功能也开始从单一走向了综合。在这些画廊中，不仅包括大量国内的画廊，同时也吸引了大量的国外画廊。随着外国画廊的入驻，本土画廊也面临着转型和方向定位等问题，而本土画廊由于发展的时间较短，将会面临更多的问题，需要思考的问题也将会更多。

一、构成与类型

798艺术区最初的入驻成分主要是艺术家的工作室，而画廊是随着艺术区的逐步形成而进驻的。从2002年底进驻的第一家东京画廊算起，到现在短短六年多的时间里，798艺术区的画廊已经达到了近200家，而且还有再扩大的趋势。画廊的入驻，彻底改变了这里最初的艺术家聚集的单一形态，迅速引起了798艺术区艺术生态的变动。如下图所示，可以清晰地看到798艺术区入驻画廊在规模和数量上的变动情况。

---

① 罗晓东：《国内画廊生态研究》，华南师范大学2007年版，第13页。

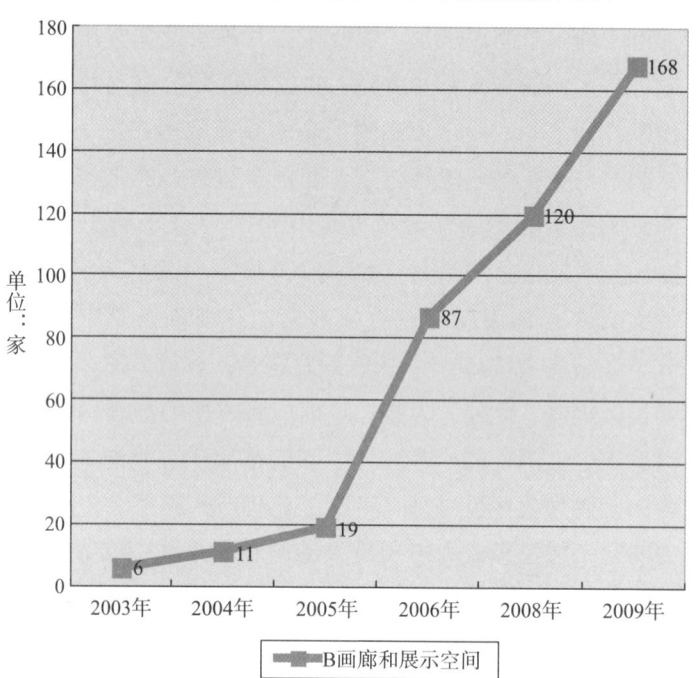

2003—2009年度北京798艺术区入驻画廊数量变动示意图

[图表：单位：家。2003年：6；2004年：11；2005年：19；2006年：87；2008年：120；2009年：168。图例：B画廊和展示空间]

（一）当代艺术为核心的丰富业态

笔者考察截止到 2009 年 6 月份为止。根据数据统计，入驻 798 艺术区的大陆机构和个人约 260 家，占艺术区入驻机构的 86%，非大陆机构和个人 41 家，占 14%。在入驻机构和个人中，主要以艺术经营为主，同时还有其他艺术机构（非纯艺术类的经营如媒体、艺术的衍生品等），另有少量的广告设计类的公司，选择在 798 艺术区设立公司。

今天的 798 艺术区，围绕当代艺术形成了丰富的艺术生态，即以画廊、艺术家工作室、艺术机构、经营当代艺术书籍的书店、经营时尚品和工艺品的商铺、咖啡厅、有特色的餐饮等共存的艺术区。在所有的这些业态中，其经营上也开始呈现混业经营的趋势，越来越多的机构开始交叉经营：比如画廊兼营咖啡店、艺术书店兼营咖啡厅、餐饮类的机构同时经营时尚的工艺品等。但所有这些业态，都围绕着当代艺术作品展开。除了当代艺术的经营，在艺术区也有少量的画廊经营较为传统的绘画作品或其他艺术品，但数量较少，所占比例不大。根据对艺术区艺术机构的经营情况和创作情况做了统计，根据接受调查的 163 家机构和个人的情况，统计结果如下（单位：家）：

创作或经营现当代艺术（主要以现当代油画艺术为主）	其他现当代艺术（主要指艺术门类的综合，这部分除了油画以外，还包括雕塑、多媒体、设计艺术等）	创作或经营现当代艺术、传统艺术	创作或经营传统艺术
96	34	6	25

其比例如下：

2009年度798艺术区入驻机构或个人的创作和经营作品风格情况
（单位：家）

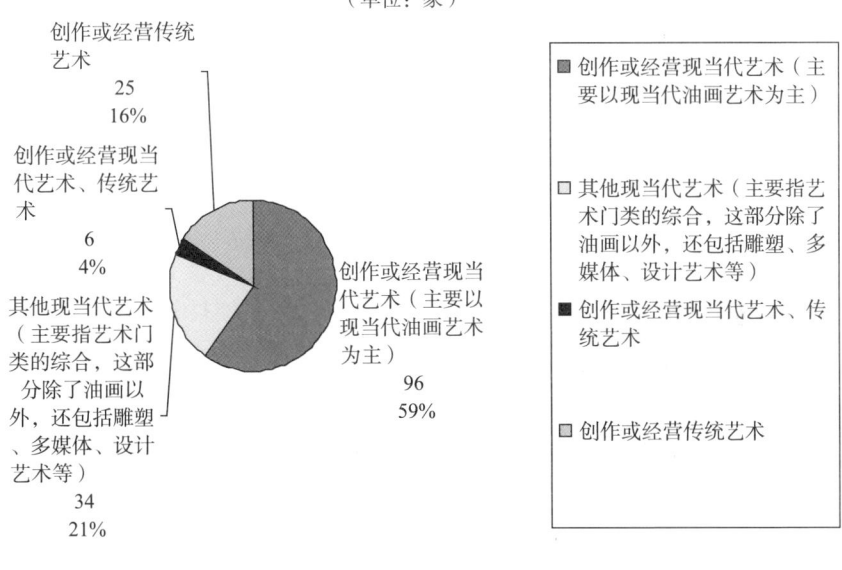

创作或经营传统艺术
25
16%

创作或经营现当代艺术、传统艺术
6
4%

其他现当代艺术（主要指艺术门类的综合，这部分除了油画以外，还包括雕塑、多媒体、设计艺术等）
34
21%

创作或经营现当代艺术（主要以现当代油画艺术为主）
96
59%

■ 创作或经营现当代艺术（主要以现当代油画艺术为主）

□ 其他现当代艺术（主要指艺术门类的综合，这部分除了油画以外，还包括雕塑、多媒体、设计艺术等）

■ 创作或经营现当代艺术、传统艺术

□ 创作或经营传统艺术

从上图可以看出，当前798艺术区作品的创作和经营基本上以当代艺术为主，纯粹以传统为主的只有二十几家。（当然，艺术区共有入驻者300家左右，接受该项调查的有161家，虽不能说这部分数据就完全代表798的经营和创作倾向，但从统计中，可以看到仅经营当代油画艺术品的画廊就占了59%，从这一点来看，就明白了798艺术区为什么被称为当代艺术的集散地，而且是中国近几年当代艺术发展的一个缩影之说了）

（二）中外机构及业态的统计

在 798 的入驻机构中，除了大陆的艺术机构和个人外，还有相当数量的非大陆机构。为了统计的方便，将港澳台的机构也统计到非大陆机构中，以期对 798 艺术区内大陆的经营机构数量和比例做一个了解。通过这一统计，可以进一步认识到中国大陆艺术机构在艺术区的位置和作用。因为中国当代艺术在发展初期主要依靠西方画廊和藏家的支持，而中国本土的画廊和藏家基本是缺席的，从而也造成了当代艺术的早期作品多有迎合西方口味之嫌。根据调查的结果统计如下：

2009年度798艺术区大陆与非大陆入驻机构或个人对比图（单位：家）

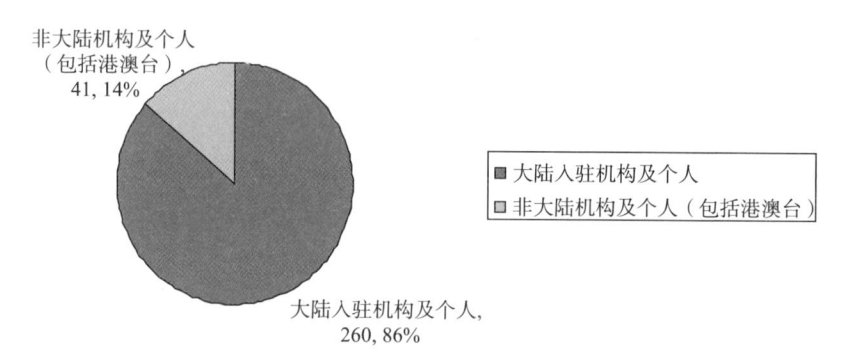

非大陆机构及个人（包括港澳台）41, 14%
大陆入驻机构及个人, 260, 86%

根据上图统计可以看出，大陆艺术机构在 798 艺术区占到了 86% 的比例，从数量上占有绝对优势，但数量的优势并不等于质量优势。据笔者的调查可知，大陆的画廊在经营规模和层次上与非大陆的画廊相比还有很大的距离，多以中小型画廊经营为主，因此大陆画廊想要在 798 真正立住脚，还需努力提高经营规模和质量。只有中国本土的画廊成长和收藏体系的建立，中国的当代艺术才能真正地确立自己在国际艺术市场的身份。

2009年度798艺术区非大陆入驻机构经营业态分布图（单位：家）

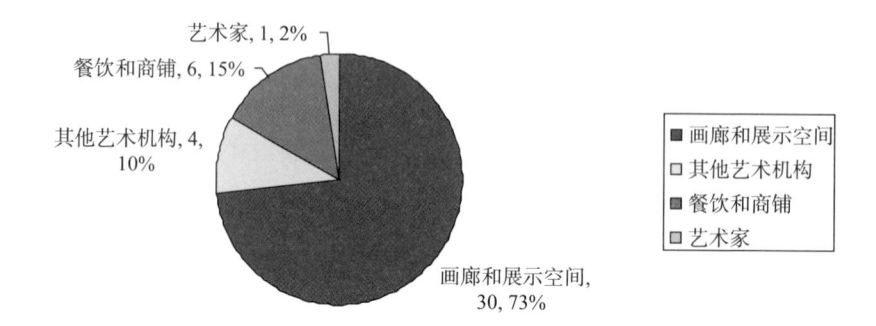

艺术家, 1, 2%
餐饮和商铺, 6, 15%
其他艺术机构, 4, 10%
画廊和展示空间, 30, 73%

根据所收集材料，对非大陆的入驻机构在经营业态进行统计，可以了解这些机构在798艺术区的主要经营内容，进而分析他们在经营理念上与中国大陆机构的区别。

从上图可以看到，非大陆机构在798的经营主要以画廊和展示空间为主，占到了所有入驻的非大陆机构数量的73%。除经营画廊以外，另外27%的机构主要分布于餐饮、商铺和其他艺术种类的经营中。

在所有的非大陆入驻机构中，分别来自不同的国家和地区，对此项的统计可以较为清晰地看到这些机构的来源，如下图：

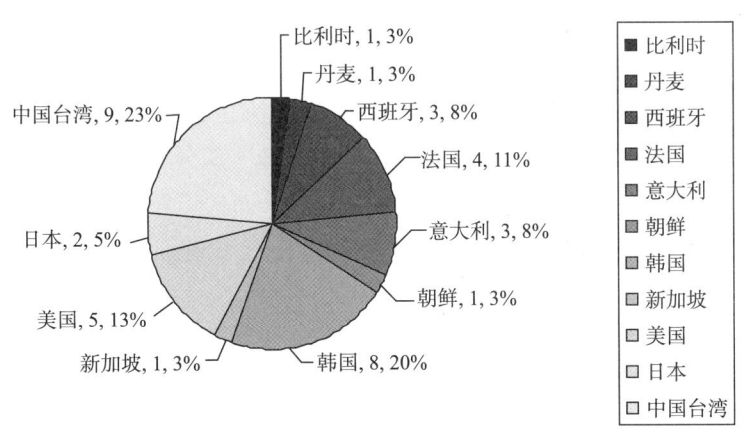

2009年度798艺术区非大陆入驻机构来源统计图（单位：家）

比利时, 1, 3%
丹麦, 1, 3%
西班牙, 3, 8%
法国, 4, 11%
意大利, 3, 8%
朝鲜, 1, 3%
韩国, 8, 20%
新加坡, 1, 3%
美国, 5, 13%
日本, 2, 5%
中国台湾, 9, 23%

从上图的统计可以看到，这些非大陆入驻机构中，中国台湾9家，韩国8家，其数量较多，其他分别是：美国5家，法国4家，西班牙和意大利分别占3家，日本和印度尼西亚分别占2家，其他几个国家和地区包括新加坡、朝鲜、丹麦和比利时分别占1家。在这些机构中，其中非营利的机构4家，占9%。

下图是对大陆机构经营业态的统计：

（说明：图中数据的统计，是将混业经营的机构分开统计的，比如画廊兼咖啡的就分别统计为画廊和咖啡店，以便能够对经营业态有一个较为详细的了解。）从两图的统计可以看到，大陆的经营机构在经营内容上与非大陆机构的经营相差不大，但大陆机构在经营品种上更为丰富，其中较为明显的

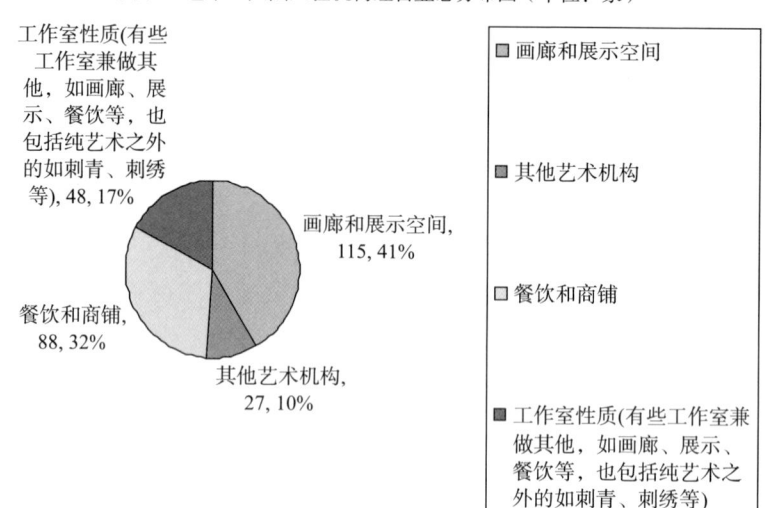

2009年度798艺术区大陆入驻机构经营业态分布图（单位：家）

- 画廊和展示空间，115, 41%
- 其他艺术机构，27, 10%
- 餐饮和商铺，88, 32%
- 工作室性质(有些工作室兼做其他，如画廊、展示、餐饮等，也包括纯艺术之外的如刺青、刺绣等)，48, 17%

一点是，大陆入驻机构中经营餐饮和商铺的数量较大，占到了所有大陆入驻机构的32%，从这一点来看，中国大陆机构在业态的分布上已经出现了某种不平衡，园区内的餐饮和商铺的比重越来越大，而这将导致艺术区的商业化倾向更加严重，这已经影响到了艺术区的定位，值得管理者关注。

二、画廊入驻与艺术家的出走

根据艺术区入驻者的实际情况，可以将它们分为如下几种类型：艺术家（主要是以创作为主的入驻者，其中既包括职业性的自由艺术家，也包括其他类型的如院校、美术馆等机构的艺术家）、画廊和展示空间、其他艺术机构（如以广告设计、其他艺术设计、媒体类机构等）、商铺类（主要以时尚品和旅游纪念品及艺术衍生品的经营为主）和餐饮类（艺术区的餐饮主要是咖啡厅和有特色的饭店）。

上述几种成分构成了798艺术区的主要生态，几种成分之间形成了相互依存、相互促进又相互制约的关系。从798艺术区形成之时起，几种成分始终围绕着市场因素或其他因素而不断变动，几种成分各代表着不同的利益方，形成不同的力量，他们之间的变动真实地反映了798艺术区不断构建的过程。

在所有的构成成分中，画廊和艺术家形成了艺术区的核心力量。当然此二者也同样经历了一个消长的过程。在艺术区初期，主要的力量是以艺术家为主的，但随着艺术区的发展，其他力量不断进入，尤其是随着画廊的大量入驻，画廊成为艺术区的主导力量，同时艺术家的力量开始变弱，最后成为艺术区边缘化成分。当然，画廊入驻和艺术家撤出之间不是必然的因果关系，而是一种关联关系。这里之所以将二者相提并论，是因为二者之间较之其他成分有更密切的关系，其他成分的进出及其力量的变动，本质上来看还是围绕艺术也就是以画廊和艺术家为代表的成分展开的，虽然其中也涉及到其他因素诸如艺术区管理层的管理，政府对文化产业区的相关政策等，但对798艺术区的研究，必须紧紧抓住画廊和艺术家这一对核心力量，才能抓住艺术区的本质，看清艺术区的真实情况。

（一）798艺术区变化的几个阶段

根据对艺术区的考察和数据的整理分析看，[①] 798艺术区主要经历了三个阶段的变化。如下图：

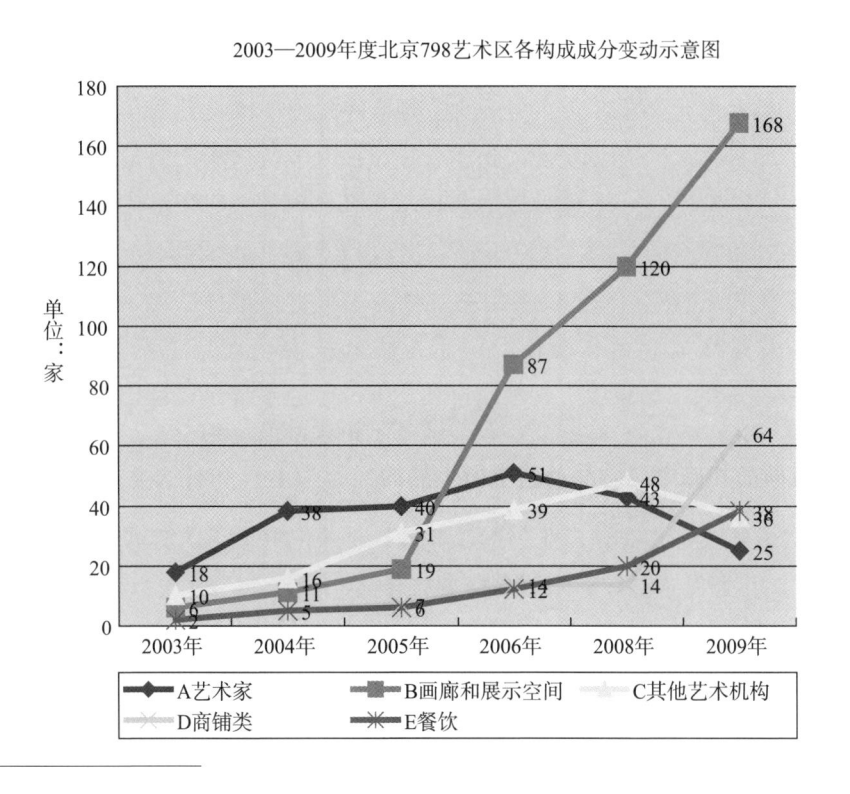

2003—2009年度北京798艺术区各构成成分变动示意图

（单位：家）

- A艺术家：2003年 18，2004年 38，2005年 40，2006年 51，2008年 43，2009年 25
- B画廊和展示空间：2003年 2，2004年 5，2005年 19，2006年 87，2008年 120，2009年 168
- C其他艺术机构：2003年 10，2004年 16，2005年 31，2006年 39，2008年 48，2009年 64
- D商铺类：2006年 12，2008年 20，2009年 38
- E餐饮：2006年 14，2008年 14，2009年 38

[①] 数据统计截止到2009年6月。

从上图可以看到，艺术区的变化主要发生在两个时期：第一个时期主要是从 2005 年开始的，属于画廊的快速发展期，从这一年开始，艺术画廊开始大量涌入，而其他类型的机构和个人基本上是平衡的；第二个时期是从 2008 年开始的商业机构的大量进驻阶段和艺术家以及其他艺术机构的退出阶段。因此可以根据这些变化将 798 艺术区的发展划分为三个阶段：

第一个阶段：2003 年至 2005 年。（确切地说，从 2002 年开始，就已经开始有艺术家和艺术机构进驻，但数据统计则是 2003 年开始的，因此表中的时间范围为 2003 至 2009 年 6 月止）。

第二阶段：2005 年至 2008 年。

第三阶段：2008 年之后。（考察的时间截止到 2009 年的 6 月份，因此第三阶段只能说是从 2008 年开始，而不是说第三阶段即 2008 年至 2009 年，新的阶段至于划分到什么时间，要看 798 艺术区下一步的发展。）

从数据可以看出，在第一阶段，艺术家群体是 798 艺术区的主体。在初期推动了艺术区的发展，但是其优势在 2005 年之后就开始消失了，并逐渐地被边缘化了。也就是说，798 艺术区开始从一个艺术家的聚集区转化为画廊的聚集区。导致这种变化的主要原因，主要来自艺术市场或者说是资本。青年艺术评论家段君对此亦有描述："早期艺术家村与现今基本商业化的艺术家村这一比较明显的差异显示出：20 世纪 90 年代以来，社会关于惩戒和掌控的方式确实已经越发精致和隐秘了。体制不会再那样强制驱散东村和圆明园，而是反客为主，将艺术家村逐步打造成一个甜蜜的空间——它始终被商业和市场所引诱，在这里谈论理想主义渐渐变得可笑。"[①] 在新的市场语境中，画家村和艺术区已经不再仅仅是边缘艺术家聚集之地，当代艺术已经从之前的"地下"状态走向"地上"，在艺术和商业的结合下，当代艺术开始逐渐成为一种主流艺术。艺术区和画家村也开始被纳入到政府"文化产业"的总体规划框架中开始了新的运作。

（二）画廊入驻与艺术区的商业化转向

画廊的入驻所引起的直接结果便是艺术区的商业化转向。这可以从几个方面来理解，首先画廊自身既是艺术市场运作的主体，同时画廊大量入

[①] 段君：《倒视：1993–1994 年间的东村》，杨卫、尉彬主编：《中国当代艺术生态》，天津大学出版社 2008 年版，第 40 页。

驻798艺术区,首先改变的便是798艺术区的整体环境,以艺术家为主导的平衡很快被打破,加之画廊的入驻直接带来的结果便是其他相关机构的跟风入驻,由此带来整个艺术区生态上的整体变化。艺术家在此过程中是一个逐渐被挤压的过程,艺术家对艺术区的商业化转向基本上无能为力了。艺术区整体生态上的变化,影响的不仅是艺术家,同样也影响到画廊,因为商业成分的过分介入,也同样会挤压画廊的生存空间,并由此导致部分画廊的撤离,最后进一步强化这种商业化倾向。

因此谈到798艺术区的商业化倾向时,人们总喜欢拿纽约的SOHO与之对比,认为798艺术区正在走SOHO走过的道路,甚至认为798艺术区是SOHO艺术区在中国的翻版。

798艺术区到底是否是SOHO艺术区的翻版?798艺术区的商业化倾向能否重复SOHO艺术区的老路,这些是在考察中必须考虑的问题。

台湾艺术家和策展人高千惠在其《当代艺术思路之旅》一书中对SOHO艺术区的情况做了介绍,向我们展示了SOHO艺术区商业化蜕变后的情景:"在苏荷行走,从'维多利亚秘密''亚曼尼''香蕉共和国'等名牌内衣与外服穿越,到赛马街49号洗手间是透明的玻璃门之咖啡座,或是贴满佛罗伦萨老照片的但丁咖啡屋,苏荷已是金钱堆砌出来的文化观光区。"[①] 从中可以看出,SOHO艺术区今天已经完全变成了一个高档的商业消费区,虽然这个商业区还带有艺术的因素和痕迹。从文中描述可以看出,这种转变是"金钱堆砌"的结果,也就是说商业通过艺术,并在艺术的面纱下进行着资本的运作,而798艺术区现在恰恰正在面临这种考验。

SOHO艺术区的"金钱堆砌"使之最终成为高档商业消费区,但798的商业转向却更多地像普通的商业区,即使所有的入驻机构和个人都标榜自己的艺术身份,但事实上这里已经开始了类似批发市场或旅游纪念品经营的转向。笔者曾在访谈中和一些艺术家谈起这种转向,也曾问过他们是否认可798会变成美国SOHO的观点时,他们大部分都不认同。作为最早入驻的艺术家兼时态空间的主人徐勇分析了各种原因,他认为798不可能像SOHO那样的变化,原因主要有:一方面因为中国的国情不同,另一方面也因为来798的消费人群基本上都是普通消费者,高档消费的人群很少。

---

① 高千惠:《当代艺术思路之旅》,广西师范大学出版社2003年版,第66页。

再者，798如果没有了艺术的支撑，那么它的商业化也就失去了根基，因此798不会成为美国的SOHO。

至于798的消费人群，笔者也认可徐勇的说法，这一点从笔者拍摄到的一些商业性场景就可以看出，因为类似的商铺和机构主要以较为普通的工艺品、较时尚的服饰和旅游纪念品为主，而此类消费人群并非针对高档消费者，因此可以从侧面对该观点进行印证。见下图。

图20　艺术区不断增加的纯商业因素　（笔者拍摄）

说明：上图1，某汽车商家在798园区做商业宣传；2咖啡厅；3—5图是以不同面貌出现的商铺和纪念品展示。

但不管如何，商业性因素从2006年以来一直在增强，商业的介入在活跃这里的气氛和为参观者及入驻者提供便利的同时，也引起艺术区整体生态的改变。而很多艺术家撤离798艺术区的一个重要原因就是认为这里已经不再适合做工作室，从而退出798艺术区重新寻找新的区域，走向了新的迁徙之路。

伴随商业化转向而来的便是旅游化倾向的增强。798艺术区特殊的艺术生态已经不可避免地吸引更多的参观者。伴随着这种转变，旅游功能的出现也已经不可避免。更为甚者，随着商业化倾向和旅游化倾向地不断增强，又会吸引更多的普通游客和普通商品的消费者，从而进一步强化了这种倾向。如果说艺术家已经不适应这种环境变化而撤出的话，那么下一个需要撤出的可能就是画廊为代表的艺术机构了，事实上，画廊已经开始受到了来自各方力量的挤压，并有一些画廊逐渐撤离798。

不过，这种变化在给艺术区带来影响的同时，也在很大程度上影响着公众。一方面，艺术区的出现，拓宽了当代艺术进入公众的途径，使当代艺术从"地下""半地下"状态开始走进大众生活。这既在某种程度上符合新时期政府"文化产业"化的规划，又在某种程度上打通了当代艺术进入公众生活的通道。从短期内看，普通公众对这里的推崇并非因为他们在短时期内就已经理解了当代艺术及其内涵，而是因为在这里可以满足更多人的猎奇心理，从而有机会去认识和了解当代艺术及艺术群落。因为在艺术区或者画家村，人们可以看到更多奇怪的、甚至不合理的"合理性"，在这里更可以忘掉生活的真实，忘掉常态社会的僵化生活，而进入一个艺术的真实中。从这一个角度看，艺术区现在已经越来越多地承担起了公共艺术教育的功能。随着艺术区和画家村的建立和发展，当代艺术已经打破了最初的小范围活动和交流限制，形成了当代艺术与社会大众的有机互动。

但是，艺术区在何种程度上完成这种公共的教育功能，以及这种公共的教育功能是否可以延续，现在来看还是未知数。但有一点可以肯定，过度的商业化和旅游功能的开发，必将破坏艺术区或画家村所特有的艺术生态，这一点应该引起我们的关注。

（三）艺术家的出走

这里所说的艺术家，主要是指生活在艺术区和画家村的职业化的自由艺术家，在文中也常用群落艺术家来指称。

前面谈过，艺术家的出走与画廊的入驻之间并没有必然的因果关系，而是一种关联关系。因为艺术家的出走并非798特有的现象，分析中国的当代艺术群落可以发现一个有意思的现象：艺术群落总是处于不断的迁徙中。

在考察798艺术区的过程中，人们多认为是艺术区的商业化和旅游化导致了艺术家的出走，这种观点并没有错，但未免以偏概全，因为如果更为宏观地审视这个问题，就会发现上述观点的局限性。

笔者通过对相关艺术村落的梳理看到，艺术家面对来自政策、艺术市场或其他因素的压力，会采取不同的方式：主动出走、被动出走和坚守。下面分别来谈。

主动出走。这里的出走主要是指他们为了寻找适合自己创作和生存的空间，而主动放弃某些既有的生活条件和环境而做出的行动。换句话说，当年圆明园画家村艺术家即为此种情况。前文已经谈过，他们因不满既有的艺术体制或生活状态而主动寻找自己的艺术"乌托邦"，这就是主动的出走。反过来说，这里的出走带有相当的积极成分。当然，随着情况的变化，他们又会开始新的出走，要么是主动，要么被动。如果说主动，那是因为他们已经开始不满足于艺术区或画家村的现实状况；如果说被动，那是因为出于政治的原因而被驱赶，就如当年的圆明园画家村的被强制取缔所引起的艺术家出走。另一种情况就是因为市场的原因，除了艺术家为了艺术市场而主动地出走外，还会因商业化或其他原因而被动地出走，这种情况就如798艺术区因为过于商业化、旅游化或者房租、管理等问题而引起的艺术家出走。因此在艺术家出走的背后，实际上是不同利益方的博弈。在此过程中，有些艺术家做出主动的选择，而有些则是被动的。但随之而来的问题是，他们的迁徙或许还没有结束，当他们在新的区域重新安顿下来的时候，或许新的迁徙又开始了。

还有一种情况是坚守。有些时候可以选择，但有些时候是无法选择的，在圆明园画家村一节中，笔者也梳理了清华北门的情况。虽然当时部分艺术家因圆明园画家村的拆迁而选择了在清华北门的坚守，但最终还是被驱散。这里之所以提到坚守，是因为今天的艺术区和画家村所面临的整体社会环境都有了很大的不同，经过规划的艺术区和画家村已经不会再面临被拆迁的命运，当然没有经过规划的区域则可能随时被拆迁，这一点这里不多论及。坚守既有积极的成分，也有消极的成分。之所以这样说是因为笔者看到在坚守的艺术家中，有很多抵御住了当前艺术区或画家村中商业化的侵袭，但有些则被商业化了，或许是被动的，也或许是主动地。这恰恰又是市场语境下艺术家的分化现象。

三、双重压力下的本土画廊生态

从前面对798艺术区入驻画廊的统计分析可知，不同的画廊由于其不同情况如国别、经营模式以及经营规模等，其在市场的表现也各不相同。在这里笔者想通过对798艺术区画廊的考察，集中探讨园区内本土画廊的境况，以期引发更多思考。

（一）艺术区内本土画廊状况简要分析

就考察的情况看，艺术区内的中国本土画廊正在受到来自内外的双重挤压：来自国外画廊业的激烈竞争和来自国内艺术市场体制的不完善所带来的经营困境。

来自西方画廊的竞争自然不言而喻。由于西方画廊发展的历史较长，有着成熟的经营理念和管理经营，同时由于资金雄厚，规模较大，再加上其畅通的销售渠道，因此在面临金融危机时表现得更从容，有着更强的生存能力。而中国本土的画廊正与此相反，不论是经营规模还是经营理念都不占优势。园区内的画廊多以中小规模为主，因此面对西方画廊的竞争，有着很大的压力。不过从对本土画廊的成长来看，这种压力恰恰又是必要的。

除了来自西方画廊的竞争外，本土画廊遇到的最大压力来自内部。这表现在中国大陆还没有真正形成规范的艺术市场，本土的收藏体系也还没有真正地建立起来，加上一、二级市场混乱以及艺术家和画廊之间的关系松散等问题，都造成了艺术区画廊的生存困难，当然798艺术区画廊所遇到的困境，并不是一个特例，本土画廊所遭遇到的压力应是一个普遍存在的问题。

为了深入了解艺术区画廊所遭遇的困境，在此将画廊和艺术家之间的合作方式做一个抽样调查，试图通过当前二者之间的关系来考察中国本土艺术市场存在的问题。笔者对798艺术区113家画廊和相关机构进行了访谈和数据统计。经过统计可以看到画廊与艺术家的合作方式主要有如下几种形式：签约，代理和合作。也有一些艺术家选择个人展示的方式对自己的作品进行售卖而不选择与画廊或者其他机构进行任何形式的合作。

在选择的 113 家机构中，主要以画廊为主，其经营范围和形式如下：

类别	艺术家工作室性质	画廊或展示空间	画廊兼具其他经营	展示空间兼具其他经营	其他类型（如设计、餐饮等机构）
数量（单位：家）	5	67	15	20	11

其中中国大陆占 92 家，中国台湾地区占 5 家，国外占 14 家（其中法国 1 家，韩国 5 家，美国 2 家，西班牙 1 家，新加坡 1 家，意大利 2 家，印度尼西亚 2 家）。

经过统计，这些机构与艺术家之间的作品经营情况主要是以代理与合作为主。（其中有些画廊与艺术家之间的经营关系既有签约、也有代理和合作关系）如图表：

形式	签约	代理	合作	签约、代理	签约、合作	代理、合作	签约、代理、合作	个人展示
数量（单位：家）	10	20	34	4	1	6	27	11

各种合作形式所占比例如下图：

画廊或机构与艺术家合作形式比例分配图（单位：家）

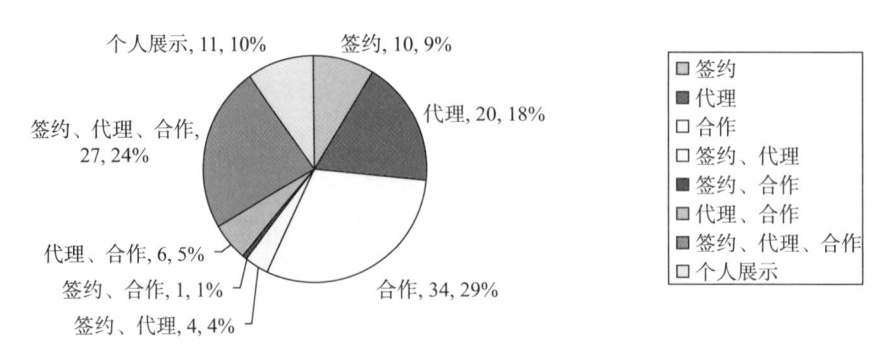

- 个人展示, 11, 10%
- 签约, 10, 9%
- 代理, 20, 18%
- 签约、代理、合作, 27, 24%
- 代理、合作, 6, 5%
- 签约、合作, 1, 1%
- 签约、代理, 4, 4%
- 合作, 34, 29%

通过上图可以看出，艺术家和画廊之间的关系，主要以合作为主，其次是代理和签约制,在这三种关系中,以签约形式最少,其中原因下文会做分析。

(二) 艺术市场模型的建立与分析

艺术市场的模型,是基于对798艺术区的考察所做出的思考,以期通过对艺术市场模型的建立和分析考察798艺术区艺术生态及其变化。

艺术市场模型:

从798艺术区来看,理想的艺术市场模型应该包括合理的一、二级市场关系、独立的生产系统、完善的流通系统以及良性的互动关系。如下图:

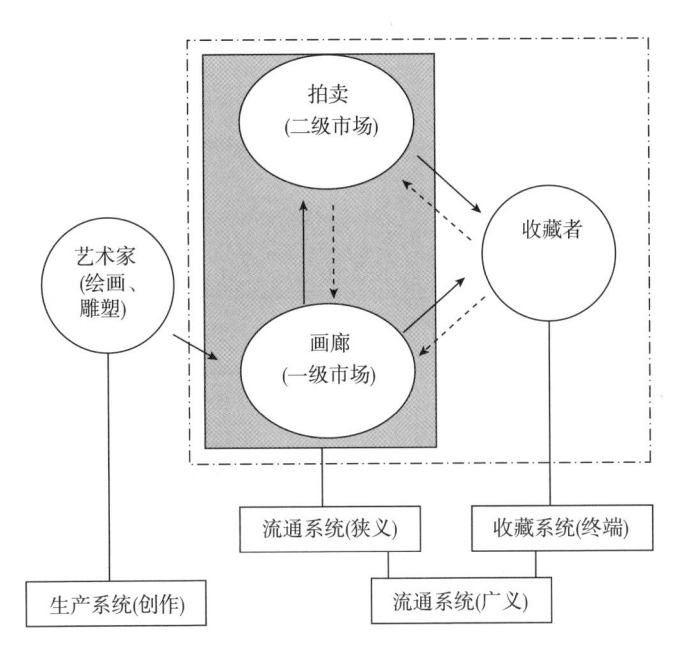

图21 艺术市场模型示意图

在这个模型中,包含四个部分:画廊(一级市场)、拍卖系统(二级市场)、艺术家和收藏者①。在四者之间,艺术作品形成了完整的生产和流通过程。四者之间相互依存又互相独立,通过良性的互动关系而构建出健康的艺术市场。

---

① 美术馆、艺术馆、博物馆、博览会等未纳入本文考察范围。

图中实线箭头所指方向为艺术品的主流通方向，虚线箭头所指为次流通方向，即作品的回流。

从图中实线箭头所标示的方向，可以看到收藏系统的作品来源主要来自画廊和拍卖两个方向。即收藏者的作品收藏是通过一级市场的画廊购买和二级市场的拍卖竞拍而来，艺术家和收藏家之间不形成作品的流通；拍卖的作品来源主要是来自画廊的送拍和拍卖行自身的征集，在这一层次上也没有艺术家的参与，也就是说，与艺术家联系最为密切的是画廊，在艺术家作品的流通环节中，画廊是一个主要的环节，因为按照理想的艺术市场模型来看，艺术家并不参与艺术品的流通，而是处于独立的生产领域。

图中虚线箭头所指为作品的次级流通方向。作品又从收藏者手中回流到市场，重新进入画廊和拍卖行。这是市场自身的规律，也是画廊和拍卖获取作品的途径之一。当然这不能成为主要渠道，一旦这个方向的流动成为主要渠道，收藏系统就很不稳定，也就是说，如果这种回流成为主要渠道的话，说明收藏的目的主要为了短炒，也就是说市场中的投机客开始增多，因此健康的艺术市场必须建立一个较为稳定和成熟的收藏市场，如果没有稳定的收藏市场的建立，艺术市场就会如股市一样暴涨暴跌，成为一种"博傻行为"。

因此收藏系统在整个艺术市场中起到决定性作用。只有建立一个稳定、健康的艺术品收藏市场，才能有一个健康稳定的艺术品市场。股市中有长线的价值投资者，也有短线的投机客，二者共同构成了市场的主体，当长线价值投资者居多的时候，市场就稳定，当短线博取短差的投资者居多的时候，市场就会大起大落，成为一个短线投机市场。当然短线投机客的存在，活跃了市场，造就了市场的活力，并不断地形成市场的热点。同样的道理，艺术市场也是如此。

另一个方面，收藏市场决定着当代艺术品的品质和中国的当代艺术品在国际上的最终地位和话语权。

收藏市场的重要性不言而喻，可以说它不但决定着整个艺术市场的有序运行，甚至决定着当代艺术的质量和在国际上的地位。因为中国当代艺术品的主要收藏者来自国外，大陆藏家基本上不收藏当代艺术品，尤其是在早期，本土的收藏更不参与当代艺术品的收藏，这也导致了我国的当代艺术市场初期是从国外开始的。正因如此，曾引起了学者们对西方所谓的后殖民文化等问题的担忧，因为如果中国当代艺术品的收藏系统主要靠国外的藏家支撑的话，那么不可避免地就由他们决定中国的当代艺术。因此只有建立稳定的中国当代艺术品收藏市场，才能从根本上扭转艺术作品中所隐含的"后殖民倾向"，也才不至于使中国的当代艺术品走向"女为悦己者容"[①]的境地。

对798艺术区作品的流向，笔者也做了一个初步的统计。798艺术区作为当代艺术品的集散地，作品的流向可以基本反映国内当代艺术作品的流向问题，因为798艺术区不仅集中了数量众多的画廊，而且还集中了国内外比较成功和较大影响力的画廊，所以798艺术区画廊所经营、代理的作品的流向，基本上可以反映出国内当代艺术作品的真实流向。

据笔者的调查，798艺术区的作品流向主要集中在如下几个方向：中国大陆、中国港澳台、欧美、韩日、东南亚及其他国家或地区。[②] 作品的流向统计如下图：[③]

流向 （国家或地区）	中国大陆	欧美	中国港澳台	韩日	东南亚	其他国家或地区
数量	90	87	71	35	38	2

比例如下：

通过该图可以看到，大陆对当代艺术品的收藏已经较前几年增加了很

[①] 栗宪庭提出的"春卷"概念以及邹跃进"女为悦己者容"的说法，都从该角度对中国当代艺术作品的"后殖民"心态做了描述。

[②] 在该项统计中，关于作品的流向问题的答案都是画廊、机构或个人提供的，其中作品的具体流向和数量，因为涉及各个画廊、机构和个人的商业秘密，加之调查中的时间有限，因此给出的调查结果只是初步的、参考性的，并不完全代表整个国内当代艺术作品的流向和数量，如果要得到详细准确的数据，需要投入大量细致的调查和更全面的统计工作才能完成。

[③] 统计说明：被调查的画廊、机构或个人所提供的作品流向可能比较分散，比如一家画廊的作品既有流向欧美的，也有流向韩日或者流向东南亚等国家的，为了更易于通过统计结果看到作品的流向，故将调查结果分开统计，分别计入不同的流向，如A画廊的作品流向为：韩日和国内，那么笔者就分别在韩日和国内栏内统计一次。

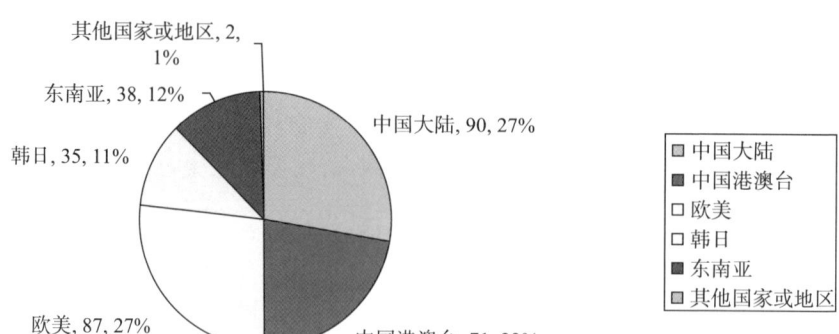

798艺术区画廊、机构与艺术家作品流向比例图（单位：家）

- 中国大陆, 90, 27%
- 中国港澳台, 71, 22%
- 欧美, 87, 27%
- 韩日, 35, 11%
- 东南亚, 38, 12%
- 其他国家或地区, 2, 1%

多，从笔者与许多艺术家的交谈中可知，前几年的时候，他们的作品几乎不被大陆的机构和个人收藏或购买，而近几年随着国内经济的发展以及新生力量的介入，中国的当代艺术作品开始被大陆收藏界认可，并逐渐成为大陆收藏界的重要购买范围。但即便如此，所占整个艺术市场份额并不大，只占27%的比例。除了流向中国港澳台地区以外，流向其他国家（包括欧美、韩日以及东南亚）的作品占到了市场份额的50%。

由此可见，当代艺术市场主要分布在国外，大陆的市场近几年虽有一定的发展，但总体的规模还不大，而且比较分散，实力不强，缺少有影响力的画廊。

艺术市场模型中（图22），虚线方框内的部分形成一个相互循环但又有主次的流通系统，在这一层次的流通形成较广范围的流通系统，成为涵盖更多部分的流通领域，灰色区域中包含两个部分，形成一个范围较窄的流通系统，在这里我们把它看做一个狭义的流通系统。同时，狭义流通系统的画廊和拍卖又形成艺术市场的一级和二级市场，画廊作为一级市场，承担着发现、培养、资助、推广，以及培育消费市场的功能，从这个层级市场来看，画廊是艺术市场的基础单位，画廊的健康与否直接影响到整个狭义和广义的艺术品流通系统，艺术家经过一级市场（即画廊）的发掘、培养后，为拍卖市场储备更多和质量更高的艺术作品，从而形成一个良性的市场基础。画廊同时还起到沟通收藏者和艺术家关系的作用，艺术家的作品可以通过画廊有目的、有步骤的培养，并且经过艺术市场的检验，艺术家的作品进入到收藏系统和二级市场即拍卖系统。

无论是从收藏的角度来看，还是拍卖的角度来看，如果一个艺术家不经过画廊的鉴别和培育，很难进入收藏系统或拍卖环节。艺术家的作品只有经过画廊的长期筛选，才能在艺术市场上得到认可，同时由于画廊的支持，可以促使艺术家更快地成长和成熟。

艺术家在整个市场模型中处于市场的前端，其创作在该模型中属于生产系统。因此，艺术家在艺术市场的定位中应该明确自身的位置，才能全身心地投入到艺术的创作中。艺术作品经过画廊系统而进入流通环节，并最终进入消费终端，即收藏者手中，完成一个周期循环。画廊的介入，使得艺术家能够更好地完成艺术作品的生产，而非自己去开拓市场。随着社会经济的发展和艺术市场的逐渐成熟，这种分工必将越来越明确。在这个系统中，大家都有自己的任务，成为一个完整的结构。

作为终端的收藏系统成为最重要的环节和部分，艺术品无论在哪一级市场的流通，最终都要进入收藏系统，也就是收藏者手中。收藏者可以包括任何可能对作品进行欣赏和购买的群体和个人。但是总的来说，中国的收藏力量还非常薄弱，尤其是对于当代艺术品来说，更是如此，因为当代艺术品的收藏主要来自西方的藏家和机构，这也是为什么中国的当代艺术是从国外开始逐渐向国内回归的过程，也就是走过了一个"墙内开花墙外香"的阶段。虽然中国的收藏力量仍然不强，但毕竟已经开始起步。中国当代艺术品在国际市场的较好表现，加上国内经济的强劲增长，使得更多的资金开始进入艺术市场，尤其是随着中国股市和楼市泡沫的膨胀，更多的资金开始进入当代艺术作品的收藏系统。同时更多的中产阶级和年轻人更加倾向于收藏当代艺术作品，主要原因一是对多元文化的肯定，二是因为艺术品市场较大的市场弹性和较高的盈利预期。综合上述各种因素，中国的当代艺术市场逐渐起步，并逐渐进入一个高速发展时期。

当然，正如任何事物的发展都有一个探索的过程和成长的代价一样，当代艺术市场从2008年下半年开始逐渐走下坡路。一叶可以知秋，通过笔者对798艺术区的调查，可以看到以798艺术区为代表的画廊业的经营情况现在正进入一个由于经营困难而"重新洗牌"的阶段。笔者认为主要在于客观和主观两方面原因。

客观原因：金融危机所引起的国际国内艺术和市场的萎缩，798艺术区居高不下的房租价格，当代艺术市场的泡沫化问题，规模较小，资金缺乏，抵御风险的能力弱以及其他相关因素（如税收过高、融资困难等）。

关于上述问题，文中另有所述。这里主要分析主观原因。

缺乏系统、长久的经营理念和准确的市场定位，缺少规范的市场化机制，共同导致一、二级市场的无序竞争长期存在。据笔者的调查，如果按照艺术市场的模型来看，当前的艺术市场还处于初级阶段，而在这样的市场中，各方的利益都不可能得到保证，从而导致了艺术市场系统上的"泛化"，笔者使用"泛化"一词，主要是针对前文中所述理想的艺术市场模型而言。

之所以称为"泛化系统"主要是在于流通领域的泛化，在这一个泛化系统中，流通的主体由三个变成四个，如图所示：

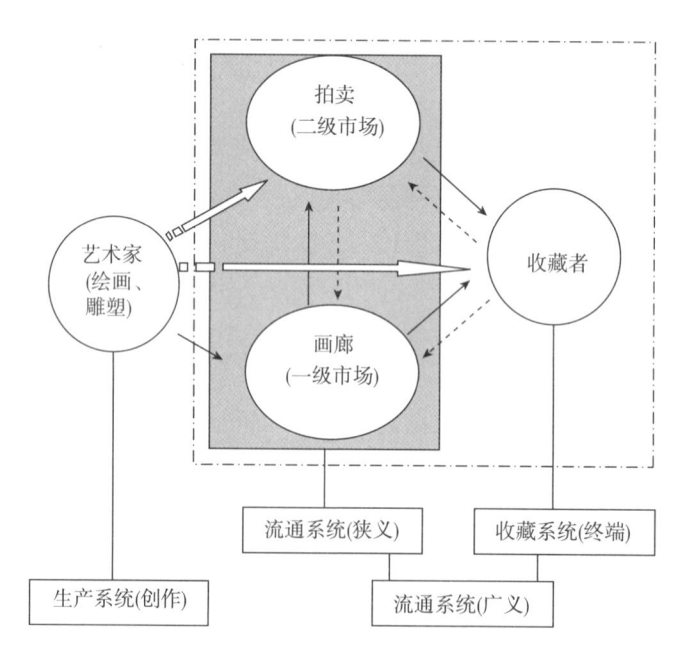

图 22　艺术市场模型泛化系统示意图

本图是在艺术市场模型示意图基础上的扩展。

在前述条件下，作为生产系统的艺术家是不参与市场流通环节的，也就是说在规范成熟的艺术市场条件下，艺术家的任务是艺术作品的生产，作为创作者不参与市场的流通环节，而是将其交给画廊去经营，从而使得艺术家能够有精力去完成高质量的创作。

但是因为当前我国的艺术市场还不规范，尤其是艺术家和画廊之间的关系，还处于初级阶段，各个方面都存在着问题。艺术家和画廊之间的关系还比较松散，缺乏相应的规范，也使得二者在合作过程中无法充分保证双方的权利和义务。

通过上图可以看到，该泛化系统中有一个重要的变化就是生产系统与流通系统的泛化。图22中白色箭头所示说明艺术家实际上已经参与了当前市场的流通。在该泛化系统中，不仅画廊从艺术家那里拿到作品，而且收藏者和作为二级市场的拍卖也能从艺术家那里拿到作品。这里可能有两种情况，一种是艺术家的主动参与，另一种是艺术家的被动参与。

在主动参与的方式中，艺术家除了将作品送到画廊经营以外，还会私下里将作品售卖给一些私人收藏者，也会自己将作品送到拍卖会去拍卖，从而越过画廊进入流通领域。

在被动参与的方式中，艺术家或许并没有去主动和收藏者以及拍卖公司联系，但是却经常遇到主动找上门来的收藏者或者拍卖方面的邀请，这种情况导致艺术家在与画廊合作之外形成了另一条市场渠道。其主要原因如下：

1. 如果与艺术家合作的画廊实力有限，加之与画廊的合作关系比较松散的时候，艺术家必然会去寻找更多的市场机会。因为艺术家的市场价格和艺术家的作品的市场认可度已经成了一个艺术家成功与否的标志。至于这一点，笔者虽不敢苟同，但市场的成功代表着艺术家艺术上的成功已经成为今天艺术界的一个重要事实。这与之前的"羞于谈钱"已经不同，在全球经济一体化的今天，一切都通过货币化来衡量，艺术品也不例外。

2. 拍卖公司虽然主要的作品来源在于与画廊的合作，也就是画廊是拍卖作品的主要提供者。但是不可否认的是，拍卖公司出于各种原因，也乐于从艺术家那里拿作品，当然前提条件必然是被选择的艺术家已经是市场的热门人选，这样才有利于市场的操作。另外不是太热门的艺术家也会主动找到拍卖公司送交作品，其中暗含的原因不言而喻（因为一个艺术家如果想享有一个长时间的超额利润的话，拍卖无疑为艺术家今后的市场打下一个很好的基础。拍卖的结果也将成为艺术家今后作品定价的重要参考，同时拍卖所形成的广告效应是艺术家最看重的）。笔者了解到，事实上很多艺术家为了促进作品的流通，会私下里派人甚至自己出钱去将自己的作品拍回来。虽然在这个过程中,艺术家会有较大的经济损失,但是艺术家仍然会为此努力,因为拍卖的成功可以为艺术家今后的市场带来丰厚的利润,成为一次很好的广告式亮相。当然其中弊端也相当明显,因为以此种模式进行的拍卖,必将会形成市场的泡沫,也会带来更多的"假拍""恶炒"等,影响的将是艺术市场长久的发展。这也是当前大家对拍卖水分以及对拍卖市场的公正性不断进行质疑的原因。

当然作为拍卖公司,并非不知道这种情况,但是拍卖公司会因此而赚取固定的佣金收入或者是手续费,同时还能造成火爆的拍卖场面,所以拍卖公司并不会主动地去限制类似情况和操作手法,甚至有些时候拍卖公司还会与艺术家之间达成一定的协议,拍卖公司甚至为一些高价作品做出一定的佣金优惠。此种情况,也已成为影响拍卖市场健康发展的重要方面。这种一、二级市场的倒置关系,实际上无形中剥夺了画廊在一级市场的成果。因为一个画家的成长,画廊起到了很大的作用,如果越过画廊的筛选而直接进入拍卖市场的话,本应在一级市场得以检验的漏洞便堂而皇之地进入收藏市场,最终打击收藏者的收藏信心。因此一个健康的艺术市场,画廊必须起到应有的作用。因为"提供展览的场地不论现在还是将来都是一级市场——画廊。这一点艺术博览会、拍卖行都不能取代。所以整个艺术市场的存在,首先是画廊的存在。"[1]

3. 同样的道理,收藏者乐意从艺术家那里直接购买作品,主要的原因也与市场的不规范相关。

首先,可以避免"赝品"。"赝品"一直是艺术市场不好解决的问题,应该说"赝品"总是伴随艺术市场而存在的,也是一直无法杜绝的现象。对于一些艺术市场认可的艺术家,其后必有众多的"寄生者"。所谓"寄生者"就是那些以某个成名的或者市场好的艺术家为对象,依靠临摹、仿造该艺术家的作品而获利。作为收藏者,最担心的也是"赝品"的问题,所以在很多时候收藏者的权益无法完全得到保护,因此他们宁可越过拍卖和画廊而选择直接到艺术家手中去购买作品。当然,作为798艺术区来说,"赝品"现象虽然并不常见,但是"泛赝品"现象却是存在的。在笔者的

---

[1] Giancarlo Politi. Ciaay 著,吴子茹译:《特别报道:国际艺术博览会专访——艺术博览会与艺术市场的现状与展望》,《东方艺术》2007年第17期,第116—123页。

考察中，明显地感觉到当代艺术市场中大量存在着这种情况，对于某个成功艺术家或者某种市场流行样式，从市场中总能找到其影子，尤其是对于一些在国际上成名艺术家作品的模仿痕迹尤为明显。从笔者对798艺术区的调查中，看到了大量的"大脸"作品、"傻笑"作品，而"政治波普""艳俗艺术"类型的作品更是经常碰到，虽然有些时候花样翻新，但是免不了对成名艺术家的模仿痕迹，所以在类似的艺术区，这种"泛赝品"现象还是大量存在的。对于此种情况，就需要收藏者更高的鉴赏力才能辨别，否则也可能花费冤枉钱。

价格低也是重要的原因。在很多情况下，从艺术家那里购买作品，往往会得到一个相对便宜的价格，这也为艺术家私下越过合作画廊而进入流通市场留下了口子。画廊由于要投入宣传、培养以及日常开支等费用，所以所经营艺术品的价格自然要高，否则画廊就无法运转。但是艺术家如果越过画廊而进入流通领域的话，那么必然会使画廊陷入尴尬的境地，甚至导致画廊的投入全部泡汤。当然，并非全部艺术家会自己进入市场，他们还是愿意选择有实力的画廊进行合作。这从前文对798艺术区画廊与艺术家合作关系的统计也能看到，有近30%的画廊或艺术家之间选择签约或代理的形式。

总之，在"泛化"的艺术市场模型中，生产领域和流通领域的泛化现象在当前大量存在，是导致当前画廊经营困难的另一个重要的原因。

在不成熟的艺术市场中，还有一个方面也容易被忽略，即艺术家的权益保护问题。

对艺术家来说，在艺术市场中的成功要有多种因素。所以在艺术家的起步阶段，权益往往得不到保障，这也是为什么艺术家有时会亲自操刀而进入流通领域的重要原因。

对此也存在几种问题需要探讨：

1. 年轻艺术家的培养和生活保障问题。我们不能否认，由于个人和社会等多方面的原因，并非全部从事艺术创作的艺术家都能获得市场的认可或事业的成功。作为艺术群落中的艺术家，首先遇到的问题就是"生存问题"，也就是说群落中的艺术家在基本生活上不能得到保证，比如生活在宋庄画家村、索家庄艺术营、环铁艺术区等区域的艺术家，尤其是一些年轻艺术家，还不能依靠艺术市场生活，他们更多地依靠家庭和朋友的资助,所以这些艺术家在初期的成长中缺少画廊的关注,更不容易获得画廊的资助,因此他们只能自己去跑市场。

2. 艺术家艺术作品的版权问题。

当一个艺术家开始有画廊接触并且开始有实质性合作的时候,版权问题往往被大家所忽视。初期的合作几乎没有艺术家会想到对自己作品的版权保护,而且还未成名的艺术家在初期进入艺术市场时,往往处于弱势,他们的作品通过画廊售出,一般要将利润的一半甚至更多交给画廊,剩下的部分才归艺术家。而往往一些艺术家成名以后,对自己早年以极低的价格售出的作品再没有任何的权利,正如当前一些知名的艺术家,虽然作品拍出了上千万的天价,但是却与作者无关。这实际上涉及一个版权问题。如何保护版权则成为艺术家在与画廊进行合作时应该考虑的问题。

3. 艺术家不希望受到画廊的控制。

在与画廊的合作过程中,艺术家有些时候试图摆脱画廊的束缚。罗青列举了部分艺术家被经纪人垄断后的被动局面:"经纪人与部分买家连手,包买垄断画家一定时期的全部作品,指导画作的内容与方向,以便控制画价在市场上的升降。这些艺术捐客,通常是挑选一位尚未出名的年轻艺术家,掌握买断他近期的全部画作,通过画廊或拍卖会,专门从事短期循环式的涨价炒作。他们把年轻画家一定数量的画作,分批连环出售,卖出再买回,以梯阶调价来支撑不断涨价的假象,等到画价翻数倍、数十倍、数百倍后,开始以较低的价格分批分期出清库底存画,以便大幅赚取价差;然后,悄悄放弃继续支撑该画家的市场价格,任由画家与其画价在市面上自生自灭。刚过世不久的天才名画家陈逸飞,便是例子,他生前深受其害,而又有苦说不出,只好放弃绘画,转业其他,积劳成疾,英年早逝。此时,大赚一票的经纪人与买家,可以重起炉灶,另觅一名新的有潜力的年轻画家,再度如法炮制一番。反正对艺术贩子来说,市场上,价格低贱,志愿待宰,等待炒作的年轻画家,多如过江之鲫,是永远不虞匮乏的"。[①] 所以艺术家宁可自己经营作品也不愿意通过画廊经营。在笔者考察的过程中,遇到部分艺术家在 798 艺术区内经营着自己创作的作品,问起他们为何要自己经营时,他们向笔者表达了上述意思。所以在合作的过程

---

① 罗青:《当代艺术市场的结构》,《艺术·生活》,2007 年第 3 期,第 71 页。

中，艺术家的权益无法得到充分保障也成了艺术家自己进入流通领域的原因之一。当然如果一个与画廊合作的艺术家反过来违反市场规则，也同样会对所合作的画廊造成损失，这是市场的另一个方面，上文已多有论及，这里不再赘述。

总之，798艺术区的本土画廊在发展的过程中，受到了来自内外的双重压力，画廊的困境反映出的正是中国艺术市场的不成熟。只有建立起健康成熟的艺术市场，中国的当代艺术才有健康发展的可能，中国的本土画廊也才能在竞争中不断确立自己的本土地位。

第四节　其他入驻者

798艺术区内的业态丰富，除了有画廊、艺术设计机构和艺术家工作室外，还包括其他诸多商铺和餐饮等。在艺术区发展初期，这里的业态单一，随着艺术区的发展，这里吸引了更多的其他相关机构和个人入驻，业态逐渐多元化。业态的丰富，使它从一个单一的艺术家的聚集区向综合性的当代艺术区发展，同时兼顾高档商业消费与旅游。在艺术区发展过程中，不同业态间又会因市场或其他因素而不断产生互动，在相互制约中寻找着新的平衡。不同层次的力量和不同的利益方在此过程中不断消长，这正是798艺术区不断解构、变异和重新建构的过程。

一、丰富的业态

798艺术区从单一业态向业态多元化变动的过程，也是市场各方力量融合与博弈的过程。在市场语境下，艺术区的业态不断优化，形成互动而相互制约的关系。在业态建构的过程中，不同业态间不断产生新的张力，致使它们之间既互相依存，又充满紧张的矛盾。

这里最初的进驻者主要是艺术家，之后随着画廊的不断入驻，798逐渐成为一个以画廊业为主，以当代艺术展示和销售为一体的艺术区。人气的聚集，也同时带动了相关行业，如餐饮和各种与艺术相关的商铺，这些新增的机构在丰富了艺术区业态的同时，也影响着艺术区整体的格局与平衡。

截至 2009 年 6 月份的统计，798 艺术区的业态除了大批的画廊，部分艺术设计机构和少量的艺术家工作室外，其他的相关行业主要包括商铺和餐饮。经营范围主要包括：书店、首饰、原创产品（服饰）、刺绣、皮草；陶艺、陶笛、绳艺、根艺、羊艺；普通商铺（食品饮料）、旅游纪念品等。

餐饮主要包括：咖啡厅和饭店。

在这些业态中，既有以某种主业为主的经营，也有混业经营。在以商铺或餐饮为主的经营中，以混业经营为主。

根据 2009 年 3 月至 6 月份采集到的数据，对 798 艺术区其他业态做出如下统计：①

业态名称	书店	饭店	咖啡	服饰	首饰	其他原创产品（刺绣、皮草）	工艺（陶艺、陶笛、绳艺、根艺等）	旅游纪念品	普通商铺
数量（家）	10	10	24	39	11	2	13	18	7

比例如下：

2009 年度 798 艺术区其他业态比例图（单位：家）

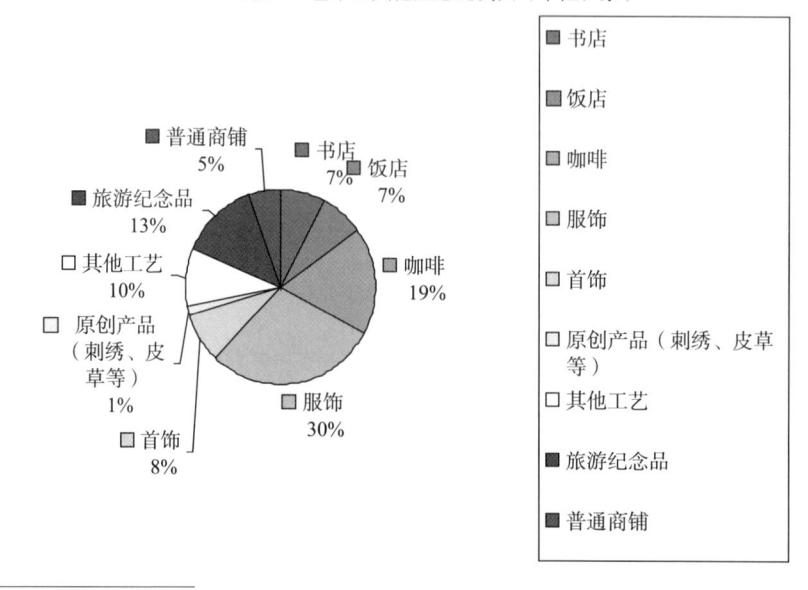

- 普通商铺 5%
- 旅游纪念品 13%
- 其他工艺 10%
- 原创产品（刺绣、皮草等）1%
- 首饰 8%
- 服饰 30%
- 咖啡 19%
- 饭店 7%
- 书店 7%

---

① 混业经营分开统计，比如咖啡厅兼做书店分别统计为咖啡厅和书店。

从上图可以看出，当前艺术区比例最大的一部分业态就是以服饰为主的商铺，其次是咖啡厅。从这两个业态的比例来看，正体现了798所强调的LOFT生活方式，以及由此所延伸和形成的现代时尚生活理念。

从统计数据可以看出，除了餐饮以外，其他的业态基本上占到了60%以上的比例，其他业态的不断增加，在吸引人气的同时，也加剧了798艺术区的商业化和旅游化倾向。

从其它业态在艺术区目前的分布来看，基本上集中在D区，这里是餐饮和商铺最集中的区域。主要是因为当前798艺术区的主要入口是四号门和二号门（见图23黑色圆圈所示位置），通过这两个门直接进入的区域就是D区，由此也可以看出，由于不同的入口的开放与否所造成的不同区域的客流情况是不同的，同时也导致了入驻机构在业态选择上的变化，见统计（以2009年的统计为例）：

2009年艺术区不同区域餐饮和商铺的分布数量及比例（单位：家）：

区域	A	B	D	E	F
数量	6	11	65	15	3
所占比例	6%	11%	65%	15%	3%

从统计结果看，798艺术区的商铺和餐饮集中在了D区，占全部餐饮和商铺数量的65%，而大家对艺术区的旅游化和商业化倾向的批评也主要是来自D区业态。

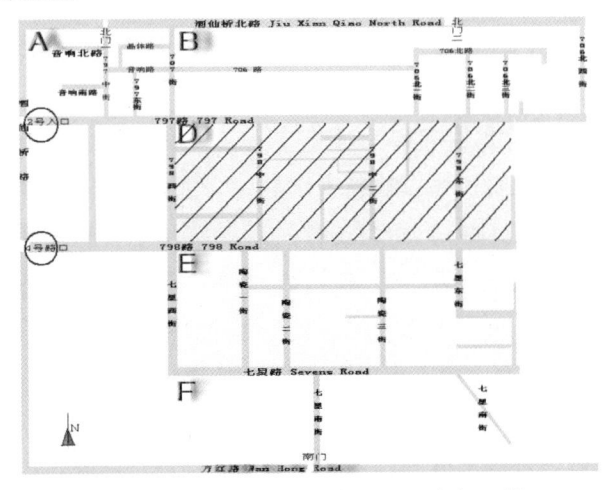

图23　D区所在位置示意图　（笔者绘制）

D 区为什么会集中了如此之多的餐饮和商铺呢？除了上面提到的入口原因以外，D 区所在位置也是重要的原因。从艺术区的区域分布平面图上可以看出，D 区恰恰在艺术区的中心地带，而且处于主干道即 798 路和 797 路之间，处于东西两条主干道之间的核心区域（见上图，斜线标示的部分即为 D 区所在位置），因此这里集中了艺术区的主要客流，从而导致了该区域业态分布上出现了大量的商铺和餐饮。另外的原因主要是管理层在管理理念上的变化和由于 798 艺术区的旅游化而导致入园参观人员层次上的变化。按照笔者在艺术区的考察，798 艺术区发展的初期，来这里参观的人并不多，但是基本上是收藏家和真正对艺术感兴趣的来访者。而从 2006 年开始，随着艺术市场的火爆和 798 艺术区的名气上升，这里成了一个重要的旅游景点，很多北京旅游者形成了共识：游长城、吃烤鸭、逛 798，从而导致以观光旅游为主的游客增多，参观者的变化，是导致 798 艺术区旅游化的重要原因。

在 2008 年之前，该区域的商铺和餐饮并不多，统计如下：

2006—2009 年度 798 艺术区 D 区餐饮和商铺的变化（单位：家）：

区域	2006	2008 年	2009
数量	13	21	65

可以看出，从 2008 年到 2009 年一年的时间内，D 区的商铺和餐饮的变化非常迅速，从 2008 年的 21 家一下变成了 2009 年的 65 家，翻了 3 倍多。

就整个艺术区的餐饮和商铺数量来看，现在达到了所有入驻机构的 30%，总体上看，已经成为影响艺术区的一个重要的成分。当然除了商铺和餐饮绝对数量的统计外，我们还有一点需要注意，就是在这部分成分中，也有一部分是混业经营，也就是说，有的画廊或者空间兼做咖啡或者衍生品的出售商店，如尤伦斯的"干杯"咖啡厅和位于展示空间大厅中占地约 60 平方米的商店（商店中出售书籍、版画、衍生品、服装等），再如时态空间，也是开设有书店和咖啡厅等。从这一点看，798 艺术区的机构，在经营上有向混业经营发展的趋势。统计如下（单位：家）：

非混业经营机构数量	混业经营机构数量	混业经营中含商铺的机构数量	混业经营中含餐饮的机构数量	备注
233	64	16	12	混业经营的形式多种多样，有些是艺术家的工作室兼做展示空间，有的是展示空间兼做工作室，有些是既有画廊又有餐饮，同时还有商品。这些都与当前到艺术区的参观人群有关，这从另一个侧面也反映了艺术区的客流人群的变化。

又：

2009年度北京798艺术区入驻机构混业经营和非混业经营比例示意图
（单位：家）

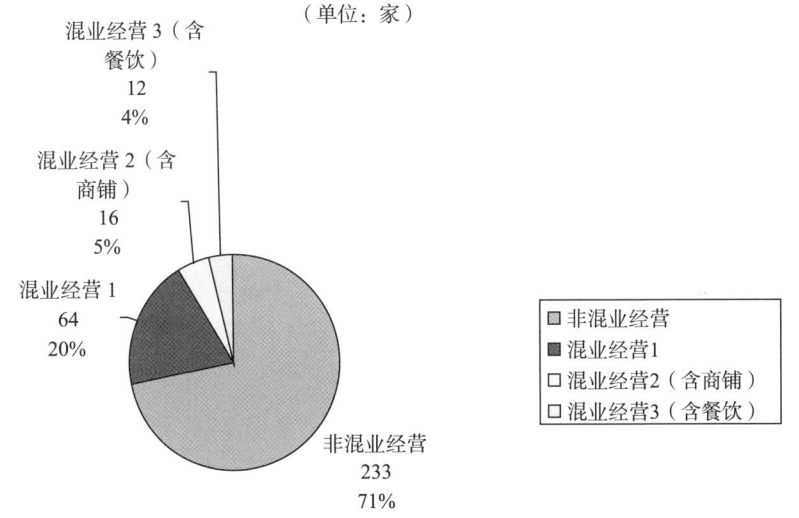

混业经营3（含餐饮）
12
4%

混业经营2（含商铺）
16
5%

混业经营1
64
20%

非混业经营
233
71%

■ 非混业经营
■ 混业经营1
□ 混业经营2（含商铺）
□ 混业经营3（含餐饮）

798艺术区业态在短短几年的时间内变化很快，其中有些力量衰弱了，另外一些力量又开始加强了。这种变化，让我们从中看到的是一个在市场语境下不断平衡和平衡不断被打破的过程。对于艺术区的其他业态变动（以餐饮和商铺类的形式作为统计单位），笔者也做了一个统计，以期对其变化过程有一个大致了解，如下图：

从图中可以看出，艺术区内的其它类型业态的变动主要经历了三个阶段。

第一个阶段是2003年至2005年之间，在此期间，798艺术区能否保住，是否会被拆迁等问题悬而未决，因此这一时期的其他商户很少。从市

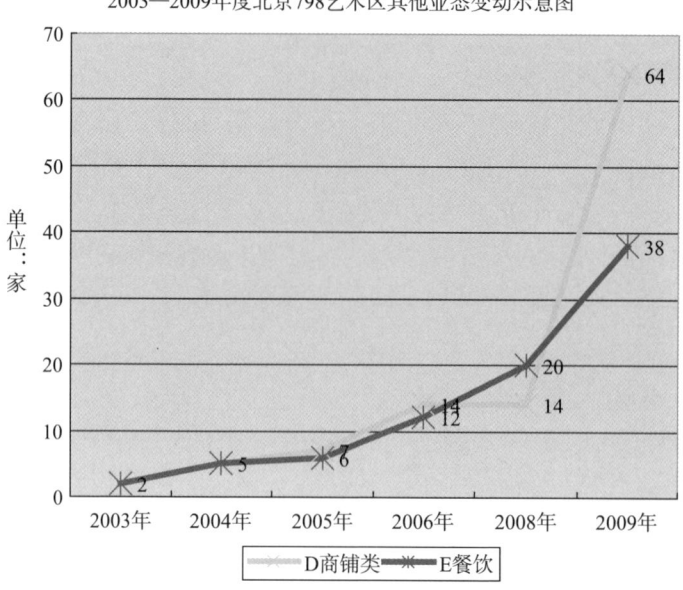

2003—2009年度北京798艺术区其他业态变动示意图

（图表数据：D商铺类、E餐饮）
- 2003年：2
- 2004年：5
- 2005年：6
- 2006年：12
- 2008年：20、14
- 2009年：64、38

场经营的角度来看，作为商铺和餐饮基本上不愿意冒险，因此真正进入艺术区的其他业态很少，而通过前文的相关叙述，我们知道这个时期基本上是艺术家数量最多，同时也是艺术家影响力最大的时期。如果将商铺、餐饮的经营者和艺术家来做一个对比的话，那么艺术家有更多的希望和预期，愿意冒险，而商铺和餐饮类的机构则不同，对该类机构来说，市场才是他们是否进驻的理由。

第二个阶段是从2005—2008年间，属于相对稳定和平衡期，在此期间，其他业态稳中有升。从数据来看，这一段时间属于一个蓄势待发的时期。

第三个阶段主要是指2008年以后，这一时期经过第二阶段的蓄势，进入了加速发展时期，我们从数据中也可以看出，从2008年开始，餐饮和商铺开始成倍增加。

这类业态的加速变化，一方面反映了798艺术区的惊人发展速度，从中可以看到今天的798艺术区已经明显地不同于早期阶段。随着艺术市场的火爆，这里已经变成了点石成金的地方，相关的产业和业态，开始涌入798艺术区，一是因为这里的人气，二是可以借助艺术的名义来提高其商品的附加值，获取更大的效益。

从业态的变化中，可以推测798艺术区正在发生着一些新的变化：

购物群体发生了变动。按照笔者的访谈和了解，在艺术区发展初期，这里的业态较为单一，主要是艺术家工作室和画廊，来这里的人不多，但是却以真正的艺术爱好者和收藏者为主，所以那个时候，任何一个空间都非常欢迎来访的客人。而今天的人来人往，熙熙攘攘的景象在当时是不可想象的。这也从另一个侧面让我们看到，当时为什么徐勇和黄锐他们会不断地举办各种公开的活动，包括"再造798工厂"，开放艺术家工作室以及不断地举办艺术节，目的主要还是在于吸引人气。人气的增加对他们来说，有两个主要目的，一是引起社会尤其是政府的关注，以借助政府的力量将798保护下来；二是经过了20世纪90年代艺术村落的变迁后，艺术家也开始借助市场的手段来促进当代艺术的发展，虽然在当时来看，这里的市场并没有形成规模。总之，业态的变动，首先反映的就是购物群体的变化。在今天的来访者中，除了少量的收藏者外，更多的是艺术的爱好者和观光旅游的参观者，正是这一批人带动了这里的餐饮和以旅游纪念品为主的商铺发展。

同样的道理，购物群体的变化，实际上从另一个侧面反映了艺术区在发展方向的某些变动。可以从两个方面来理解，一是市场的因素所致；二是管理者的态度所致。对于第一点的市场因素的原因，上文已述。作为第二点的管理者的态度所致问题，需要做一些说明，之所以强调管理者的态度，主要是因为这直接决定着艺术区的定位和走向。作为七星集团来说，其主要的身份是房主，现在集团的主要收入在于出租空间，获取租金。但问题的关键是，随着艺术区影响力的不断增强，越来越多的人会看到这里的商机，那么其他的业态也会因为这里潜在的市场和艺术所带来的"无形资本"而进入，这样以来，一方面集团可能因此而不断地提高房租价格，因为更多的人都在排队希望进入，导致这里的剩余空间更加紧张，而另一方面，因为其他的商业性机构也会愿意以更高的价格到798艺术区来租房，从而推动房租不断提高。结果就会造成出租方的七星集团只认房租而不管进驻者的经营性质，这在文中也有专门的论述；二是导致真正的艺术家或者画廊因此受到更大的挤压。本来艺术家和有些画廊就因为房租的不断高涨而经营困难，其他商业机构的进驻，更增加了这种问题的严重性。所以，随着艺术区的发展，新的问题也不断产生。

在业态的这种动态平衡的背后，是各方力量的不断调整过程。无论管理者出于什么样的目的，是试图将这里打造成国内乃至国际上最大的当代艺术的集散地,还是将这里最终打造成一个高档商业区,抑或是高档旅游区?这一问题始终是当前争论的焦点。随着人气的增加,其它业态的进驻成为市场的必然,这既是市场的需要,也是798艺术区本身业态丰富性的需要。但是问题的关键在于,798到底向哪个方向发展?今天798艺术区越来越严重的商业化和旅游化倾向,已经受到了越来越多的质疑。

二、餐饮:生活的艺术化

随着艺术区规模的扩大,业态的丰富成为必然。无论是餐饮还是相关的商业机构,也通过各种途径进入798,这些商家的进驻一方面为这里带来了生活便利,另一方面也因过度的扩张而挤压了画廊以及艺术机构的空间。这一点必须一分为二地看,既要看到其不利的方面,也看到积极的方面。因为业态上的丰富,是市场的必然结果,也是798艺术区发展的需要。这就如自然界中的生物链一样,多样性是生态平衡的首要条件,但前提是不能泛滥。

当然,在798艺术区这一类似"生物链"的链条中,决定性的和核心的因素是艺术的成分,这是大家的共识。在笔者的访谈中,不断地听到有人强调这一点。在艺术区形成的早期,艺术的成分主要是艺术家及其工作室,时至今日,这种艺术成分演变成了画廊的运营以及艺术品的展示和各种艺术活动。因此798艺术区独特的艺术生态,是指围绕艺术及其行为而展开的各种相关业态及其互动而又制约的关系。影响这种生态的力量主要来自市场,但管理者的作用也不可忽视,因为管理者一方面可以推动业态的丰富性发展,但另一方面也会因管理或决策的失误而破坏其中的平衡,所以管理者的认识水平也会在很大程度上影响798艺术区的艺术生态。

其他业态的健康运行,不但为艺术区提供了生活的便利,也会在某种程度上将艺术的成分融入其中,提升了生活的品质,在促进生活的艺术化上起到积极作用。笔者与来798艺术区参观者交谈时,大部分人对这里的艺术氛围以及因艺术而提升的各种商业行为表示肯定。

随着工业社会逐渐进入后工业社会,人们已经从解决生活的温饱上升到提高生活的品质。而艺术则成为提升这种生活品质的重要方式,因此798艺术区已经不仅仅是一个画廊的聚集地,更因为其特有的艺术氛围所带给普通人的一种艺术的提升,一种艺术化的生活方式。

早在杜尚将工业制品的小便器,签上自己的名字并作为自己的作品

《泉》拿去参展的时候，就已经宣告了艺术和生活界线的被打破。艺术从此走下神坛，从精英艺术进入大众文化生活，艺术成为生活，生活也成为艺术，也就是后现代所谓的"没有人是艺术家，也没有人不是艺术家"。诚然，艺术不应该成为少数人的专利，而应该进入更多普通人的生活。

798艺术区作为当代艺术的集散地，每天在创造各种市场交易记录的时候，我们无法从交易数字中感受到艺术的温度，但是我们却可以在艺术区内体味艺术的氛围，由内到外，由环境到餐饮、到购物，更在于畅游于各种艺术作品之中，目睹各种或奇怪或优雅的艺术及其行为。

在798艺术区，艺术和餐饮也已经融为一体，无论是这里的外部装饰，还是内部装饰，都在使用艺术的元素，以期与整个艺术区的风格协调起来，同时提高自己店面的艺术品味，借此突出自己的个性。正如很多参观者向笔者表达的那样："在798可以欣赏当代各种前卫的艺术作品，还可以享受这里的美食，不管是餐饮、装饰，甚至小到使用的餐具都讲究艺术的感觉，都是艺术品……"① 艺术区的商家，无论是餐饮还是商铺，都在尽力融入798艺术区的整体艺术氛围，并借此提升自己的人气。

1	2
3	4

图24　798艺术区的餐饮或商铺　（笔者拍摄）

---

① 据访谈录音。时间：2009年4月，地点：798艺术区。

上图图 1 是笔者在天下盐①与工作人员的合影，身后墙上以"文革"时期的手法描绘着关于 798 的梦想。图 2 是该店在就餐区域悬挂着的绘画作品，笔者询问这里的工作人员，这些作品是否也可以出售，他们说都是可以出售的，而且也经常更换。在 798 艺术区的很多餐饮场所，有很多类似的模式，而且很多艺术家（尤其是一些年轻的、还没有机会进入大型画廊的艺术家）也乐于将自己的作品放到这样的场所，一是可以节省一笔展览费用，而且来此就餐的人可能有更多的时间欣赏自己的作品。图 3 是一家商铺的外部装饰，外面利用一些硬质材料的塑料管子作为外壁，看上去时尚前卫。图 4 是一家小饭店（米线、米饭、小炒），门口放置了一个写实的小雕塑，常吸引参观者拍照。

另外，在 798 艺术区，随处可见摆放在露天的各种雕塑，有写实的，有抽象的，有传统的，也有前卫的。下图是笔者在艺术区内随手拍到的一些画面：

图 25　798 艺术区部分雕塑　（笔者拍摄）

---

① 2003 年进入 798 的川菜馆，诗人二毛所开。

上图图片说明：图 1 是位于程昕东国际当代艺术空间门前的雕塑；图 2 是位于料阁子通道前的拳头雕塑；图 3 是灿艺术中心门前的雕塑；图 4 是位于红石广场的红石（据画廊的主人介绍，该红石是北大学者朱青生亲自油漆过的）；图 5 是金增贺工作室门前的雕塑作品。

在笔者考察期间，经常在沈记菜馆见到店主老沈，让我感兴趣的是本来对绘画一窍不通的他竟也在业余时间画起了画。沈记菜馆是 798 艺术区的一个普通的小店，以淮扬菜为主，常有客人在此品尝。在考察 798 艺术区期间，笔者常从菜馆前走过，有时候会碰到饭店的主人老沈在门口坐着，就喜欢和他聊几句。老沈是 798 的下岗工人，于 2006 年 2 月在此开设沈记菜馆。按照时间来看，老沈开设菜馆的时间恰恰是 798 艺术区特别红火的时候。

A-1

A-2-1

A-2-2

A-2-3

图 26　沈记菜馆的主人老沈与自己的业余创作。A-1 笔者认识的老沈；A-2-1 小房间内摆满了各种练习；A-2-2 老沈勾画的女人头像练习；A-2-3 悬挂在墙上的女人体作品　（笔者拍摄）

第二章　多元互动的艺术生态

老沈特别健谈，也很热情，在攀谈的过程中，笔者了解到，自从在这里开设了这个菜馆以后，认识了很多"搞艺术"的朋友，感觉特好，因为在他看来，"陪艺术家玩儿，挺有意思。"不仅如此，浸淫在798艺术区这样的环境中，老沈也在业余时间涂抹起来，搞起了业余创作，不过老沈使用的是国画材料。在他看来，798艺术区的画有很多让人看不懂，所以感觉当代艺术太"灰暗"，不阳光；更看不懂行为艺术，认为像行为艺术家高氏兄弟那样就"太前卫，像在玩火"。在与艺术家的接触中，老沈也慢慢地摸到了一些门道，于是自己便在饭店里面的小套间里涂抹，笔者看到在他的小房间里（说是小房间，不过是饭店里面一个很小的地方，只容得下一张电脑桌和椅子的空间。笔者在参观老沈的画时，只能站着，因为小房间无法再放开一把椅子），桌子上和墙上满是老沈的作品，见图26。让笔者感觉奇怪的是这些作品画得有模有样，甚至有些还很专业。当笔者问起老沈的绘画经历时，他只笑着说："咱就一下岗工人，画点画，玩玩。"

老沈的画给笔者留下了很深的印象，因为老沈没有绘画的经历，而在798艺术区的生活中，与艺术家的接触和不断耳濡目染，开始了业余创作。老沈的画以人像为主，用毛笔勾线，水粉颜料着色，虽然材料简陋，线条也显稚拙，但是仍然韵味十足。选择人像，尤其是女性人体入手，让笔者很惊奇。从老沈的作品中看，人体的比例、动态都很生动，如上图A-2-3，从画中可以看出，老沈骨子里还是充满着艺术的天赋。老沈告诉我，这两幅画曾经有人出价500元一幅，自己没有卖。

因为老沈是798的下岗职工，所以笔者想了解一下他对这里的看法，老沈认为主要是定位不准确。当笔者再问时，就只是笑，不再多说了，只说一句："不好说。"

"艺术来源于生活"等字样，表达了游客对798艺术区的感受。

图27 某商铺的主人在自己动手制作时尚的外套。墙上的服饰都是主人自己的作品　（笔者拍摄）

总之，798艺术区不仅让当代艺术以一种更加平和的方式进入人们的视野，而且让普通人开始享受艺术所带来的乐趣。这里不仅吸引了更多的人参观，而且让人们享受着这里独特的艺术氛围。在笔者的考察中，经常听到被访者对艺术享受的表达，也看到很多在各个空间的留言，在表达自己强烈感受的同时，也不忘在旁边画上一些插图。艺术正在改变着普通人的生活。

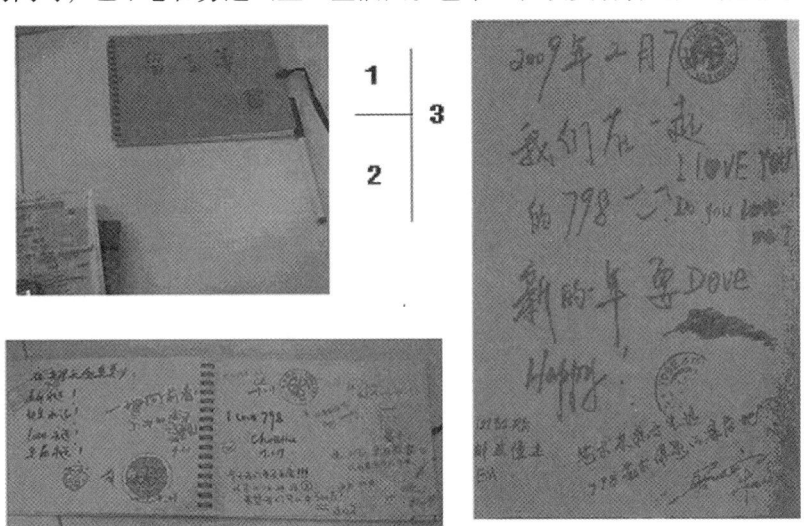

图 28　笔者拍摄的游客留言。留言中有"I love 798."

三、LOFT 生活方式与艺术化时尚

《"漂浮"回忆798》一文的作者非尔在文中写道："任何一个温暖的周末下午，这里都彻底挤满了看画展或者找乐的人，吸引他们的不仅是798靠步行就能逛完的紧凑街区的布局，还有从中可以获得的视觉愉悦和中产阶级享受。"[1] 798艺术区的再造与空间的开放，让更多的普通人在生活的空隙有了一个更好的去处，因为798艺术区既可以满足人们的视觉需求，更重要的是这里的实验性气氛可以带给人们更多关于当代艺术的信息，同时这里的免费空间以及艺术与工业遗迹的完美结合，让任何一个到这里来的人都能体会到一种优雅，呼吸到弥漫着艺术气息的空气，可以暂

---

[1]　非尔：《"漂浮"回忆798》，黄锐主编：《北京798：再创造的"工厂"》，四川美术出版社2008年版，第27页。

时从都市生活的紧张节奏中得以解脱。

798艺术区，更是一个艺术介入生活的特例。在这个区域，生活因艺术而变得更加有味道，即使是这里的普通商铺也因为艺术的氛围变得不同，在创意、实验的氛围中，进入园区的商铺和餐饮也最大程度地表现出了对艺术的接受和介入。一件服装、一盘菜肴、一杯咖啡、一个小的工艺品，都最大程度地打上了艺术的印记。这或许是798艺术区会吸引到更多的民众秘密。

Art Focus 在 2009 年曾做了"中国当代艺术 50 人调查问卷"，以了解公众对当代艺术的了解程度及其评价。

根据 Art Focus 所做的调查看，已经越来越多的人开始关注当代艺术，并且也有更多的人看展览，但是对当代艺术在认识上还有待进一步地提高。当然，我们还不能就这份问卷下一个确切的结论，但是却可以从另一个角度来了解798艺术区作为当代艺术的集散地对公众所产生的吸引力。

LOFT生活方式。

随着现代社会生活节奏的加快，以及各种新的社会问题的产生，如污染、战争、单调的工作、竞争的压力等等，人的异化现象逐渐变得严重起来，人们需要在紧张的现代生活，尤其是在北京这样的都市生活中寻找一种更为轻松的生活方式。而艺术家较之普通人往往有更敏感的触角，他们能够从都市生活中嗅到一些可供使用的区域，废弃的工厂很快就成为艺术家们的天堂。他们不断地开发、利用，再开发、再利用，逐渐把一种西方流行的 LOFT 生活方式纳入到自己的生活中来。这种生活方式不仅体现在空间形态，最主要的是体现在一种心理层面上，体现出全球文化背景下的社会文化和生活的各个侧面。"LOFT 在中国"一文的作者蒋晓樱对 LOFT 也做了介绍："将 LOFT 的空间概念延展开来，我们不难发现，LOFT 的实质可以说是一种工作和生活的方式，它是由特定的人群，在特定的经济环境、文化背景和生活观念下产生的。"①

LOFT 观念在中国的流行，既是人们对于一种新的自由自在、富有创

---

① 蒋晓樱：《LOFT 在中国》，《装饰》2004 年第 4 期，第 61 页。

造和个性至上的生活的追求，也是中国社会逐渐转型，由工业社会走向后工业社会过程中的一种较为流行的生活方式。不过，"在中国，真正意义上的 LOFT 从一开始就与当代艺术与文学运动结合在一起，从一开始就弥漫着文化边缘的激进主义气息，成为中国半地下状态的当代艺术思想与作品的集散地。"① 所以 798 艺术区的 LOFT 生活，不仅是一种生活状态，更是一种文化状态，这种文化状态一方面是中国整个文化发展进程的一个侧面，也是当代艺术发展成果的一个体现。当人们开始越来越注重个性的发展和个体生命的体验时，突破社会的刚性结构，试图从既定的社会关系中游离出来，并开拓一种全新的生活方式，群落艺术家无疑成为这一群体的代表。他们不仅不满足于生活的现状，也不满足于艺术的发展现状，自愿以一种激进的方式经历一个身心的冒险，经历了从"地下"到"地上"、从边缘到主流的过程。

由此可见，LOFT 生活方式在个性生活的体现不仅是个体的需要，更是社会转型过程中的一种新现象。当后现代对"宏大叙事"解构以后，人们的生活开始更注重多元化以及生活的微小细节，也更加注重个人体验，从而导致对个性的彰显。而早期的群落艺术家对个人的生活方式的追求是需要克服重重障碍的，进入后工业社会的今天，人们个性化的生活不再需要所谓的障碍，比如需要突破体制的束缚、与主流文化的对立等。从这一角度来看，对多元生活的追求在过去看来是需要付出努力的，是社会生活状态的"非常态"，而今天多元、个性化追求已经成为生活的"常态"，没有人再为艺术家的非主流生活大惊小怪，反而成为人们追求和羡慕的对象，也正因为如此，也才使得 798 艺术区成了一种"个性化"和"多元化"生活状态的体现，成为一种所谓的"LOFT"生活方式。实际上，"LOFT"只是提供了一种条件，看起来是对生活空间的一种欣赏和再利用，但实际上包含更丰富的内涵。

随着社会形态从工业社会向后工业社会的转变，人们对于巨大空间以及工业化工厂建筑遗存表现出了异常的热情，从而也导致这种"LOFT"新的生活方式的出现。当然，"LOFT 的表面涵义是一种空间形式，但它在

---

① 吴国荣、戴姗姗、黄婉春：《中国的 LOFT 改造与研究》，《装饰》2005 年第 12 期，第 120 页。

发展历程中所逐步承载的内容却赋予它深刻的内涵，这内涵已经远远超越了这个词的表面涵义，它代表着一种新型的、个性化的工作生活方式。"① 因此，透过表面的形式和意义，我们看到的是社会转型过程中人们生活方式的改变，这一改变反映的恰恰是社

图29 罗伯特先生（左）填写笔者的调查问卷

会结构和生活、生产方式等深层次的改变，而且随之带来的是人们心理层面上的改变，也就是说，艺术群落和"LFOT"生活方式的出现，并非简单的作为一种生活方式的改变，更重要的是社会结构以及整个人们生存心理上的变化，一种多元化生活方式"常态化"社会的到来。

在笔者的调查过程中，很多被访者都谈到了对于"LOFT"生活方式和798艺术区建筑及其空间的热爱。美国人罗伯特先生基本上属于最早一批进入798艺术区工作和生活的入驻者。他于2002年6月份进入，建立"八艺时区"公司，并于2003年开办书店。至今其公司驻地仍处于798艺术区的核心区域，但是办公地点已经迁出，现在这里主要是书店和咖啡厅两块业务了。笔者每次到798艺术区，都会顺便到罗伯特的书店里转转，同时也看到咖啡店的生意比较火爆。按照罗伯特的说法，当年选择来798工作和生活是因为特别喜欢这里的空间形式。

798艺术区的个性前卫的生活，正在吸引越来越多的人。其中既有国际藏家，也有中国大陆新崛起的收藏力量；既有专业人员，也有艺术的爱好者。当然随着艺术区的旅游化倾向增强，普通游客的增加也成了当代艺术快速传播的一个途径。

街头涂鸦。

在艺术区的很多墙面和角落，都有各种涂鸦的存在，它们已经成为

---

① 徐津：《渗透可持续理念的中国LOFT改造研究》，南昌大学艺术与设计学院2006年版，第3页。

艺术区的一道风景,很多参观者都在此拍照、留影。这些涂鸦,既有艺术家的作品,也有游客的作品,既有有组织的创作,也有随时而随意的涂抹。

图 30　艺术区的涂鸦　（笔者拍摄）

笔者从不同的角落拍摄了艺术区内的涂鸦艺术。涂鸦（Graffitist）是流行于世界各地的一种艺术形式,它形成于 20 世纪 70 年代初的纽约,是伴随街舞文化（Hip Hop）出现的文化涂写艺术,常出现在公共场所的墙上或其他如石头、外露的器物等上面。它是一种对现实生活的发泄,也是对生活的一种轻松的嘲讽,通过这种形式达到自己的表达目的,当然也往往会因为其出现在公共场所而造成生活中的突兀,同时也可能因为选择表达的位置或者表达内容而具有非法性。但是在798艺术区，涂鸦俨然成为对外宣传的一种途径，因为进入艺术区，各种涂鸦已经暗示我们进入了一个不同于普通生活地点的区域，涂鸦既是一种点缀，也是艺术区作为当代艺术区所特有的反叛、突兀以及自由表达的一种象征形式。如图30-1是一对恋人在涂鸦墙前拍婚纱照，希望让他们的婚姻注入艺术的成分，图30-2、4、5则是分别涂抹在不同位置的涂鸦作品，图30-3则是笔者在一条供参观者休息的长椅上拍到的，上面的两幅涂鸦作品看来出自两个人之手，笔者感兴趣的是下面的一只手的形象，很是生动。

　　艺术化的时尚。

图31　时尚与老工厂的对话　（笔者拍摄）

　　时尚与旧工厂的和谐，是798艺术区得以存在和受到各种关注的一个重要原因。在中国的各个艺术区，有很多都是利用了废弃的工业厂房。而798艺术区不仅是一个废旧工厂层面上的空间和区域，更是一个保存完整而且有较大规模的包豪斯建筑群。将798建筑群与最时尚和最当代的艺术结合,不仅挽救了798被拆迁的命运,也开辟了一个当代艺术的新时期。当代艺术不仅成功地成为一种重要的艺术在中国创造价值,更为重要的是成功的架起当代艺术与普通民众的一个桥梁,让更多普通民众接触、认识,进而改变他们的生活以及激发更多人的想象和潜在的创造力。798工厂的被保留和再开发、再利用,也是"从遗产到资源"的一个成功代表。

笔者在考察的过程中,每天徜徉在带有历史记忆的钢筋水泥构筑的大型包豪斯空间里,看到的是各种时尚的服饰、工艺品以及当代艺术作品与空间的完美结合。裸露的钢筋水泥、粗糙的墙面与各种艺术品、时尚品之间正在展开后现代生活方式的对话。

问题思考

不断涌入的人流,也在不断改变着这里的整个业态,商业化和旅游化倾向尤其显著。这种变化主要是从2006年开始,而到了2008年下半年进一步加强。在2006年左右,人们已经看到798艺术区开始变得异常热闹,艺术家也开始感觉到一种不安和对商业化倾向的反感。从那个时候开始,逐渐有艺术家和画廊开始撤离这里,寻找更加安静和房租较便宜的地方。对此我们只能从正反两个方面来看。从正的方面看,商业的发展既是艺术区发展而催生的,同时商业又促进了艺术区的发展速度和规模。商业对于艺术可以说是一把双刃剑,它既促进艺术的发展,正如早期的时候,正是商业的介入,才使得中国的当代艺术得到了较快的成长,从国内走向国际,然后再回到国内;同时,商业也会对艺术产生负面影响。实际上,商业化在成就798艺术区的同时,也在促使它转向它的反面:艺术的成分在减少,非艺术的成分在增加。

对于798艺术区的商业化和旅游化倾向,不同的人有不同的看法,有些赞成,有些反对。但是大家都知道,798艺术区之所以能在国际上获得今天的影响力,主要在于其艺术的成分,但是随着艺术成分的逐渐萎缩,而非艺术成分逐渐上升,那么人们必然会开始担忧798艺术区的进一步发展以及发展的方向问题。

不过，当代艺术的发展过程证明，艺术无法拒绝商业。因为当代艺术之所以能够在一个很短的时期内获得大众的支持，主要在于其艺术市场的成功，因为如果不是艺术市场的话，公众对于当代艺术是不可能在短时间内接受和理解的，因为在 798 艺术区之前的圆明园画家村和花家地画家村的被取缔和消失就已经证明了当代艺术的命运，如果不是商业的介入和资本的介入，798 艺术区或许早在 2006 年左右就被拆迁了。艺术无法拒绝商业，但是却又不能沦为商业的附庸。当代艺术的实验性、创新性等等都还需要跳出商业的圈子而进入自身的发展进程中。商业在何种程度上与艺术相结合，是需要管理者拿出智慧的。因此，只有对 798 艺术区商业化和旅游化的变动倾向给予足够的重视，从中进行深入探讨，才会使 798 艺术区不至于重走苏荷（SOHO）的老路。

当商业和旅游业的介入将 798 艺术区的地价炒热，将这里的房租水平炒高的时候，面临的首要问题就是艺术类的机构和个人是否还适合在这里生活。同时房租是否是艺术区获得效益的唯一途径也值得怀疑。作为备受质疑的房租居高不下的问题，艺术区

图 32　李正伟开发的艺术衍生品　（笔者拍摄）

的管理者如何通过更好的方式来获取利益，并且使得艺术区能够按照一个长远的规划发展，也是必须思考的问题。除了房租，发展相关产业，开发 798 艺术区的艺术衍生品，无疑成为一个很重要的出路。笔者访谈过的 798 艺术区的艺术家李正伟，他自己既做创作，也开发艺术的衍生品，比如一些带有"文革"符号的钱包，版画等。李在对笔者的访谈中承认，正是这些艺术的衍生品使得他能够在这里坚持下来，如果仅仅依靠艺术作品创作的话，他可能早就坚持不下去了。

第三章　市场·艺术·艺术家
——798艺术区引发的思考

798艺术区，是中国众多艺术区和画家村的一个重要代表。它的发生和发展，是不同层次力量、不同利益方不断博弈的结果。同时798艺术区的变迁和所遇困境又集中体现了中国社会转型和文化转型时期当代艺术及艺术群落的整体面貌和艺术生态。

第一节　当前798艺术区的问题与分析

从2006年开始，798进入一个快速的变化时期。从这一年开始，作为最初的入驻者艺术家开始逐渐撤离艺术区。撤离的原因很多，除了艺术家自身的原因，更多地来自艺术区建设及其变化等因素。

艺术家的入驻曾经成功地将这里推向公众视野，完成了798艺术区的成功转型：工业化退出后的废弃工厂到文化产业基地的转型。艺术家的入驻激发了这里的活力，但随之而来大量画廊进驻，商业性经营机构的入驻等导致地价开始暴涨，除此之外，环境随之产生变化，商业化气氛地增强和旅游业功能的开发，不仅使艺术家在此难以生存，也使画廊等开始面临诸多困境。

随着区域功能的变化，各入驻成分也随之变动。在变迁的过程中，各方利益产生一个重新分配的过程。在不同层面利益博弈的过程中，798艺术区的一些主要问题也开始呈现，尤其是自2008年下半年以来，世界性的金融危机所引起的艺术市场萎缩，使得这里的问题更加突出，艺术区的可持续发展成为面临的首要问题。

一、入驻机构和个人对北京798艺术区的评价

当前798艺术区的问题焦点主要是两个：798的管理和798艺术区的定位。如果这两个问题不能解决，那么其他的诸如像房租问题，艺术家的权益问题，798艺术区的商业化问题等都不可能解决。对此，笔者想通过采集到的相关数据对这些相关问题进行分析，以期对此做出较为客观的评价。笔者采集的数据是根据对798艺术区近三个月的访谈和问卷调查而来，在整理的过程中尽量做到了客观真实。当然如果被访谈或被考察对象存在由于顾虑等原因在提供数据时有偏差的话，可能影响到最终的统计结果，但从调查的过程中来看，大部分考察对象都非常配合，对这次调查表现出了极大的理解。

入驻个人和机构对798艺术区的评价，主要集中在管理者的管理评价和对798未来发展的评价两个方面。

（一）对798艺术区现状的评价

在诸多争论中，现在的798艺术区到底是一个什么样的艺术区，随着商业性机构的进驻，以及旅游功能的开发，艺术区还是否是人们希望的艺术区等问题。首先涉及对798的现状进行评价的问题。共有园区内198家机构和个人对艺术区的现状做了评价，结果统计如下（单位：人）：

评价	艺术区	时尚消费区	旅游区	艺术区、时尚消费区	艺术区、旅游区	时尚消费区、旅游区	艺术区、旅游区、时尚区的综合区	其他（指填写不清楚、不知道、大杂院等）
数量	42	19	55	6	32	5	28	7

比例如下：

下图可以看出，有55%的人认为当前798艺术区的现状实际上是一个旅游区，而非艺术区，所占比例最多。而如果加上其他认为既是艺术区又是旅游区或者综合型的这部分人数的话，则当前把798艺术区看做旅游区的人数将大大增加，所占比例也将会大大上升。将上图简化一下可以看到如下图示（单位：人），（重新统计方法为：将多重评价拆分开来统计，比如认为既是艺术区又是旅游区的分开统计。单位：人）：

2009年度798艺术区入驻机构和个人对798现状的评价（单位：人）

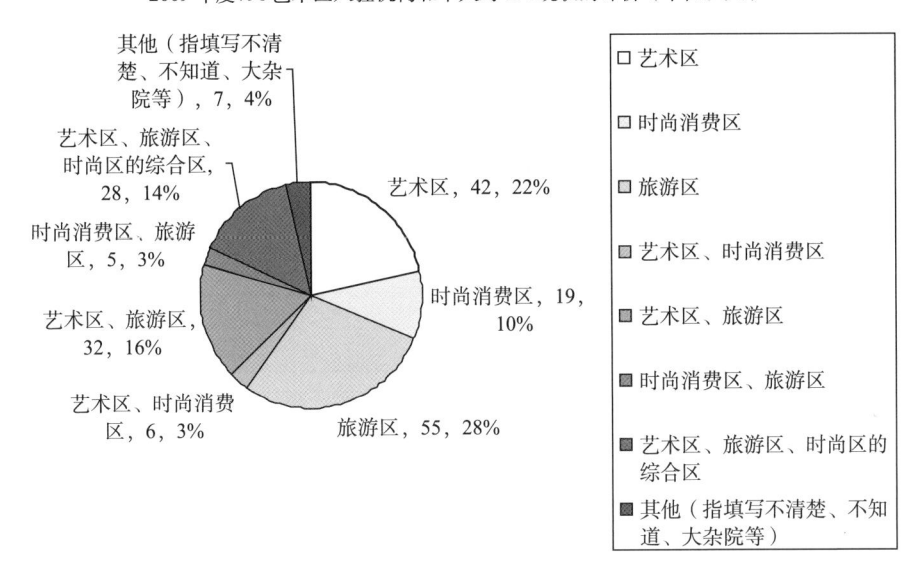

评价	艺术区	时尚消费区	旅游区	其他（指填写不清楚、不知道、大杂院等）
数量	108	58	120	7

其比例如下：

2009年度798艺术区入驻机构和个人对798现状的评价（单位：人）

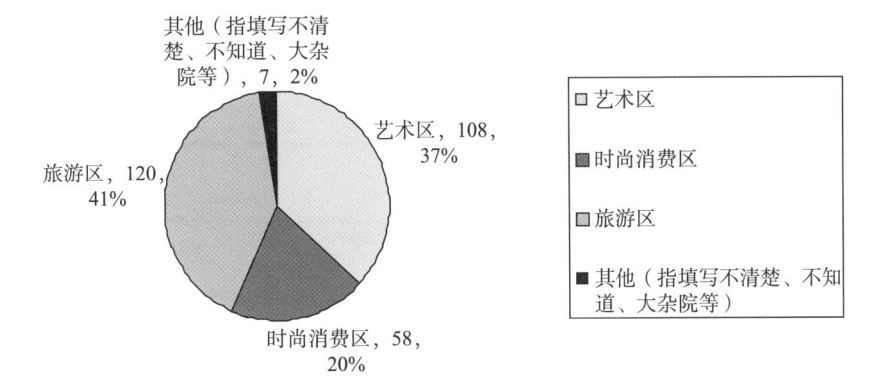

从该图就可以更清晰地看出对当前798艺术区的评价中，除了不清楚的一部分人外，认为798艺术区现在是旅游区的人数最多，占了41%，而

仍然认为798是艺术区的人数比例次于认为798是旅游区的人数，占37%的比例，另外还有20%的人认为798现在是时尚消费区。由此可以看出，大家对798旅游区的现状在认识上有较大的一致性。该项问题也可从上文中的其他相关统计中得到印证。

（二）对798艺术区未来发展的判断

入驻机构和个人对798艺术区未来的发展到底有何判断，笔者也做了相应的调查和统计，结果如下（单位：人，数据情况同上，这里的数据只统计了采集到的数据，不代表全部入驻机构和个人的观点）：

评价	艺术区	时尚消费区	旅游区	艺术区、时尚消费区	艺术区、旅游区	时尚消费区、旅游区	艺术区、旅游区、时尚区的综合区	其他（指填写不清楚、不知道、大杂院等）
数量	29	29	50	11	13	11	28	26

比例如下：

2009年度798艺术区入驻机构和个人对798未来发展的判断（单位：人）

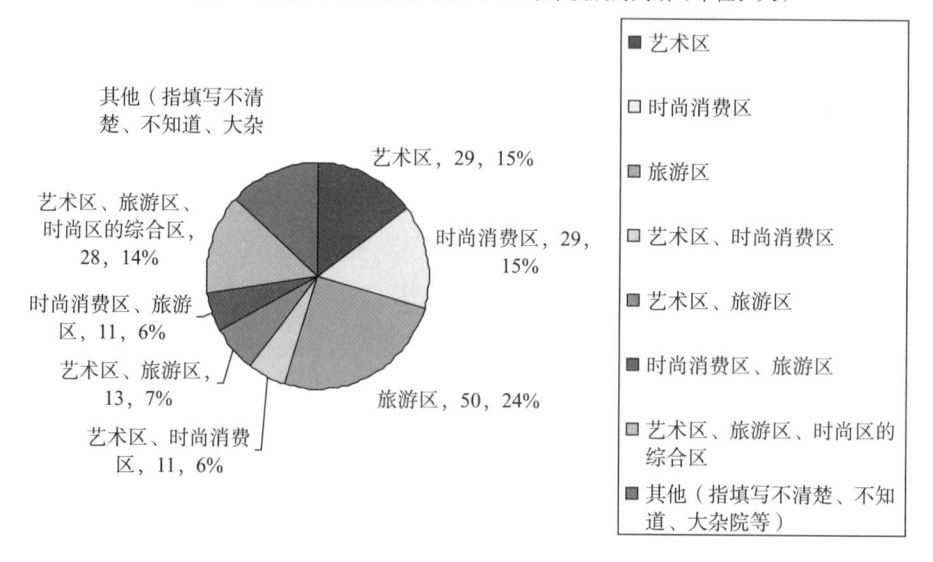

- 艺术区，29，15%
- 时尚消费区，29，15%
- 旅游区，50，24%
- 艺术区、时尚消费区，11，6%
- 艺术区、旅游区，13，7%
- 时尚消费区、旅游区，11，6%
- 艺术区、旅游区、时尚区的综合区，28，14%
- 其他（指填写不清楚、不知道、大杂院等）

同样合并一下他们的观点，进行相应的简化，可以得到如下结果（单位：人）：

评价	艺术区	时尚消费区	旅游区	其他（指填写不清楚、不知道、大杂院等）
数量	81	79	102	26

其比例如下：

2009年度798艺术区入驻机构和个人对798未来的发展的判断（单位：人）

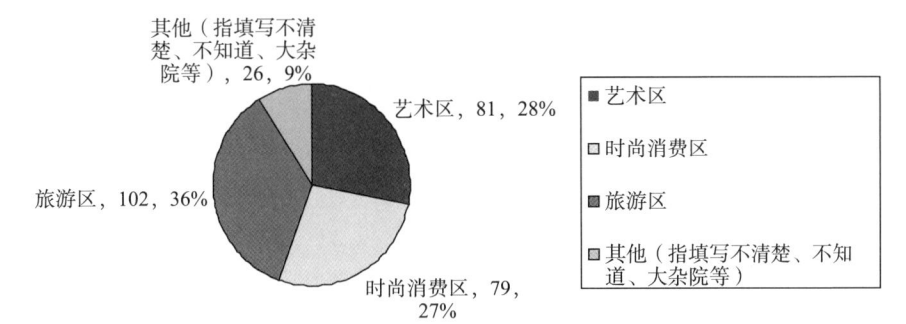

其他（指填写不清楚、不知道、大杂院等），26，9%
艺术区，81，28%
旅游区，102，36%
时尚消费区，79，27%

- 艺术区
- 时尚消费区
- 旅游区
- 其他（指填写不清楚、不知道、大杂院等）

由上图可以看出，对798艺术区未来发展的判断中，从采集到的数据分析看，与对现状的判断有一致性，但也有变化。一致性是在对798艺术区未来的发展判断中，仍然是最多数的人认为将来798艺术区会发展为一个旅游区；不同是对798艺术区在未来的发展中还是不是一个艺术区的问题上，有更多的人选择会向时尚消费区和旅游区的方向发展，也就是说，对798艺术区仍然保持艺术区的可能性的判断中，更多的人在信心上打了折扣，对798艺术区在将来仍然会保持其艺术区地位的人数较之对现状的判断人数少了很多，比例也由37%下降到了28%；与此相反，对798艺术区的时尚消费区的判断中，比例则由之前的20%上升到了现在的27%。另外一个值得注意的现象则是对798艺术区未来发展表示迷茫或者不置可否态度者人数较之对现状的判断时有了上升，从之前的7人上升到了现在的26人，接近4倍，其中原因值得思考。

为了更清晰地审视这种判断上的变化，我们将当前798艺术区的入驻机构和个人对798艺术区现状和未来发展趋势的判断进行对比，可以得到如下图表（图中两组直方图各自从左到右依次对应表格从上至下顺序）：

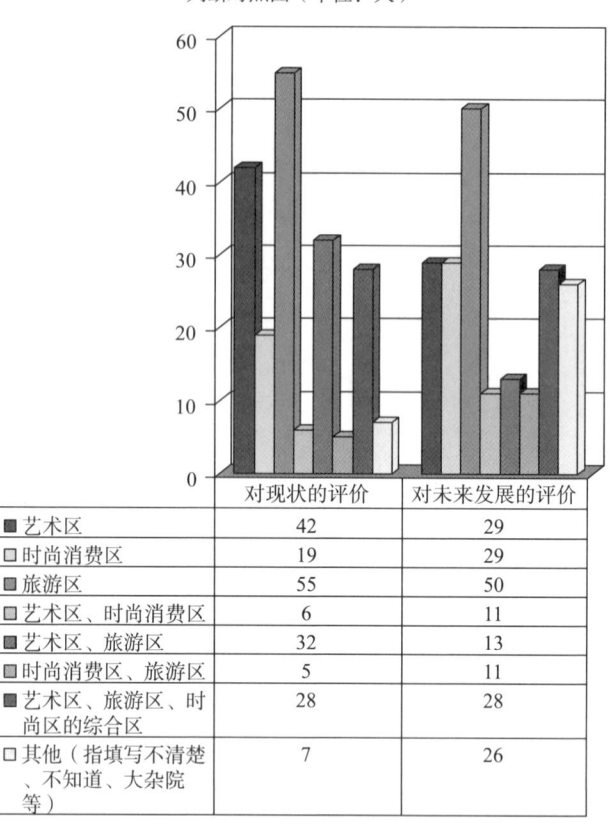

2009年度798艺术区入驻机构和个人对798现状和未来发展的判断对照图（单位：人）

	对现状的评价	对未来发展的评价
■ 艺术区	42	29
□ 时尚消费区	19	29
■ 旅游区	55	50
■ 艺术区、时尚消费区	6	11
■ 艺术区、旅游区	32	13
■ 时尚消费区、旅游区	5	11
■ 艺术区、旅游区、时尚区的综合区	28	28
□ 其他（指填写不清楚、不知道、大杂院等）	7	26

从对798艺术区将来发展的判断中，可以看出越来越多的人开始表示看不懂了，因为798艺术区的发展看起来并没有像人们想象的一样成为一个能够代表中国当代艺术发展的艺术区，是充满活力和创造力的艺术园区，退一步说，也就是大家对798现在的地位并不认可，其发展变得越来越让人拿不准。

在人们的眼中，798艺术区曾经代表了中国的当代艺术，代表了一种体制外的野生状态，是非体制的代表。但是随着艺术区名声的扩大，它已经不再是体制外的代表，而是体制内、体制外力量交错，艺术和商业，艺术与其他多种力量的角逐。在这个过程中，各种力量的此消彼长都在左右着艺术区发展的进程和方向。从2006年开始，这种变化呈现明显加速的状态，到了2008年这种变化开始让人把握不住，加之从2008年下半年开始全球金融危机而导致的艺术市场低迷，使得艺术区各种矛盾开始呈现，表面上看其直接的导火索是由于房租过高和管理混乱所致，但是事实上，按照笔者的调查，实际上上述原因还是表面原因，真正的原因在于艺术区的产权问题不明确，管理机构在职能和管理理念不明晰，加上市场化的急功近利所致。这使得艺术区的各种矛盾在市场低迷的情况下开始呈现，矛盾的激化也开始进入到人们的视野，比如前段时间七星集团将德邦公司告上了法庭；艺术区的早期艺术家郝光也因为与物业的矛盾走向了法庭，据笔者的了解，还有诸如工人罢工[①]等现象出现。

虽然很多人对798艺术区未来的发展提出了质疑，甚至有部分人产生了失望的情绪，认为798已经无可挽回的要走向旅游区和时尚消费区的境地。但是当问起他们对798艺术区未来发展的愿望时，他们几乎都表达了798艺术区应该保持其艺术区特色的观点。其中笔者也对相关数据进行了统计，共有93份问卷接受了该项调查，统计如下：

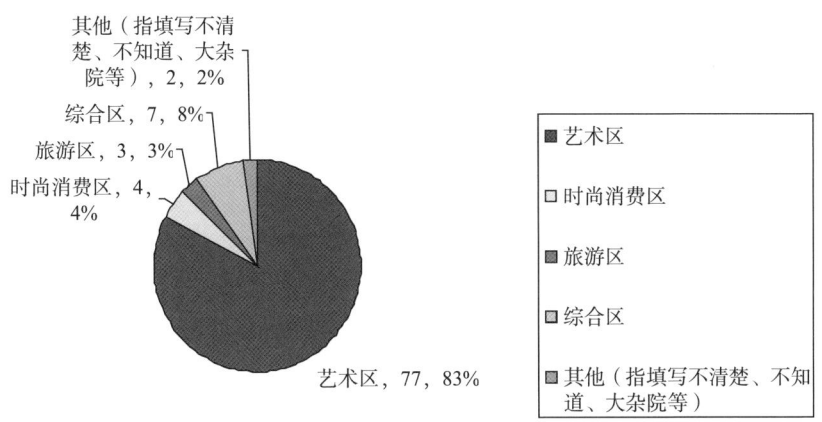

2009年度798艺术区入驻机构和个人对798未来的发展的期望（单位：人）

其他（指填写不清楚、不知道、大杂院等），2，2%
综合区，7，8%
旅游区，3，3%
时尚消费区，4，4%
艺术区，77，83%

- 艺术区
- 时尚消费区
- 旅游区
- 综合区
- 其他（指填写不清楚、不知道、大杂院等）

从上图可以看出，对于798艺术区的发展期望，入驻机构代表和个人基本上表达了较为一致的观点，认为并期望798艺术区应该保持自己的特色，而不应该为了眼前的利益，让798艺术区这个金光闪闪的"牌"变

---

① 罢工的工人分两部分，一部分是德邦公司在北门附近的施工导致工人工资拖欠问题，另一部分是南门修建的地上停车场问题，也是由于工人工资的拖欠所致。

味。希望管理层应该切实作出调整，并及时扭转当前的发展趋势，在访谈过程中，很多人也表达了他们的愿望和担忧。在很多人看来，一个艺术区能够成立并产生影响很难，但是让它蜕变却非常容易。

（三）对798艺术区管理的评价

当然，人们更愿意看到管理层拿出智慧，并对798艺术区的发展作出切实、长远和可持续发展的规划，并制定相应的规章制度，做到发展的科学性和连贯性。这样也不会因为管理层的调换和更替而使艺术区的发展受到影响。对此，园区的机构和个人也普遍表达了对管理层改进管理的愿望。

本人对此也做了数据上的统计和分析：

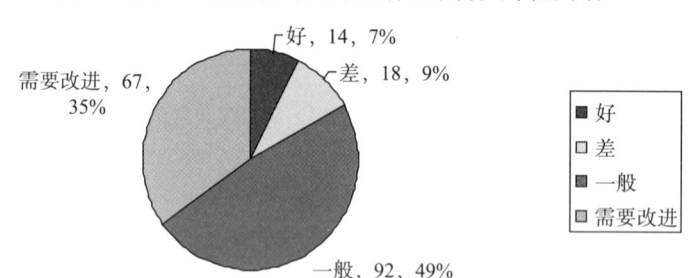

2009年度798艺术区入驻机构和个人对798管理的评价（单位：人）

好，14，7%
差，18，9%
需要改进，67，35%
一般，92，49%

■ 好
□ 差
■ 一般
■ 需要改进

共有191人参加了本项目调查的填写。其中有近一半的人表达了对管理上的不满，认为798的管理一般，如果加上认为管理差的人数的话，那么这部分调查者中就有近60%的人认为艺术区的管理有问题。而持肯定态度的只有7%，持中性态度但却认为需要改进的占35%。由上图可以看出业主们对798艺术区的评价并不理想，798的管理还有许多需要改进的地方。另外在访谈过程中，一些业主们私下表达的感情更为强烈，对艺术区的管理相当不满，从中可以看到，业主们和管理者之间的矛盾已经不是一天两天的事情了，而是一个较长时期不断积累的结果。比如房租过高的问题，管理层只知道提高房租，并没有真正认识到798的可持续发展才是根本问题；管理简单，服务意识差等等。

当然对于这部分意见，也应该有一分为二的态度，并非就此否定管理者的管理，同时值得注意的是，本来房主和房客之间就有经济上的冲突，因此产生矛盾是必然的现象。但是通过访谈中的情况了解和通过调查数据的梳理来看，的确应该引起798艺术区管理层的重视和反思，管理者和入驻者之间确实存在需要沟通的地方。

二、当前影响798艺术区发展的部分显性因素

当前对798艺术区的影响因素很多，既有显性的，也有隐性的。显性的因素如当前影响到全球的金融危机，已经引发园区入驻者不满的房租问题、管理问题等；隐性的问题如艺术市场的走向问题，国家政策的导向问题，社会公众的参与程度以及取向等问题，都可以在某种程度上影响着798艺术区的发展及其方向。

（一）金融危机的影响

金融危机的影响是全面的，而艺术市场所受到的影响可能更严重。毫无疑问，自金融危机以来，798艺术区受到了很大的影响。

笔者统计了部分机构和个人的收入、因危机造成的影响等。在129家接受调查的机构和个人中，当前的收支状况如下：

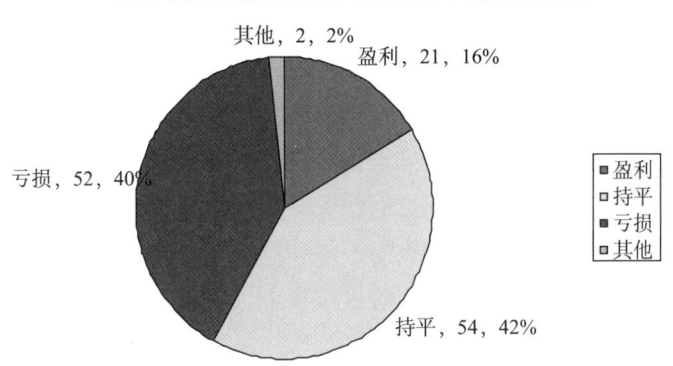

2009年度798艺术区部分入驻机构和个人的收支状况

其他，2，2%
盈利，21，16%
亏损，52，40%
持平，54，42%

■盈利
□持平
■亏损
□其他

从上图可以看出，当前能够盈利者的比例很小，只占了16%，而亏损的机构和个人却占了40%，当前还能持平并维持的机构和个人占42%的比例。

造成这种状况的原因是什么呢？

1. 经济危机的影响。

据一些画廊的负责人介绍，自从2008年下半年以来，整个画廊的收支就出现了严重的问题,一方面是支出照样进行,甚至还有增加,比如房租的提高等,但是收入却出现极度萎缩,有些画廊甚至从去年下半年到2009的5月份为止,没有卖出一幅作品。所以,世界经济危机所导致的市场低迷,对艺术区的影响较之其他行业可能更严重。对于经济危机的影响,在接受调查的机构和个人中,大部分人表示受到了危机的影响。共195家机构和个人接受了该项目的调查,统计如下:

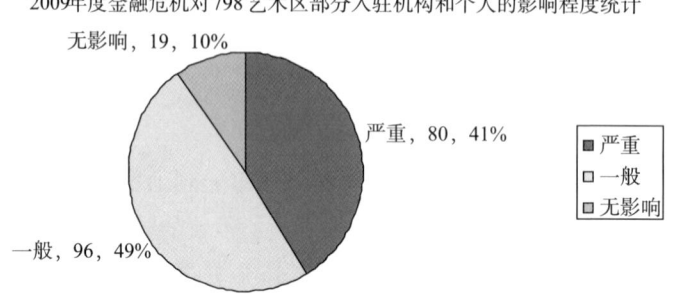

2009年度金融危机对798艺术区部分入驻机构和个人的影响程度统计

无影响,19,10%
严重,80,41%
一般,96,49%

严重
一般
无影响

从图表统计可以看出,金融危机对艺术区的影响还是非常大的,其中认为受到严重影响的机构和个人占到了受调查人数的41%,而受到影响,也就是统计中的"一般"则达到了近半数的比例,认为没有受到影响的人数比例很小,只有10%。

结合对入驻机构和个人的收支情况统计的对比,可以从另一个侧面对此项调查的结果的可靠性进行印证。(笔者在调查和统计的过程中,会涉及受访者的商业秘密,甚至涉及一些敏感的问题,所以会有一部分机构和个人进行了回避,但就大部分接受访谈和调查的机构和个人来看,都表现出了很大的合作态度,只有极少的机构和个人对调查反感。所以本田野调查所得数据应该较为真实可靠)

2. 不同机构和个人因经营性质和经营范围受到的影响不同。

当然,不同的机构和个人,其经营、管理、规模、在园区的位置以及经营品种的不同,所受到金融危机影响的程度也不同。所以金融危机对艺术区内机构和个人所造成的影响,也不能简单地一概而论。为了更清晰地

看到其中因不同业态所受影响,有必要对其经营业态和规模做出分析。①统计如下:

	受影响程度	影响严重	一般	无影响
业态类型	工作室性质(包含纯艺术类创作工作室)	35	4	
	画廊和展示空间	34	79	
	其他艺术机构	2	6	2
	餐饮商铺类	9	6	17
经营规模	300平方米以下	46	63	14
	300—800平方米	16	22	5
	800平方米以上	5	5	

2009年度798艺术区机构和个人受金融危机影响程度统计
(单位:家)

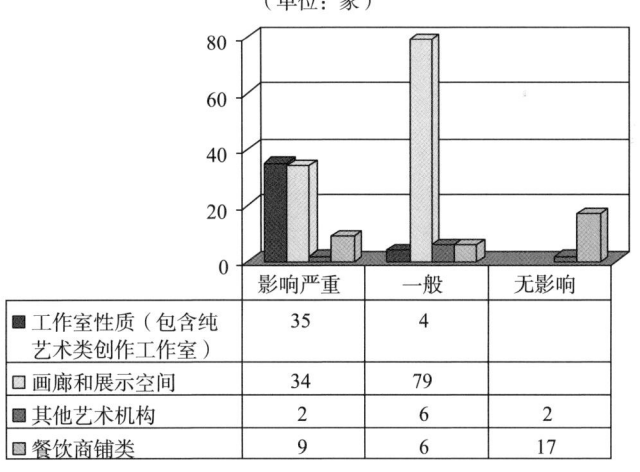

	影响严重	一般	无影响
■工作室性质(包含纯艺术类创作工作室)	35	4	
□画廊和展示空间	34	79	
■其他艺术机构	2	6	2
□餐饮商铺类	9	6	17

可以看出,在这次金融危机中受影响最小的主要是餐饮商铺类的机构,而工作室性质的机构所受影响最大。画廊和展示空间类的机构少部分认为受到了严重的影响,而大部分则认为影响一般,在此类经营的所有机

---

① 这里的规模主要是根据笔者对其经营面积的大小来测算的,因为798的房租居高不下,经营面积的大小实际上也决定了其经营规模的大小。

构和个人中都认为或多或少地受到了金融危机影响。从统计可以看出真正在这次金融危机中受影响最大的是艺术家和工作室类型的机构，受影响最小的则是餐饮和商铺类的机构。

机构的经营规模是否也与金融危机的影响存在一定的关系呢？图示如下：

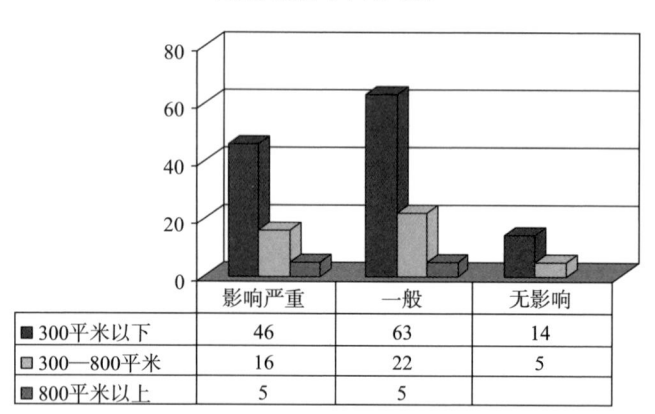

2009年度798艺术区机构和个人经营规模与受金融危机影响之间的关系图（单位：家）

	影响严重	一般	无影响
■ 300平米以下	46	63	14
■ 300—800平米	16	22	5
■ 800平米以上	5	5	

从图中可以看出，越是较小规模的经营机构受到的影响越小，而较大规模的机构受到的影响较大。在没有受到影响一栏的统计中，只出现了经营规模中小型的机构和个人，而经营规模较大的机构无一例外地都认为受到了金融危机的影响。

（二）房租影响

除了上述因素的影响外，房租的上涨也是一个重要的因素。在笔者的调查中，发现当前798艺术区内的房租水平并不一致，房租水平从2元/平方米/天到10元/平方米/天不等。因此房租几乎成了艺术区内最敏感的问题。

在访谈和问卷调查中，对于这一项的填写，受访者的配合程度是最不理想的。因为房租情况是近两年来的一个焦点问题，也是入驻机构和管理者之间最主要的矛盾，从填写的情况看，之所以不理想，可能有几方面的原因：一是因为这是一个核心而敏感的问题，二是因为艺术区内的房租差距太大，最低的房租水平和最高的房租水平之间可以达到5倍，甚至更多，所以其间的利害关系便变得相当微妙。

具体到房租的价格分布情况，仅就获得的数据做一个大致的统计和分析（共有104家填写了自己的房租价格，下面的统计就是这部分机构的房租价格情况，价格水平是指每天每平方米的租金价格，单位：元（人民币））：

价格/平方米/天	2元以内	2—3元	3—4元	4—5元	5—6元	6—8元	8—10元	10元以上
家数	5	26	24	23	12	8	4	2

以柱状图的形式显示如下：

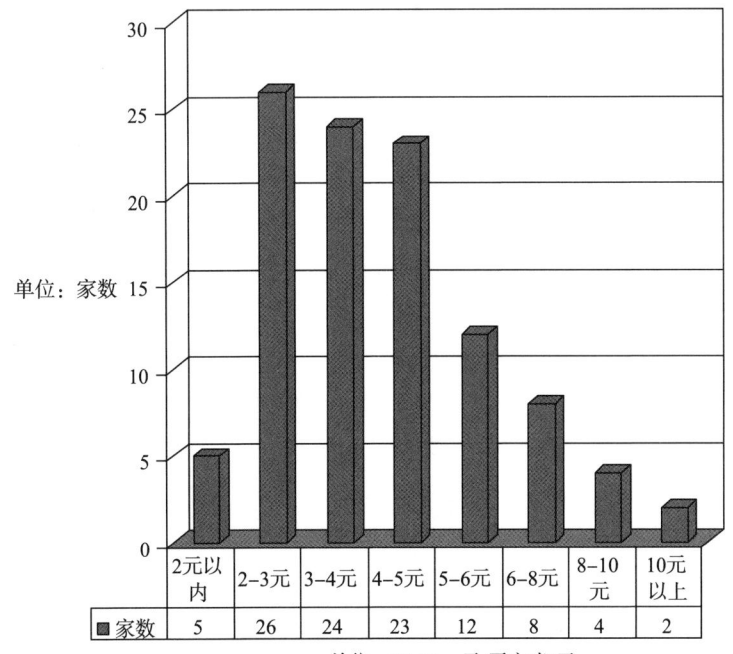

2009年度798艺术区机构和个人房租情况统计表（单位：家）

	2元以内	2-3元	3-4元	4-5元	5-6元	6-8元	8-10元	10元以上
家数	5	26	24	23	12	8	4	2

单位：RMB：元/平方米/天

各部分所占比例如下：

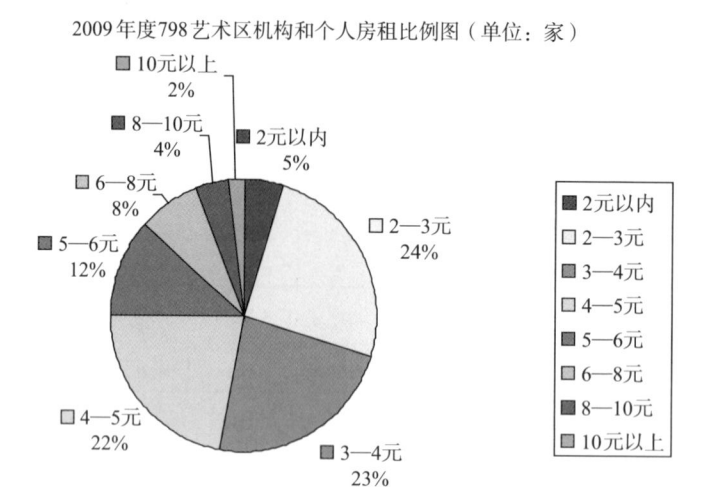

2009年度798艺术区机构和个人房租比例图（单位：家）

- 2元以内 5%
- 2—3元 24%
- 3—4元 23%
- 4—5元 22%
- 5—6元 12%
- 6—8元 8%
- 8—10元 4%
- 10元以上 2%

从以上两图可以看出：当前艺术区的房租情况差别很大，最低价格和最高价格之间相差五倍多。而整个房租情况可以分成四个层次：A，2元以内；B，2—5元；C，5—8元；D，8元及以上。在这四个房租层次中，AD所占比例都很小，也就是说价格很低的房租和价格很高的房租数量都不多，从比例上看，应该算作个别现象。而房租的真正水平处在B层次中，也就是说整个园区的房租水平基本上是处于平均每天每平方米4元钱左右。

房租居高不下，一直是艺术区内较为核心的问题，近期由于房租问题迫使更多画廊和艺术机构以及艺术家撤离798，笔者也常在园区内看到各处张贴的转让和出租空间的广告信息，写着："798艺术区内，临街，黄金地段""798

图33 798艺术区内张贴的出租空间的广告 （笔者拍摄）

黄金地段，画廊招租""转租""转让798院内某位置空间"等信息。从众多的转让、转租空间的广告看，下一步准备撤出的画廊和空间也不在少数。

华西都市报的记者对此亦有报道："关门大吉的画廊和艺术家工作室超过四分之一，正在举行的展览屈指可数，艺术家们正在与物业公司为降低租金展开'艰苦卓绝'的谈判……褪去光环的798艺术区变成到处兜售艺术家纪念品的创意大集市以及吸引新人拍婚纱的最佳外景地。而部分艺术川军已经从北京撤回到成都。"①

三、"无权干涉业主房屋用途"折射出的定位等隐性问题

到今天为止，798艺术区到底应该向什么方向发展？管理者②到底有什么样的定位？这影响到艺术区未来的发展。

在笔者的考察过程中，明显地感觉到798艺术区现在正处于一个十字路口，向什么方向发展成了管理者和入驻者以及关注798艺术区的学者们讨论的焦点。

从2006年开始，798艺术区的建设被纳入到北京市的文化产业规划。因此它已经不再是一个独立的区域，而是不可避免地进入到整个北京市文化发展战略的大框架。所以798艺术区的定位实际上也影响到整个北京市的文化产业的发展。

今天的798艺术区已经走过了自发聚集阶段和"粗放型"的管理阶段，现在面临的是如何建立品牌的问题，但是由于各种原因（如金融危机、园区管理、房租上涨等）导致798艺术区面临发展的困境。

现在，入驻者的态度是走一步看一步，甚至有一些画廊因不堪忍受798艺术区的发展现状而撤离798；作为管理者来说，又好像在发展定位上缺乏清晰的思路。这从新民网的报道可见一斑。

新民网以"798艺术难继，商铺抢驻"③一文为题报道了798艺术区

---

① 华西都市报：《金融危机冲击"798"：租金居高不下展览屈指可数》，http://www.chinanews.com.cn/cul/news/2009/03-18/1606901.shtml。

② 这里的管理者主要指798艺术区的产权人七星集团及其下属的物业和798艺术区管理办公室。

③ 徐云峰：《798本行难继，商铺抢驻》，http://news.xinmin.cn/rollnews/2009/05/04/1908601.html。

大量商铺入驻及部分画廊撤出艺术区的情况。其中不同的利益方表达了不同的观点，有的对798艺术区的现状表示了赞成理解，有的则对其发展和定位表达了不满和怀疑，而作为798管理办公室的孙小姐则认为"物业只负责房屋的租赁和艺术区内的各项服务，无权干涉业主房屋用途。"对于该观点，笔者不好评判，但是却由此引起笔者的思考，因为从这句话来看，笔者就不仅仅怀疑798的管理者在798艺术区的发展问题上，定位是否清晰？

对于上述说法，不同入驻者的反应和态度会各不相同。虽然这句话表面上看起来没有问题，但是背后却隐含着几层意思，既然这是记者对798艺术区现状进行调查时各方的代表观点之一，而孙小姐作为管理办公室的人员给记者说的话，应该是有代表性的。

在笔者看来，这句话存在如下几个问题：

一是这句话必须有个前提，那就是在租借双方都不存在违法情节时，作为出租方不应该干涉对方的房屋用途。具体到798的房屋用途，就是说至于他们是用来做画廊还是做工作室，还是用来经营其他项目，比如咖啡厅、书店还是商铺等等，管理者都应该尊重，从这一角度来看，这句话没有错。

但是问题的焦点却在于，798的管理者是否可以对这里的发展放任自流？管理者对这里的发展有没有一个管理规划？对于入驻者，管理者是否要进行控制？控制其数量、规模，尤其是经营项目？这些问题笔者认为管理者是不可能绕开的，当然更不应该绕开。因为这涉及798艺术区的发展方向是否科学和能否可持续发展的问题。

近年来798艺术区受到越来越多的质疑，主要集中在：798艺术区的发展是走高档商业区的道路，还是向旅游区发展？或者还是继续坚持其作为艺术区的特色？因为不同的发展定位会对园区内的业态产生不同的影响。对画廊和艺术家来说，他们是极为反对这里的商业化倾向和旅游区倾向的；而餐饮和旅游商品的经营者却非常欢迎这里的商业化或者旅游化倾向，因为大量的人流中，大部分都是他们的顾客。在笔者的调查过程中，既有遇到对798艺术区现状表示担忧者，也有为当前现状喝彩者。但是作为管理者来说，却必须从一个长远的角度，对798艺术区的发展做出清醒的认识和科学的规划。

具体看报道，文中主要分两个方面论述了798艺术区当前的现状：

一是艺术品市场低迷，画廊生意难做，"金融危机让艺术收藏品市场持续低迷，作为北京当代艺术的集散地，798艺术区也难逃厄运。去年10月以来，陆续有画廊转型、转让、撤离。"结果是"自去年10月份以来，798已有40余家画廊撤出……"①

二是商铺抢占商机，"与画廊大批撤出不同，去年10月份以来，进驻798的商铺多达近30家。目前，艺术区内13家正在装修的店面中有10家将建成餐厅、咖啡馆、小工艺品店、公司办公用地等商铺及艺术机构。"②

上述说法，与笔者的调查情况基本一致。

自去年下半年以来，尤其是北京奥运会之后至今，798艺术区确实远不如以前热闹，按照很多媒体和相关人士的说法就是798艺术区"萧条"了很多，很多画廊都在准备度过艺术市场的"寒冬"，一些功力好的，度过这个"寒冬"应该不成问题，但是一些功力不好的，尤其是一些投机进入798艺术区的画廊，要度过这个"寒冬"就困难得多了。因为这些画廊往往规模偏小，而且定位不准确，加上他们选择进入798艺术区的时机也存在问题，选在了798艺术区火爆时期，房源紧张，所以房租便炒到了很高的地步。据笔者了解，因为当时本来已经到了"一房难求"的地步，又加上大批画廊和机构排队等候进入，所以房租价格一涨再涨，最终导致画廊的经营成本大大增加。今天返回头来看当时的境况就不难理解疯狂的市场炒作和房租的暴涨了。③

---

① 徐云峰：《798本行难继，商铺抢驻》，http://news.xinmin.cn/rollnews/2009/05/04/1908601.html。

② 同上。

③ 事实上，房租问题并非798一个地方面临的问题，在其他的艺术区同样存在，即使是最早出现的圆明园画家村的房租也是随着人气的增加，而一涨再涨。关于圆明园画家村的房租问题，汪继芳在《圆明园画家村》一文中有叙："画家们对艺术村的闻名于世忧喜参半。喜的是知名度越高，画商慕名而来的就越多；忧的是农民快疯了，拼命想从画家们身上发家致富，房租一涨再涨，做一个把4根木条钉在一起的画框，村里的木工要收7元钱……"（汪继芳：《圆明园画家村》，http://www.cnarts.cn/yszx/12382.html）

但是今天的798艺术区却面临相当不同的国际国内环境，与当时的火爆已经大大不同。由于国际国内大环境的原因而导致艺术市场出现降温，从而引发798艺术区的画廊或艺术机构出现了经营上的困难。当然这是再正常不过的事情，因为即使没有危机，如果画廊的定位以及资金出现问题，也同样会导致经营问题，也同样会生存不下去，艺术市场的竞争是相当残酷的，没有一定的功夫是不可能在这样的艺术区存活下去的。所以，画廊关门也是再正常不过的事情，只是因为危机来得太突然，完全没有给那些准备不足的机构和画廊应对的时间和机会，也正是这种仓促才导致了大家的不安，引起很多人对当前798艺术区发展的担忧和关注。

然而，危机本身并非完全是坏事，因为这样可以给艺术区的画廊一个重新洗牌的机会，并且借机对艺术区的画廊生态进行一次优化，使之更加健康地发展。从这一个角度来看，管理者应该抓住这个机会，对艺术区的画廊分布和层次进行部分调整。据笔者了解，艺术区火爆时，房源曾经是建设管理办公室犯愁的问题，因为管理者需要更多的房源，以便对798艺术区的画廊分布进行优化。

但是今天艺术区的画廊生态是否得到优化了呢？笔者并没有看出来，因为从实际的考察情况来看，这里不仅没有进行优化，反而其商业化倾向有过之而无不及，甚至加速了商业化的转变速度。这里开业了更多的咖啡店和小商品店，甚至在某些区域，如D区的某些地方，已经变成了类似旅游商品的集散地。所以文中也引用了在798艺术区打拼了7年的田老板的话"即使经济不好，也只是对798艺术区的画廊打击大，想来这做生意的人都排着队呢！"[1]

这就是现在的实际情况。然而，"798艺术区管理办公室的孙小姐表示，798物业只负责房屋的租赁和艺术区内的各项服务，无权干涉业主房屋用途。"[2]

798艺术区管理者果真"无权干涉业主房屋用途"吗？一句"无权干涉业主房屋用途"难道可以推掉管理者的管理责任吗？无论如何，管理者是可以对进入798艺术区的机构和个人进行把关，知道应该放哪些经营者

---

[1] 徐云峰：《798本行难继，商铺抢驻》，http://news.xinmin.cn/rollnews/2009/05/04/1908601.html。

[2] 同上。

进入，同时也知道不应该放哪些经营者进入。作为艺术区的管理者，应该实实在在地担当起管理者的管理责任，这种管理责任除了日常的管理和服务职能外，更应该放到对进入园区经营者的资格审查方面，严把入口关，看其经营业务和798艺术区的定位是否一致上来，如果不符合艺术区长远规划的经营单位，应该将之拒之门外，而不是用"无权干涉"来搪塞，因为798艺术区是北京市的一张文化名片，是中国当代艺术发展的一个桥头堡。798艺术区的定位和可持续发展以及798艺术区的艺术品味和画廊形象，是大家最为关注的。尤其是考虑到如何改善和修正不断得到社会各界诟病的"商业化倾向越来越严重"的问题时，更应借此机会对此有所反思，有所作为。

当然，798艺术区的管理者对798艺术区发展是有自己的定位和理想的："最终，798将建立起中国当代艺术乃至中国整个城市化历程的价值体系。"①

但问题是按照上面的逻辑，"无权干涉"成为堂皇的理由的话，那么将不仅可以继续放任毫无品味的商业机构的入驻，也可以对已经很严重的"商业化倾向"不做任何修正了。因此在笔者看来，如果照此下去，798艺术区的上述"建立起中国当代艺术乃至中国整个城市化历程的价值体系"的定位和理想就将成为空话。按照笔者的理解，"无权干涉"理由要么是为了即时的房租收入而做出的搪塞借口，要么就是对798艺术区的发展定位并不清晰。

这时候，人们更愿意看到管理层拿出智慧，并对798艺术区的发展做出切实、长远并可持续发展的规划，同时制定相应的规章制度，做到发展的科学性和连贯性。只有如此才不至于因为管理层的调换和更替而使艺术区的发展受到影响。

正如前文笔者的调查问卷所显示的那样，在艺术区管理的项目调查中，有近一半的人表达了对管理上的不满。另外根据笔者的访谈也可以看到，业主们与管理者的矛盾积怨很深，结合该报道，我们完全有理由相信，如果管理者对798艺术区的发展继续缺乏一个清晰的定位，而且在798的发展问题上继续呈现出短视行为而得不到及时修正的话，798艺术区

---

① 程磊、朱其主编：《北京798》，北京798艺术区建设管理办公室2008年版，第15页。

或许真的要淡出人们的视线了。

第二节　市场博弈下的利益转移——以 798 艺术节为例

自 2004 年开始至 2009 年，798 艺术区共举办了六届艺术节。艺术节的举办，促进了 798 艺术区规模的不断扩大和影响的不断加强。本节通过六届艺术节从名称、主持人和主办者等变化角度来考察 798 艺术区的内在变化。考察在艺术市场和各方力量的不断博弈中，上述变化的结果是如何造成了市场利益的转移。透过历届艺术节在不同层面上的变动，可以看到 798 艺术区市场化运行的实质。

一、2004—2009 年 798 艺术节统计

下表对 798 艺术区举办的六届艺术节做了一个简单的统计（统计时间为 2004—2009 年间）：

阶段	名称	时间	主题	主持人	组织	基本情况
第一阶段	首届大山子国际艺术节	2004年	"光音/光阴"	黄锐	DIAF组委会	8万人次的观众流量。
	第二届大山子国际艺术节	2005年	"语言/寓言"	黄锐	DIAF组委会	近10万观众到场参观。
	第三届北京大山子艺术节	2006年	"北京/背景"	黄锐	DIAF组委会	
第二阶段	2007北京798艺术节	2007年	主推70后"买得起的艺术"	朱其	牵头人：艺术区管理办公室	黄锐退出
	2008北京798艺术节	2008年	主题："艺术不是什么"	主策展人：王林、分策展人：陆蓉之	北京文化发展基金会、798艺术区建设管理办公室	

续表

阶段	名称	时间	主题	主持人	组织	基本情况
第三阶段	2009北京798艺术节	2009年	主题展：再实验：智性与意志的重申①	策展人：鲍栋 杜曦云 刘礼宾	主办：北京文化发展基金会、北京市朝阳区人民政府酒仙桥街道办事处、北京798艺术区建设管理办公室	七星集团通过下属机构艺术区建设管理办公室对艺术节全面接管

笔者根据主办者的变动情况将798艺术节的发展分为三个阶段：

第一阶段（2004—2006）：艺术家为主。

第二阶段（2007—2008）：过渡、合作阶段。艺术家向七星集团的过渡。

第三阶段（2009）：七星集团为主阶段。

说明：

第一阶段，之所以说是艺术家为主的阶段，是因为直到2006年798工厂在被北京市列为首批文化创意文化产业集聚区为止，798艺术区的核心活动都是围绕着对艺术区的保护和扩大影响展开的。而活动的主要力量主要以当时入驻的艺术家和艺术机构为主，其中的活跃人物主要是艺术家黄锐和时态空间主人兼艺术家的徐勇等人。其中黄锐以及他的DIAF策划团队，是作为一种非官方机构出现的，其力量主要以艺术家为主。对于这种民间性，黄锐在第三届北京大山子艺术节的说明中还做了特别强调："DI-AF2006将继续创立以来的民间组织状态执行艺术节计划，这是国内唯一的大型当代艺术计划的民间组织形态。当代艺术作为创新性观点，有别于现今中国现今政治状态下的权威主义、利益至上、固定僵化的公式，有助于

---

① 本届艺术节组委会推出"'再实验：智性与意志的重申'青年艺术家推荐展"作为核心主题展，目的在于"在市场低迷的情况下，798艺术节启动这一青年艺术家推广计划，旨在提供798艺术节这一平台，更有效地发现更多的优秀青年艺术家，呈现出青年人自身的活力与热情，并以一种新的方式唤回公众及媒体对当代艺术发展的关注，表达出一种前瞻性的态度，以彰显798艺术区的重要性与影响力。"（参见搜狐文化，http://cul.sohu.com/20090826/n266235424.shtml）

全力开拓在文化艺术领域的自由见解，诠释多角度的人性新知。"①

第二阶段，是艺术家和七星集团合作阶段。其主体主要是七星集团的人员和朝阳区政府派出人员共同组成的艺术区管理办公室，负责 798 艺术区的管理工作，管理办公室的主任仍有七星集团的负责人兼任，因此在某种程度上管理办公室的管理实际上等同于七星集团的管理。在此阶段，七星集团开始聘用朱其、王林等独立策展人和理论家来主持艺术节。结束了纯粹以黄锐为代表的民间机构的操作形式。自此艺术家和七星集团开始了较为全面的合作。

在第三阶段，主办方从第二阶段的以 798 艺术区建设管理办公室牵头为主，变成了以北京文化发展基金会、北京市朝阳区人民政府酒仙桥街道办事处、北京 798 艺术区建设管理办公室主办。由此进入了七星集团为主的阶段。

下面，笔者就根据自己的考察，对其中不同层面的力量和期间的利益转换做一个梳理。以期展现 798 艺术节的变化是艺术区内不同力量博弈的结果，是几种力量始终寻找平衡的过程：以艺术家和画廊为代表的民间力量不断以各种方式争取更多的生存空间和话语权利，以七星集团为代表的力量则在协调政府和艺术区关系的同时，又以管理者的身份直接参与到艺术区的各项管理和建设工作，同时，社会各界也以不同的形式参与和影响着艺术区的发展。艺术节无疑集中了艺术区的各种力量，成为他们之间博弈和寻找平衡的平台，这一变化过程，集中体现着市场语境下市场利益的不断转移。

二、名称之争及其潜在的经济利益权衡

在第一阶段，艺术节的名称都冠以"大山子"而非"798"，主办方主要是 DIAF 组委会。

艺术节之所以冠以"大山子"的名称而不是"798"，主要在于前期的活动并没有得到七星集团的支持，尤其是首届艺术节期间，受到了七星集团的极大阻挠，从下面这封七星集团的公开信中可以清晰看到当时集团对艺术节的态度。

---

① 来源：豆瓣网，http://www.douban.com/group/topic/1031018/。

在第一届大山子艺术节开幕前三天,七星集团张贴的一封公开信中,明确反对艺术节的举行:

"为保证718大院院内园区安全及生产经营活动的正常进行,七星集团物业管理中心警告广大租户,所谓'大山子艺术节'在未获得政府批准的《举办大型社会活动治安登记证》及其他相应批准之前,个别人如强行举办,七星集团物业管理中心将依照政府相关法令及物业管理中心的管理规定,坚决制止此次活动的举办。届时,将对院内人员、车辆、环境进行临时性管制,制止非院内人员及车辆随便进入园区,望广大租户给予理解和支持。"(《告全体租户的一封公开信》,北京七星华电科技集团有限责任公司,2004年4月20日)

在笔者的访谈中,徐勇和黄锐都谈到和确认了当时艺术节举办被七星集团阻挠的情况。因为集团感到了艺术家的活动很可能会影响到他们对798的整体拆迁计划。实际上从之前的"再造798工厂"的活动中,集团已经有所察觉。所以在举办艺术节这件事情上,徐勇还为此给集团写了"检讨书",艺术节的名字也进行了几次更改,甚至大家都不知道艺术节还能否如期举行。

据徐勇介绍,当时的名字进行了几次更改:第一届北京798国际艺术节—第一届北京大山子国际艺术节—2004大山子艺术区艺术展示活动月。从中可以看出当时的争斗相当激烈。

争斗的原因,实际上在于集团认为艺术家的一系列活动已经开始影响到他们对于电子城的规划。在一系列的活动中,不论是"再造798工厂",还是对保护798的各种呼声中,艺术家不断地通过媒体制造影响,以至于798艺术区蜚声国内外,并且成为北京的一个"文化符号"和"国际化身份的标签"。而在这一切过程中,七星集团一直是缺席的,始终处于"失语"状态。按照叶滢的说法就是"从前工业社会突然跃入后现代状态,七星集团面对积极运作的艺术家,最初的强硬态度变为几乎是不知如何对话的失语。"① 直到最后集团只有使用最强硬的手段来阻止艺术节的举行了。

名称之争的背后，是利益之争。在798最初的阶段，集团始终是以单纯的房主身份出现，而艺术家则在积极运作，以期获得更多的支持，从而将798艺术区从被拆迁的边缘拉回来。对798艺术区的积极保护态度和行动，一方面保护了798艺术区建筑美学、历史文化等价值，另一方面也为当代艺术的发展争取到了一个平台，为艺术群落争取到了一个生存空间和心理空间。

三、2007年艺术节与市场利益转移和话语权力的过渡

2007年的798艺术节，更名为"2007北京798艺术节"，"大山子"三个字逐渐淡出人们的视野，"798"开始代替"大山子"的名称而正式出现在各种媒体和人们的话语中，这是一次市场利益的转移，也是话语权力的交接和过渡。它是从艺术家为代表的民间力量过渡到与七星集团合作的体现。

从这一层面上看，2007年798艺术节具有转折性意义。不论是从组织者还是从艺术节的名称使用等，都进行了彻底的更换。从本届艺术节开始，作为艺术家为代表的民间力量开始逐渐退出，而七星集团开始逐渐进入。按照这届艺术节的总策展人朱其的说法就是"此次的艺术节介于两者之间，不再是纯'江湖'意味的。"② 同时新京报也以《798艺术节变"和谐"》为题做了报道，从"江湖"一词的使用看，耐人寻味，而从变"和谐"一词的使用看则明显地感觉到其中的利益转换意味。不同于此前的几届艺术节，本次艺术节艺术区管理办公室直接牵头，委托朱其作为艺术节的主持人，彻底改变了前几届艺术节的民间性质。名称也改成了"2007北京798艺术节"。该次艺术节真正做到了"名正言顺"，也便"和谐"了很多。"从第一届大山子国际艺术节开始，798艺术园区已经成为中国当代艺术的符号。今年4月底，798艺术园区内一年一度的大山子艺术节将变身为'798艺术节'，总策展人也由原来的黄锐变成了朱其。另一重要变化

---

① 叶滢：《失重：798的现在进行时》，黄锐主编：《北京798：再创造的"工厂"》，四川美术出版社2008年版，第32页。
② 中国经济网：《"大山子"更名换帅 798艺术节不再继续"江湖"气》，http://www.ce.cn/kjwh/ylmb/ylzl/200703/29/t20070329_10859353.shtml。

是，艺术节变得更'和谐'，不再是由艺术家自发组织，而是由物业方七星集团的艺术区管理办公室牵头，与艺术家合作，一改此前艺术家与物业方冲突的尴尬局面。"① 上述观点，既反证了前几届艺术节所遇到的来自七星集团的阻力，同时也让人看到了利益转移和话语权力交接后所形成的新局面。

当然，从第二阶段开始，北京798艺术节开始了新的阶段及价值构建。如果说在第一阶段的艺术节中，组织者更多地从当代艺术自身发展出发的话，那么从第二阶段开始，则进入一个新的价值构建阶段：学术性建构及其艺术市场融合的探讨。

无论是2007北京798艺术节"抽离中心的一代"的主题还是2008届的"艺术不是什么"主题，我们仍然看到期间闪烁的作为独立策展人所表现出的独立的价值判断和民间力量的痕迹。不过无论策展人是通过强调学术还是其他，都不影响其试图建立起当代艺术画廊区和集散地的信念，也就是说从2007年开始的798艺术节，艺术节开始全面进入到艺术市场层面的探讨。

2007年北京798艺术节的策展人朱其之所以力推70后艺术家，并且定位为"抽离中心的一代"是因为在朱其看来："70后一代正在表现出一种抽离中心的自我特征，这尤其表现在79末和80后艺术家身上"②。而"'70后'艺术的核心意义在于，这一代的艺术真正回到艺术本身的自体性，并开始将自我表达和本土生活的呈现作为一种基本方向，而不是像上一代那样考虑与西方艺术的竞争为核心。"③ 同时，朱其还表明了70后艺术家的走红与资本体系之间可能存在的关系："如果说五十年代、六十年代出生的艺术家，像王广义等，他们首先在海外走红，是因为中国的意识形态背景，意识形态大的局势形成了他们在国际上的知名度和价值，我想70后一代最近也突然走红，我想他们的走红和市场以及资本体系的介入是有关系的。上一代人的走红是因为政治和意识形态的关系，这一代人的走

---

① 来源：中国文化网，http://www.chinaculture.org/gb/cn_news/2007-03/28/content_94528.htm。
② 朱其：《抽离中心的一代》，《艺术地图》2007年第4—6期，第33页。
③ 同上。

红可能是因为市场和资本体系的关系。"① 无论朱其对之前艺术走红的原因的看法是否确切，但是有一点可以肯定，那就是这代人的走红更多的是因为市场和资本的原因。

2008年北京798艺术节，总策展人王林通过"艺术不是什么"的主题表达了对中国当代艺术的阐释。在王林看来，当代艺术的创作应该是一种"否定性思维"，而不是对生活和时代的简单反映，也不是对当代文化的表面呈现，这种"否定性思维"就是去揭示"意识形态、文化产业、大众文化和流行艺术等等主流话语及其背后的真实"②，同时"艺术不是什么"也是提醒当代艺术必须从所谓的资本、权利、江湖、利益的圈子中走出来。然而在本届艺术节的"艺术·资本"论坛中，试图"研讨中国当代艺术在国内外资本进入后，资本与意识形态、与艺术市场、与中国文化语境的关系"，也从另一个角度让我们看到了当代艺术与市场之间已经形成了不可分离的关系。

作为市场利益博弈的过渡阶段，2007和2008届艺术节还处于各种力量共同参与的阶段，到了第三阶段则完成了从民间力量向以七星集团为主的转变，到2009年北京798艺术节，主办方基本上被七星集团全面取代。798艺术节全面进入新的时期，组织者试图通过对年轻人的推介，试图在市场低迷之时，启动青年艺术家推广计划，由此彰显798艺术节转变完成后的价值取向。其主题展："再实验：智性与意志的重申"青年艺术家推荐展③在强调了艺术家在创作中的"智性"和"意志"，更希望通过对年轻艺术家的推出而使之有所改观。按照组织者的意图："在市场低迷的情况下，798艺术节启动这一青年艺术家推广计划，旨在提供798艺术节这一平台，更有效地发现更多的优秀青年艺术家，呈现出青年人自身的活力与热情，并以一种新的方式唤回公众及媒体对当代艺术发展的关注，表达出一种前瞻性的态度，以彰显798艺术区的重要性与影响力。"④

---

① 艺术中国专访：《2007北京798艺术节总策展人——朱其》，http://art.china.cn/zixun/txt/2007-05/11/content_1567969.htm。
② 苏坤阳：《我不相信乌托邦可以战胜全世界——专访2008北京798艺术节总策展人王林》，画刊2008年第11期，第40—43页。
③ 见搜狐文化，http://cul.sohu.com/20090826/n266235424.shtml。
④ 艺术中国：《798艺术节圆满闭幕 青年展七项大奖揭晓》，http://art.china.cn/zixun/2009-10/25/content_3204586.htm。

另外，在刚刚结束的首届北京798双年展中，主持人朱其强调了"社群"的概念，与同时举行的宋庄艺术节的主题不谋而合。栗宪庭以"群落！群落！"为主题组织了2009中国·宋庄文化艺术节，二者不约而同地使用了"群"的概念，也就是说在更加突出群落和社群概念的同时，强调一种"社会"概念。北京798双年展对"社群"主题做了如下阐释："'社群'一词在中国不仅指一种种族、性别、跨文化和艺术观念的不同倾向，它还指一种正在中国形成的阶层分化以及社会的自治意识。"① 因此，798双年展主题"……旨在推进跨文化和多元社会的社群交流和观念的相互渗透。双年展不是要定义一个艺术的真理，而是创造一种艺术区的实践模式，推进人群的流动性和社群空间的潜力"②。

通过上述阐释，我们可以看到，无论是作为群落的称呼也好，还是社群的称呼也好，对于曾经的"盲流"艺术家来说，开始在身份的认同上得到了认可，艺术群落逐渐地从主流文化之外的边缘状态进入到社会文化的建构与交流过程中。同时也表明了艺术群落已经走过了单纯的反体制和反主流文化的对立思维，进入到社会文化以及社区文化的建构中来。这既是对艺术群落群体身份的重新认可，也是中国社会多元文化建构得以形成的体现。

朱其对"流动的社群"的强调，突出了民间力量和群落的流动性，因为正是这种"流动性"重新建构起新的社会交流网络和模式，从而引起社会结构及其观念的不断变化，而"这是新文化和新艺术产生的基础，并将重新定义艺术的价值取向和形式"③。

由此我们看到经过全面转变后的798艺术区正面临新的挑战和新的困境，以及更多对798建设和发展的质疑，无论是对"社群"概念，还是对"双年展"的质疑，抑或是对"艺术节"的质疑，都不妨碍我们看到，798艺术区作为一个备受关注的艺术群落，其解构和建构的过程仍在继续。从艺术节的不断发展和变迁中，我们看到的是园区内各种力量的不断博弈和消长过程。

---

① 2009首届北京798双年展导览册，导言。
② 2009首届北京798双年展导览册，第9页。
③ 同上。

四、市场利益转移中各方力量的平衡

发生在艺术节第一阶段期间的艺术家活动，主要围绕两个方面：一个方面是通过各种活动呼吁媒体和社会对798艺术区的建筑价值和历史文化价值的关注，另一个方面是通过艺术节以及其他的相关活动引起大家对当代艺术和群落艺术家的关注。在此阶段，主要是艺术区的入驻者争取生存空间的过程，因此在此阶段，早期入驻的艺术家和艺术机构表现出积极的态度。因为2005年之前的798，按照七星集团的规划，是要被拆迁重新在原址上建立电子园区，被称为"中关村第二"，所以当时的798艺术区时时面临被拆迁的命运。中央电视台曾对园区的艺术家做过专门的采访，比如李象群在采访中就表达了当时对自己的空间只能因陋就简，没有进行装修，原因就在于不知道这里什么时候就要被拆迁了。在笔者访谈过的艺术家或早期的入驻者，都表达了同样的观点。徐勇、黄锐等，他们当时虽然也非常担心，但是还是抱着搏一搏的态度，希望事情有所转机。

但要让事情得到转机，必须要有一定的策略，于是黄锐和徐勇就想通过积极的组织艺术活动，不断的制造798的影响力，从而为798的继续存在争取到希望。除了艺术节之外，他们还不断地举办其他各种活动："再造798工厂""左手牵右手""蓝天不设防""首届大山子艺术活动月"等，随着活动的举行，798终于引起了社会各界的注意，并且在国际上开始产生影响，从这一个角度来看，艺术家们和机构的努力取得了重要的成效，但是另一方面，从园区的主人七星集团来看，则是这群入驻者实在是太不安分，不停地"制造事端"，使得集团感觉到越来越无法控制事态的发展了。

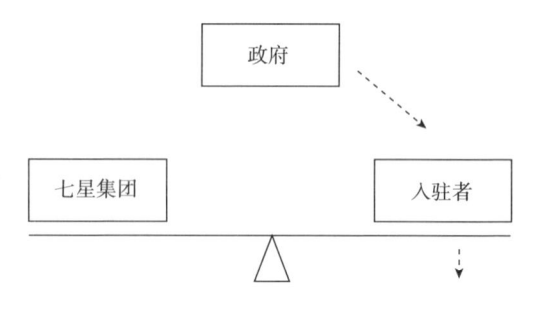

图34 政府介入后的动态平衡图

至此，二者形成了一对针锋相对的力量，而且处于暂时胶着平衡的状态，艺术区到底命运如何，谁也说不准。而要打破平衡，必须有第三方的力量介入才行，而政府则成为这个第三方力量，是政府的介入起到了决定性的作用，最终使得艺术区得以保护，如上图34所示。

从图34中可以看出，在当时胶着的状态下，二者之间必须有一个外力介入才可能被打破。当然在当时的情况下，作为798主人的七星集团无论从哪个方面来看，实际上都处于主动方，所有的入驻者无论是艺术家还是画廊和其他机构，实际上只是798的租赁者，而七星集团是出租方。从法律的角度来看，七星集团在事件中都占有绝对的优势。按照当时的态势，如果没有第三方力量的介入，入驻者保护798并且开发798的愿望几乎没有可能，所以从当时看来，他们的一切努力可能都是一种没有结果的行为。

在二者博弈的过程中，政府的砝码倾向了798的入驻者，最终扭转了798的运行轨迹，不但该区域能够得以保留，而且还获得了政府的相关资助和政策扶持。

其中原因主要包括：

一是入驻艺术家和机构的共同努力，一方面努力与政府沟通，希望获得政府的帮助，另一方面积极组织各种艺术活动，扩大798的影响力，"……不断地找一些媒体卖点让公众注意这个798艺术区"。①

二是文化产业发展的需要。② 新世纪伊始，世界各国开始逐渐意识到文化作为软实力在国家发展中具有不可替代的作用，因此文化产业发展战略使政府对类似798这样的艺术区域的价值有了重新审视的机会，当时的北京市政府领导对798艺术区提出了"看一看、论一论、管一管"③的九字方针，798等艺术区得以保留和开发。

三是国际影响。由于798艺术区的持续活跃，这里已经既成事实，成为北京市的一个文化名片，另外中国奥运会的申办成功，北京也需要这样的区域配合"人文奥运"的内涵，同时798艺术区的开放和发展也成为政府在民主政治上的一个窗口，透过这个窗口，国际社会看到的是中国政府

---

① 叶滢：《失重：798的现在进行时》，黄锐主编：《北京798：再创造的"工厂"》，四川美术出版社2008年版，第32页。

② 2003年9月，中国文化部制定下发的《关于支持和促进文化产业发展的若干意见》，将文化产业界定为："从事文化产品生产和提供文化服务的经营性行业。文化产业是与文化事业相对应的概念，两者都是社会主义文化建设的重要组成部分。文化产业是社会生产力发展的必然产物，是随着我国社会主义市场经济的逐步完善和现代生产方式的不断进步而发展起来的新兴产业。"

③ 据798艺术区徐勇录音整理。时间：2009年4月2日，地点：798艺术区时态空间。

在文化艺术上的开放态度和程度。

四是社会各界的呼吁，尤其是学者们的调查论证等，成为政府的重要参考依据。

另外还包括其他的各种力量，比如即使是七星集团内部也并非铁板一块，当时的董事长也表现出了对艺术区发展的支持等。

总之，各种力量的介入，尤其是政府对于艺术区态度的转变，成为艺术区得以保留和发展的关键力量。而这之前的艺术区和画家村的命运如北京圆明园画家村则是以被取缔的命运作为结局。

五、市场利益转移下的力量分化

如上所述，政府相关部门的介入以及798艺术区被北京市确定为文化创意产业基地而使798艺术区达到新的平衡，尽管如此，市场博弈所造成的利益转移始终在继续，并促使各方力量产生新的分化。

798艺术节作为艺术区的重要事件，既是园区艺术及其理念的集中展示，更是一个各方力量的集中亮相。在此过程中各种力量的角逐此消彼长，园区内艺术生态及其各层面的关系也不断地重组和建构，呈现出一个艺术群落在社区层面上的功能建构。经过前几届艺术节的成功举办，艺术市场已经非常成熟，而且加上自2005年以来整个国际国内艺术市场，尤其是当代艺术市场的火爆，其中所蕴含的巨大的商机必然会引起社会各界的关注和认识，而作为主人的七星集团也从最初的反对到态度的缓和，直到最后的直接介入也便是顺理成章的事情了。在市场力量的推动下，798的入驻者与七星集团开始了过渡期的合作，不过这种合作的结果使民间力量尤其是艺术家力量开始削弱，艺术家群体在园区内开始不断被边缘化，其话语也降到了微不足道的位置。因此才有艺术家表达了这样的观点：市场好的时候，集团想不到艺术家，市场不好的时候，集团又开始利用艺术家作为招揽顾客的招牌。

另外，力量的分化还表现在入驻的艺术家和艺术机构内部。比如作为负责主办前三届艺术节的DIAF组委会。作为民间力量的组委会，本身就是一个非常松散的组织，在其运作的过程中，矛盾也开始呈现，尤其是到了艺术节已经开始接受更多的资助和开始有更多的实际利益和收入的时候，这种矛盾变得更加明显。按照笔者在访谈中了解的情况，随着艺术节的成功举办,尤其是到了第二届大山子艺术节的时候,组委会的操作已经逐渐脱离最初的轨道,开始更多的关注自身的利益,其与园区内其他艺术家和机构的矛盾开始呈现,在笔者的访谈中,徐勇谈到了自己退出艺术节的原因,并且认为其中的原因很是复杂。但是无论怎样,我们看到的是艺术节组委会内部的分化,在一些人看来,作为主持人的黄锐在操作艺术节的问题上,忽略了园区内艺术家和机构的公共利益,财务也一直没有公开,导致早期的支持者开始反对黄锐再继续操作艺术节。虽然受访者的话语未必完全真实,但一部分最初与黄的合作者的退出却是实际情况。

通过对798艺术区艺术节的梳理,可以看到艺术节的更替及变迁就像一面镜子,折射出了各不同利益方的博弈关系。无论是以艺术家为主的民间力量也好,还是以七星集团为主也好,抑或是二者之间的合作,都集中展示了在市场利益转移中平衡的不断打破和不断建立,以及在此过程中各方力量的此消彼长。

第三节　不断迁徙的艺术群落

中国大陆真正意义上的艺术村落是20世纪90年代出现的圆明园画家村。自此以后,大陆很多城市陆续出现了相似的画家村或艺术区。艺术村落的形成,首先是大量艺术家聚集的结果,这部分艺术家,主要是职业性的自由艺术家,多以从事当代艺术为主,具有反叛精神,强调追求艺术个性,不满主流艺术的僵化体制和形式。随着艺术区和画家村的发展,群落艺术家到今天为止,已经形成了一个庞大的群体。

然而,这一个群体又由于自身的特殊性而时常处于迁徙中,换句话说,漂泊不定的生活成了群落艺术家的生存状态。在对798艺术区的研究中,这一点表现得很明显,迁徙俨然已经成为艺术群落生活的一部分,从这一角度去重新审视,可以使我们对798这一类的艺术区有一个更为全面的认知。

一、群落不断迁徙的缘由

按照不同时期艺术群落的迁徙情况,可以概括为几种形式:

1. 被取缔，被驱散。

此种情况下艺术群落的迁徙，更多的是因为社会或政治原因。典型的例子便是圆明园画家村。在当时的情况下，由于社会各方还没有做好接受这一群体的心理准备，同时社会的政治环境还不甚宽松，加之艺术家们"异类"的生活方式和创作状态，导致与当时较为刚性的社会结构及体制产生了诸多冲突，形成了与当时社会不相兼容的状态，从而导致艺术村落被取缔和被驱散。其力量主要来自行政的干预，因此是无法抗拒的。

2. 艺术区和画家村由于规划而被拆迁所引起的迁徙。

798艺术区实际上是这种情况的代表之一，只是由于798发展的特殊性和各方力量的介入，改变了因规划而被拆迁的命运，这是一个特例。而因为规划问题，位于北京朝阳区的几处艺术区如正阳艺术区，008艺术区，东营艺术区等又开始被拆迁。今天，艺术群落已经被广泛接受，他们与社会体制之间曾经的张力已经基本消失，甚至在某种程度上二者之间已经成为一个新的合作体，但今天许多的艺术区仍免不了因规划而被拆迁，艺术群落不断迁徙的命运也没有任何改变。由于艺术群落是一个新的群体，他们需要一个生活和创作的空间，但似乎并没有一个可以让他们安定的"绿洲"。虽然在某种程度上来看，政府的介入可能会改变某个特殊区域的命运，但这可能不是艺术区发展的常态，因此由于规划而导致的群落艺术家的迁徙或许会长期存在。

3. 商业因素所引起的迁徙。

商业因素引起的迁徙并非今天的特例，早在美国的SOHO起就已经开始面临商业的困扰。因艺术家的聚集而产生的"效应"必然导致一个区域商业价值的提升，同时区域地价上涨，从而引起其他商业机构的进驻，进一步推高房租的上涨和土地价值的增值，这就像一个"多米诺骨牌"所引起的连锁反应，导致一系列连续的变化。无论是房租上涨还是土地价值升值所引起的开发商的介入，都会造成聚集区域的整体环境和气氛的改变，同时也改变着群落艺术家的生活成本。结果便是群落艺术家因不堪忍受日益增长的房租以及越来越商业化的氛围而撤出，并进入下一个循环。

当然艺术群落不断迁徙的命运似乎并非如此简单，其中可能还有更多更复杂的原因，如艺术家主动放弃稳定的生活后的选择，或者是一种"主动的放逐"等。也或者是其中的多个原因的综合。但无论如何，群落艺术家似乎总免不了不断迁徙和漂泊的命运。

二、空间和心理上的双重"边缘"

以上就艺术家的迁徙现象做了初步探讨，梳理了群落艺术家不断迁徙的缘由。而在对该现象梳理的过程中，更引起笔者关注的是在这一过程中，群落艺术家在空间和心理上的双重"边缘"性。

（一）艺术群落的变迁

从中国第一个画家村——"圆明园画家村"——算起，到现在为止，虽然还不到20年时间，中国大陆却已经从南到北、从东到西形成了上百个大大小小的艺术村落。就北京的艺术村落来看，从1990年开始的圆明园画家村到现在的798艺术区、宋庄画家村，也形成了大大小小上百个艺术群落。

然而，艺术区的命运各不相同，像798艺术区、宋庄画家村，今天已经成了中国艺术村落的代名词，并得到政府相关机构的支持，在国内外都有着重要的影响；但有些艺术区却不断地面临被取缔、被拆迁的命运。从其形成来看，有的是自发形成，而有的又是政府规划而建等等，不一而足。然而无论如何，有一个现实不容忽视：那就是生活于其中的艺术家却总是随着艺术区的不同命运而不断迁徙、漂泊。这种不断在迁徙中寻找位置的过程，又使他们不仅在物理空间上，同时也在心理上处于"边缘"状态——空间和心理上的双重"边缘"。我们考察中国的当代艺术，不能忽视这一群体的这种双重"边缘"状态，因为他们既是中国当代艺术的实践者，又是见证者；既是梦想追求者，又是不断漂泊的迁徙者。他们的心理和他们的生存方式与状态，事实上也是中国当代艺术的艺术生态。

不断地迁徙似乎成了这一群体的日常状态，成了每一个生活于这一群体中的个体所不断面临的考验：这似乎是一种宿命，一种无奈，但同时又是一种主动的选择。因为对"理想"的追求使得他们不断地放弃稳定的生活，放弃体制的保障，而主动去适应这种边缘的生活，选择继续流浪和继续迁徙。

圆明园画家村和东村画家村被分别取缔后，其中的艺术家有的到了798，有的去了宋庄，又逐渐形成了现在的798艺术区和宋庄画家村，比如当年生活于圆明园画家村的方力钧、岳敏君等到了宋庄，王迈等去了798，还有一些临时聚集到了清华北门，当然清华北门后来也同样被遣散，其中的艺术家们又开始奔向各处。如下图：

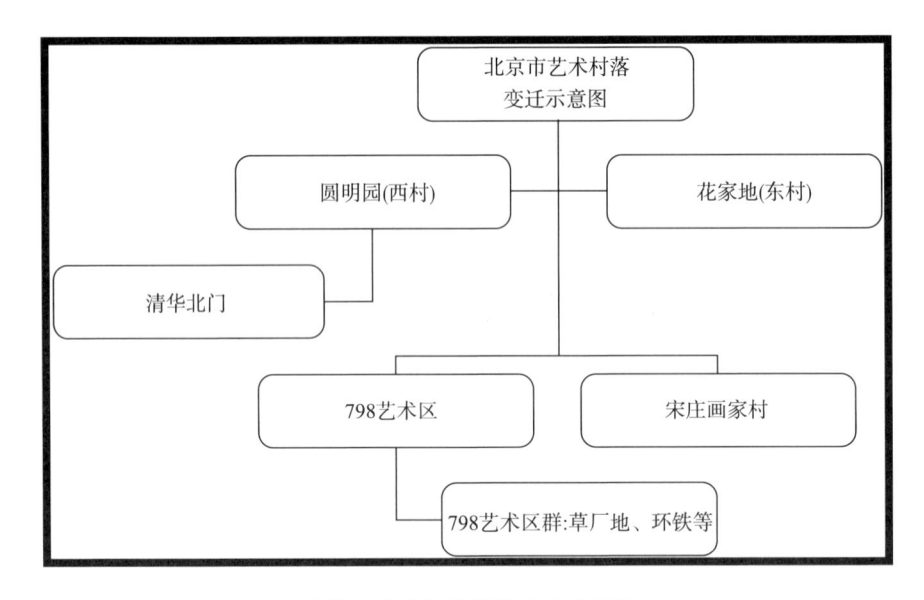

```
                    北京市艺术村落
                    变迁示意图
                    ┌──────┴──────┐
              圆明园(西村)        花家地(东村)
                    │
         ┌──────────┤
    清华北门         │
                    │
              ┌─────┴─────┐
           798艺术区      宋庄画家村
                │
         798艺术区群:草厂地、环铁等
```

图 35　北京艺术村落变迁示意图

　　面对艺术群落的兴衰，每一个体都面临着基本相同的命运——不断地迁徙，不断地进入新的空间和心理"边缘"。究其原因，除了艺术家的"主动放逐"，还有外在的原因如政治、艺术体制、艺术市场等因素。如果将艺术村落放到市场语境下来看的话，经济因素，也就是市场这只看不见的手实际上起到了决定性的作用，它在时时调节着艺术家的流动和艺术村落的兴衰与变迁。群落不断地迁徙，不断寻找适合他们生存的地方，然后重新聚集，当重新聚集到一定程度的时候，又会因炒热了地皮，而被商业所驱赶；艺术群落的聚集成就了一个地方，然后又会为这种成就付出再次迁徙的代价。这就如同古希腊神话中的西西弗斯永远也滚不到山顶的石头一样，他们似乎永远也找不到一块生存之地。同时社会环境与政治体制等因素，也会在某种程度上使艺术家们面临经济困境以外的其他窘境。对此，曾生活在圆明园画家村时期的艺术家杨卫做了如下叙述，当大部分人奔向宋庄、798艺术区的时候，他和部分条件不好的艺术家受到同乡游湘云的资助得以在清华北门暂时居住下来，经济问题解决了，但却因为体制的原因，他们被迫重新迁徙。因此杨卫最后写道："1996年夏天刚过，我们这些漏网之鱼，终于还是被当地监管部门发现，与此同时，清华北门传出要拆迁的消息。无奈之下，我们只好再次选择逃离，重新踏上迁徙之路。"① 从文中使用的"漏网之鱼""终于""无奈""再次选择逃离"，以及"重新踏上迁徙之路"等词汇中，我们可以想象到当时大家的窘境和无奈心情，从而也可以勾勒出当时所谓为了理想的"浪漫"，在现实面前显得是多么的苍白。

艺术群落的迁徙，即使到了今天仍然如此，比如现在仍然在798艺术区保留着工作室的张小涛，2000年从成都进入花家地，两年以后又到了798，而随着798艺术区的商业化以及旅游化倾向的加剧，加之房租和管理等问题，致使很多早期的艺术家又开始由798迁徙到周边地区，比如环铁，草厂地，张小涛则去了将府庄园。不过包括将府庄园在内，加上东营艺术区、正阳艺术区、008艺术区等又开始了被拆迁的命运，生活在其中的艺术家们又将面临再次迁徙的命运。

（二）"塔西提岛"的诱惑

高更当年对"塔西提岛"的向往，恰恰是艺术家对主流文化和生活的厌倦，是对"边缘"的主动选择，是对人的"异化"状态的反抗。因为"现代人被各种各样的时间表、出行时刻表和时钟所控制，人浸没在机械化的需要之中，离人的生命本真的需要反而极度疏远了。也许这种乖违与疏远，正是高更要竭力逃避文明都市的生活方式，甘愿栖息在没有被机械时间观污染的原始蛮荒的塔西提岛上的原因吧。"②

中国的艺术群落虽然没有像高更一样选择荒蛮的群岛，而是选择了最具都市文化意味的北京以及其他较为中心的城市，都市中的边缘地带成了他们心中的"塔西提岛"，刚进入798时的艺术家张小涛曾做了"梦工厂·垃圾场"的系列作品和展览，真实地反映了798当时的状态。798如此，宋庄则更是如此，在地缘上处于更加边缘的位置。不过如前文所述，随着

---

① 杨卫：《一个隐蔽的艺术群落》，http://blog.artron.net/indexold.php?76173/viewspace-240763。

② 叶舒宪、彭兆荣、纳日碧力戈：《人类学关键词》，广西师范大学出版社2006年版，第50页。

艺术家将一个区域的炒热，诸如798艺术区这样的曾经的边缘地带的价值会被重新发现，而使之不再边缘化，结果则是艺术家不得不重新向更加边缘的草厂地、索家村等区域迁徙。

当然漂流在北京的职业艺术家们，他们的"逃离"并不同于高更的"逃离"，今天的"逃离"则是因为大城市更多的市场机会。但更多的机会并不意味着艺术群落已经脱离了空间和心理上的"边缘"位置。美国学者贝恩斯在《1963年的格林尼治村：先锋派表演和欢乐的身体》中也有一段描述："那些艺术家们背井离乡来到格林尼治村，既不是想要再次努力建立一种社团、创造与其相适应的艺术品，作为对小城镇消亡的补偿，也不是被纽约这个著名的波希米亚社区所吸引，逃离那些保守的小城镇，追求时髦的现代性。换句话说，他们既不是要将乡村的礼俗社会移植到城市中，也不是为了追求城市法理社会而自愿抛弃乡村，而是为了在纽约的格林尼治村寻找一种替代性的社团。他们对大部分事物的见解都不是田园式的，而是城市化的。艺术家们重建了乡村，只不过它明确地建在城市中。"① 对于这一点，我们从栗宪庭的"只想住农家小院"的文章中也能看到其中的端倪，这恰恰反映了这种"空间"上的边缘性。

（三）主动放逐与心理上的边缘化

中国当代艺术注定要"漂泊"，"漂泊"一词不是对当代艺术群落的生存状态同情，而是看做一个"知识分子式"的主动，因为"即使不是真正的移民或放逐，仍可能具有移民或放逐者的思维方式，面对阻碍却依然去想象、探索，总是能离开中央集权的权威，走向边缘——在边缘你可以看到一些事物，而这些是足迹从未越过传统与舒适范围的心灵通常所失去的。"②

走向边缘，不是消极，而是积极的行动、实践的哲学。由"对抗"导致的行动，按照北大学者于长江的说法是一种"系统不兼容"的结果，"圆明园画家村的发生、形成直到最后被取缔，既是中国社会转型期社会结构内在不协调造成的冲撞，也是社会应对某些外部势力介入而做出的反

---

① ［美］萨利·贝恩斯著，华明等译：《1963年的格林尼治村：先锋派表演和欢乐的身体》，广西师范大学出版社2001年版，前言，第2—3页。
② ［美］萨义德（Said, E. W）著，单德兴译：《知识分子论》，生活·读书·新知三联书店2002年版，第57页。

应,是一个典型的系统不兼容的结果。"① 在这一社会系统中,艺术家表面上看是一种自由流动的体现,事实上不如说这是由于艺术家的一种主动出击的策略。因为"流浪艺术家的艺术很难受到主流意识形态的控制,不会受政府部门和学院的控制,就像他们的生活一样,他们是自由的。他们的社会边缘的体验使他们的艺术具有边缘性、批判性。"② 所以艺术群落选择漂泊的生活状态恰恰是一种主动的放逐。因为在这种放逐中,呈现的是一种"另类"的意义和价值,也就是一种在心理上始终保持的"野生性"和心理上的边缘性。著名艺术家艾未未和策展人冯博一2000年在上海东廊艺术画廊共同策划的"不合作方式"展:"强调艺术生存本身所具备的独立品格和批判立场,以及在多种矛盾与冲突中保持独立、自由与多元的状态;倡导艺术家的责任和自律;寻求艺术"野性"的方式和其他可能性;思考中国当代文化的处境和问题。"③ 这种不合作既是艺术上的"不合作",同时也是心理上的"不合作","不合作"的态度和方式恰恰反映了当代艺术的一种真实状态。生活于体制外的艺术家始终保持一种合理的边缘性,才能始终保持自己在艺术创作中的前卫性以及批判性。

(四)漂移中的"灰色地带"

在艺术群落的迁徙过程中,还会产生"灰色地带"。所谓"灰色地带"是指随着当代艺术的发展,自然而然出现的一种对市场或者艺术体制做出的妥协的暧昧姿态,这既是对"不合作"态度和方式的消解,同时也是对"边缘化"生存状态的心理妥协。而这种妥协恰恰是当代艺术从初期的批判性与深刻性走向肤浅和献媚的开始。艺术群体在经历着空间和心理双重"边缘"的同时,也渴望能够取得应有的位置,并希望结束"漂泊"的生活。然而空间意义上"迁徙"的结束,往往也代表着心理层面上"迁徙"的结束,而这恰恰是当代艺术家所应该时刻保持警惕的。因为始终保持心理上的"迁徙"感,是保持艺术个体"边缘性"的重要保证,而这种边缘性恰恰是中国当代艺术发展过程最珍贵的东西,失去了它,也就失去了当代艺术最珍贵的东西:一种生活在边缘状态中所作出的独立性思考和批判

---

① 于长江:《重温画家村:对圆明园艺术群落的社会学思考》,杨卫、尉彬主编:《中国当代艺术生态》,天津大学出版社2008年版,第12页。

② 易英:《双重身份》,李勇A:《千万别当艺术家》,山西人民出版社2004年版,序。

③ 艺术档案:《不合作方式》,http://www.artda.cn/www/14/2008-04/309.html。

性态度。

所以,当群落艺术家"漂泊"的生存方式结束的时候,心理的"漂泊"感却不能就此终结。因为心理上的"自我漂泊"或者主动"放逐",恰恰是当代艺术永葆艺术生命力之所在。唯有如此,才是对"不断迁徙的艺术群落"进行讨论和思索的真正价值和意义。

小 结

中国的艺术群落,是伴随中国社会转型和文化转型而出现的特有的文化、艺术现象。这一群体,与中国当代艺术的发展相形相生,从某种意义上说,中国艺术村落的变迁史和艺术家的"迁徙史",实际上也是中国当代艺术的变迁史——从"地下"到"地上"、从"边缘"到"主流"。

纵观中国自20世纪90年代开始的"画家村""艺术村落",我们看到的是一幅艺术家的"游离"状态,一种对体制和主流的"游离",这种"游离"既是一种"生存状态",也是一种"生存策略";既是一种被动的"迁徙",也是一种主动"出走"或主动"放逐"。是"游离"于体制内外,同时又"游离"于"中心"内外,自觉地进入一种"边缘"状态——这既是与既有体制的"对抗",又是当代艺术自身发展的话语诉求。

结　语

在798艺术区的田野考察期间，我反复地质问自己，798艺术区的变化是什么？代表什么？意味着什么？其不同的成分之间是如何做到互动的？它现在的困境是如何造成的？它未来的发展是什么？还会遇到什么样的问题？如何去解决？从这一系列的变化中，能得出什么样的结论？可是我发现每次都难以回答，因为这似乎是一个没有结论的结论。

表面上看，这些不同的机构和个人呈现出一片繁忙的景象，它是各个画廊不停更换的当代艺术展览，而怀有不同目的但又都充满兴趣的参观者不停地进进出出。如果说这就是798，那么这也只能算是一种现象而非本质。在笔者看来，透过繁复的表象，其实质是市场语境下不同利益方的博弈，在其解构和建构的过程中造成了利益的不断转移，同时也造成了不同层次力量上的此消彼长，既涉及艺术本体，也涉及艺术与社会、政治、经济等方面。它既有特殊性，也有普遍性。按照文化进化论的观点，文化的进化分为特殊进化和一般进化，特殊进化是遗传变异，是适应的过程，而一般进化则是一种"由阶段到阶段"的进步，是人类总体文化的进步。但文化的进化在某种程度上又有其特殊性，在于文化的变异可以通过不同系统之间的传播来延伸，全球化使得这种传播在世界范围内快速展开，文化的同化趋势日益加剧，但同时变异也会反向加强，这便形成了文化进化的"二律背反"，一是"在适应过程中同时产生的创造与保守两种特性。"[①]二是文化的双向运动："一方面是高级文化类型自身多样性的不断增长；另一方面则是由于不同文化类型的同化而产生的文化同质性的不断增

[①] 夏建中：《文化人类学理论学派：文化研究的历史》，中国人民大学出版社1997年版，第239页。

长。"① 798艺术区恰恰是中国社会转型时期"文化进化"和"文化变异"、"文化冲突"和"文化共存"的复合体。以798艺术区为代表的艺术群落，与中国当代艺术的发展相形相生，从某种意义上说，中国艺术村落的变迁史和艺术家的"迁徙史"，实际上也是中国当代艺术的变迁史——从"地下"到"地上"、从"边缘"到"主流"。

一、艺术区是滋生当代艺术"妖魔化"的温床？

以"抵制'妖魔化中国'创作倾向"②为题而引发的关于"妖魔化"和"自我妖魔化"以及关于当代美术后殖民主义问题的讨论，其中主要谈到了当代艺术尤其是当代美术创作中的"妖魔化"与"自我妖魔化"的形成原因及危害，认为主要是来自外部，即西方"他者化"想象和政治意识形态的意图以及借道艺术市场的操盘，也有来自内部的"自我迎合"。而最后的结果则是文化身份的丧失。这一点的确是当代艺术发展中最值得关注的问题，其中张晓凌对此提出忠告："任何丧失本土文化经验和人民记忆的、忽略本土特殊生存课题和文化特性的话语，在进入国际主流时都不过是简单的后殖民主义文化生产和再生产；任何以犬儒主义态度获得的国际文化身份都不过再次证明身份的丧失。只有具备自身属性、文化记忆和非欧美的异质性的艺术才能在全球化浪潮中不至于沉没。"③ 这既是忠告，无疑也具有一定的方法论意义。

不过，对此过于放大无疑也不利于当代艺术的发展。在回顾当代艺术的发展历程中，我们看到其走过的路程并不平坦，经历了一个从"地下"到"地上"、从"边缘"到"主流"的曲折过程。当代艺术的这一发展历程一方面反映了其自身所具有的反叛性、异质性价值，另一方面也体现了中国社会对"异质性"容忍度的提高，从某种意义上说是对文化多元性的包容，也是中国民主进程的一个体现。

但由对当代艺术中后殖民文化倾向的批判，进而扩展到对艺术区的质疑，则无疑将讨论扩大化了。"依托某些'艺术区'，这种'自残'性质

---

① 夏建中：《文化人类学理论学派：文化研究的历史》，中国人民大学出版社1997年版，第239页。
② 参见《美术观察》2008年第4期关于"抵制'妖魔化中国'创作倾向"的讨论。
③ 张晓凌：《谁制造了"病态化中国"》，《美术观察》2008年第4期，第6页。

的创作倾向大有由潜滋暗长到聚集成势的趋向。匪夷所思的是,这些以汇聚和扩散'妖魔化中国'创作倾向为突出特色的'艺术区',不仅没有引起有关方面的警惕,反而被当作'文化创意产业聚集区'纳入到政府制定的发展规划之中。如此认可这种'艺术区'的价值选择,与西方政要名流纷纷造访、美国新闻媒体首次把中国城市评选为'年度世界城市'等'国际反映'的价值取向,何其相吻!"[①] 从这一点来看,中国的"艺术区"和"画家村"的确面临很大的阻力,如果这仅是一家之言,那么这一质疑无疑会促进对艺术区和画家村的反思和建设。但如果这代表一种主流意识,那么艺术区和画家村则可能面临更大的生存危机,圆明园画家村被强制拆迁已经显示了这种观点所具有的强大力量。然而回顾画家村和艺术区的发展,笔者更愿意从另一个角度来考虑这一问题:艺术区或画家村的出现,不仅是社会转型和文化转型时期出现的特殊的文化和艺术现象,而且是当代艺术发展过程中的一个重要内容,它的出现有其积极的价值和意义,不仅在于它的"异质性",也在于其理想主义的"乌托邦",这不是中国独有的,而是在世界范围内普遍存在的现象。一方面,它是不满于当时僵化艺术机制的一群年轻艺术家自发聚集在一起,追求自己艺术的"乌托邦",而艺术区和画家村恰恰是福柯所说的实现了的"乌托邦"——"异托邦",另一方面它的出现在某种程度上又成为一种新的资源,因为艺术区大部分区域都是由废旧工厂功能再造而成,从某种意义上说是一个"从遗产到资源"的过程,而非仅仅如上文中所说的是滋长"……'自残'性质的创作"并使之"……大有由潜滋暗长到聚集成势的趋向"的地方。实际上,艺术区和画家村所具有的实验性、开放性,就如特区一样,会给常态社会注入活力,成为缓冲压力的地带。如果跳出艺术本体以外来看待这一现象就会发现,这种"异类"群体的出现恰恰是社会到了某一个"临界点"的状态,因为这种对"同一性"社会结构的突破,孕育的恰恰是一种新的文化成分,之所以看不到这一点,究其原因无非是人们思维的僵化所致,按照北大学者于长江的说法就是"这种革命式的行为,孕育着我们城市社会内部一种重要的质变和飞跃,但当时很少有人从这个角度理解这些现象。这也难怪,原有的观念和思维框架中,很难理性地解释这一新出现

---

① 吕品田:《卷首语》,《美术观察》2008年第4期,第1页。

的社会群体和全新的社会因素。"①

发现问题只是第一步。回顾当代艺术的发展,确实走过了"墙内开花墙外香"的阶段,原因很简单,因为早期当代艺术的市场主要来自西方,因此也就有了当代艺术"被选择"的命运。当"他者化"的想象通过资本进入中国的当代艺术市场,在某种程度上确实造成了"妖魔化"和"自我妖魔化",甚至在资本的推动下进行了不断扩大。反思问题是第二步。反过头来思考,我们当时的市场为何处于"失语"的状态?甚至到今天为止这种状态也没有太多的改变?在笔者看来,这恰恰是本土艺术市场不健全所致,中国本土当代艺术市场的缺席,正是西方艺术市场可以随意操盘的主要原因。笔者在798艺术区的考察中,深深地感受到艺术区内的本土画廊仍然没有掌握主动权,处于事实上的边缘地位,798艺术区的画廊,是在靠几个大型的西方画廊如尤伦斯、伊比利亚等支撑,在文中笔者也提到,本土画廊的成长,换句话说,本土艺术市场的成熟,将会在很大程度上改变这种状态。从这一角度看,中国的艺术区不是太多,而是太少,中国的艺术市场建设还有很长的路要走,本土画廊的成长也还有很长的路要走。如果说市场的问题要用市场的手段解决的话,那么我们对于中国的当代艺术和艺术区的发展,便不应过多地去指责,而应去反思我们的艺术区建设,促进本土艺术市场,尤其是促进当代艺术市场的健康发展。

二、艺术区的定位

通过田野考察,可以更清楚地看到以艺术区和画家村为代表的艺术群落所特有的艺术生态。798艺术区的发生、发展以及变迁的过程,为我们提供了一个典型的案例。对艺术现象的研究不能离开与社会的关系单独进行,正因如此,本文才将798艺术区的考察和研究放到全球化背景和市场语境下进行。因为798艺术区不仅是一个艺术行为,也是一个经济行为,更是一个融合了艺术、文化、政治、经济、社会变迁等于一身的复合体。

798艺术区最初由于艺术家的聚集而形成,其自发形成的状态体现出的是一种"野生性"价值,然而随着其影响的不断扩大,画廊开始不断进

---

① 于长江:《重温画家村:对圆明园艺术群落的社会学思考》,杨卫、尉彬主编:《中国当代艺术生态》,天津大学出版社2008年版,第6页。

驻，随之带来了艺术区的商业化转向，形成了今天最大的当代艺术画廊聚集区，成为中国最大的当代艺术品的集散地和展示区。至此变迁并没有结束，因为随着商业化的进一步加强，这里是否会走"SOHO"艺术区的老路的问题，也就变得难以回答了。798艺术区到底会走向哪里，也似乎成了没有结论的结论，因为798不仅在今天，而是将来也仍然会随着社会的发展而发生新的变迁。

在798的田野考察中，笔者不断变换观察和思考的角度，试图找到其中的答案。798发展到今天，正面临十字路口的选择，但无论多么复杂，798艺术区的定位却是无法绕过的根本问题，下面试图从几个角度进行梳理和思考。

1. 文化生态的角度。

在笔者看来，艺术区和画家村的出现，不但成为中国当代艺术发展的内容，而且在某种程度上也是当代艺术发展的重要形式。从"文化生态"的角度来看，它的出现是中国艺术多样性和多元化的体现。艺术区和画家村正在形成中国新的文化群落，并构建出中国艺术生态的多元互动关系。从这一角度来看，它的出现和发展不仅增加了中国当代艺术的丰富性，也成为中国当代艺术发展的一个重要内容。

但这一理念在多大程度上被认可，不仅关系到艺术区或者画家村的定位问题，甚至影响到它的生存，因为不同的定位，必将会不断打破所谓的平衡，甚至导致它的消亡。

2. 市场的角度。

从市场的角度来思考798艺术区的定位，则是要建立什么样的艺术市场体系的问题，是建立简单层面上的"集场"，还是具有建设性的市场。如果是前者，则某种程度上降低了798艺术区所具有的真正价值，如果是后者，当前看来还有很大的距离，因为798艺术区还无法真正对中国的当代艺术市场起到引领作用，因为上文已经论及，中国当代艺术市场直到今天仍然处于较为边缘的位置。

从市场的角度看，会涉及不同的参与者，由于这些不同参与者在市场中的利益不同，因此对798艺术区的定位也便具有较大的差别。首先是画廊，一方面需要798艺术区的商业化转向，但过度商业化似乎又在某种程度上使得画廊，尤其是使本土画廊的价值取向受到较大的影响。加上当前整个艺术市场发展的不平衡，使得艺术区本土画廊面临着来自内外的双重甚至多重的压力，致使本土画廊无法真正在当代市场中确立自己的身份。其次是这里的艺术家，他们曾经是798艺术区的核心力量，但现在已经成了艺术区边缘性的成分，798艺术区在多大程度上还需要艺术家的存在，反过来看，艺术家又在多大程度上需要依附于艺术区，也成了难以回答的问题。其他艺术机构、商铺、餐饮以及其他的商业性成分的多寡也影响到798艺术区的定位，因为在保持艺术区内多元成分的同时，如何做到平衡，则又成了当前比较棘手的问题。但无论商业的力量有多大，人们还是希望798艺术区能够保持一种核心的成分：艺术及前卫的价值。

3. 管理的角度。

管理有不同的层次，既包括政府在宏观政策上的导向，也包括具体的管理层面。798艺术区因政府的介入得以继续存在，并被纳入到文化产业建设的框架中。但这种介入，在方式和程度上又似乎面临很大的不确定性，介入的结果一方面是导致其"野生性"价值在某种程度上的丧失，另一方面则是失去了政府的支持，这种所谓的野生力量又在多大程度上获得生存的空间，这同样成了难以回答的问题。而具体到798艺术区的直接管理者，即作为企业的七星集团，当企业利益和宏观的文化建设具有某种冲突的时候，企业在多大程度上还能去考虑艺术区的定位问题，这同样不好回答。

798艺术区及其与之类似的画家村、艺术区，仍然会面临不断出现的新问题的考验。

附 表

一、798艺术区入驻机构及个人主要情况统计表[①]

首栏说明，按顺序分别为：

名称；

所在区域：EDCDEF（对应艺术区平面示意图位置划分）；

性质：a. 艺术家工作室 b. 画廊 c. 展示空间 d. 广告设计类 e. 文化传播 f. 餐饮 g. 商铺 h. 其他 i. 教育培训 j. 艺术馆；

国别及地区（关于中国部分画廊，大陆之外的统计为台湾或香港、澳门）；

入园时间；

入园原因：a. 市场 b. 兴趣 c. 艺术氛围 d. 其他；

场地规模（单位：平方米）：a. 300以下 b. 300—800 c. 800以上；

经营、创作作品情况：a. 现当代 b. 传统 c. 综合；

作品价位：（单位：万元，a. 1万以内 b. 1—10万 c. 10—100万 d. 100万以上）；

作品流向：a. 中国大陆 b. 欧美 c. 中国港澳台 d. 韩日 e. 东南亚 f. 其他；

作品代理情况：a. 签约 b. 代理 c. 合作；

销售情况：a. 拍卖 b. 零售 c. 固定客户；

收支情况：a. 盈利 b. 持平 c. 亏损 d. 说明；

对798现状评价：a. 艺术区 b. 时尚消费 c. 旅游区 d. 其他；

[①] 因篇幅所限，当前列出的内容为部分主要内容。

未来评价：a. 艺术区　b. 时尚消费　c. 旅游区　d. 其他；

希望 **798** 的走向：a. 艺术区　b. 时尚消费　c. 旅游区　d. 其他；

金融危机影响：a. 严重　b. 一般　c. 无影响；

打算：a. 坚守　b. 等等看看　c. 打算撤离　d 其他；

798 的管理：a. 好　b. 差　c. 一般　d. 需要改进；

房租情况：a. 合理　b. 高　c. 低；

房租价格（平方米/天）：a. 2 元以内　b. 2—3　c. 3—4　d. 4—5　e. 5—6　f. 6—8　g. 8—10　h. 10 元以上；

游客情况：a. 购买艺术品　b. 购买其他纪念品　c. 不购买艺术品　d. 很少购买艺术品。

798艺术区入驻机构及个人主要情况统计表

名称	所在区域	性质	国别及地区	入园时间	入园原因	场地规模	经营、创作作品情况	作品价位（单位：万元）	作品流向	作品代理情况	销售情况	收支情况	对798现状评价	未来评价	希望798的走向	金融危机影响	打算	798的管理	房租情况	房租价格（元/平方米/天）	游客情况
边朝晖工作室	e	a	中国	2007	c	a	b	bc	abc		ac		ac	不清楚	a	a		c	b		bc
三版工坊	e	a	中国	2003	c	a	a	abc	abc	bc	abc	b	c	b	a	b	b	c	b	a	a
冀石工作室	d	a	中国	2005	c	a						不靠这边	c	c	a	b	b		不大重要		
郝光	f	a	法籍华人	2003年底	b	b	a		abcde		b		ab	abc	a	a	b	c	b		c
方蕾	d	a	中国	2003		a	a						a	不好说	a	b	b	c	b		c
邢俊勤工作室	e	a	中国	2002—2003	房租便宜，空间好								b	bc	a	a	b	c			
料阁子工作室	e	a	中国	2002—2003	房租便宜，空间好								ab	b	a	a		c			
ONE DAY	d	a	中国			a							c	c	a	a	a	c			
某工作室	a	a					c						ac	c	a	a	d	c			
张小涛工作室	e	a	中国	2002—2003	房租便宜，空间好								abc	d	a	a	a	d		b	

181

续表

名称	所在区域	性质	国别及地区	入园时间	入园原因	场地规模	经营、创作作品情况	作品价位（单位：万元）	作品流向	作品代理情况	销售情况	收支情况	对798现状评价	未来评价	希望798的走向	金融危机影响	打算	798的管理	房租情况	房租价格（元/平方米/天）	游客情况
傅磊工作室	e	a	中国	2002—2003	房租便宜，空间好								b	c	a	b	a	d			
料阁子工作室	e	a	中国	2002—2003	房租便宜，空间好								bc	bc	a	b	a	d			
白糖罐	d	a	中国	2005		a	b														
工作室	a	a				a	b														
孙晓东工作室	a	a	中国																		
咚巴拉（过去的红玉星）	e	ab	中国	1997.04	c	b	a		a	个人	c		ac	ac	a	b	a	d	b	d	b
尚尊画廊	d	abc	中国	2008.03	c	c	ac	b	bc	c	b	c	bc	ab	a	b	b	c			d
0工厂	d	ac	中国	2003		a	c	c	a	c	c	b	c	a	a	b	b	c	a	b	b
姜吉安工作室	d	ac	中国	2008上半年	c	a	b		abc				b	b	a	b	b	d	b		
王树山雕塑工作室	d	ac	中国	2006	a	b	c	b					ac	abc	ac	c	a	c	b		a
高氏兄弟工作室	de	acf	中国			a	b						ac	b	ab	c	a	b		b	
怡然工作室	d	acf	中国	2004	a	a	b	bc	abcde	个人展示	b		abc	abc			a	d			

续表

名称	所在区域	性质	国别及地区	入园时间	入园原因	场地规模	经营、创作作品情况	作品价位（单位：万元）	作品流向	作品代理情况	销售情况	收支情况	对798现状评价	未来评价	希望798的走向	金融危机影响	打算	798的管理	房租情况	房租价格（元/平方米/天）	游客情况
赵半狄工作室	e	ag																			
尚涂当代	e	b	中国	2008.05	ac	a	a	b	a	c	c	a	c	不好说	a	b	a	c	b	c	c
凡思度	e	b	中国	2007	b	a	a	b	abcd	个人展示	b	c	a	c	a	c	a	c	b	e	b
红色画廊	d	b	中国	2006	c	50平方	a	b		c	b	c	ab	b	a	b	a	c	b	d	b
喜神艺术空间	a	b	中国	2007.03	abcd	a	c			c	b			c								d
北京世纪翰墨	d	b	中国	2004	abcd	b	a	bcd	abcde	a	abc	a	a	a	a	a	a	a	b	b	ab
XYZ画廊	d	b	中国	2006.05	abc	a	c	abc	abcde	abc	abc	a	c	b	a	b	a	c	b	b	d
凯旋艺术空间	a	b	中国	2007.08	c	b	a	cd	ab	abc	abc	a	ac	bc		a	a	d	b	d	bc
大河画廊	d	b	中国	2008	abc	b	a	ab	abce	abc	abc	a	c	小商品倒卖市场		c	a	不会管理	b	d	ab
798桥艺术空间	d	b	中国	2007年底	abc	a	c	bc	abc	abc	b	ab	ac			a		c	b	c	bd
就是space	d	b	中国	2004	b	a	a	bc	abc	abc	bc	b	b	c		a	a	c	b	e	d
圣东方艺术画廊	d	b	中国	2006	ac	a	a	c	ace	abc	ab		c			a	a	b	b	b	d

续表

名称	所在区域	性质	国别及地区	入园时间	入园原因	场地规模	经营、创作作品情况	作品价位（单位：万元）	作品流向	作品代理情况	销售情况	收支情况	对798现状评价	未来评价	希望798的走向	金融危机影响	打算	798的管理	房租情况	房租价格（元/平方米/天）	游客情况
北京版车艺术中心	b	b	中国	2006	c	a	ab		bce		b	b	abc	ac	c			c	b		b
幻艺术空间	b	b	中国	2008.1	b	a	a	bc	a	ac	bc	b		c		a	b	c	b	d	c
唐人画廊	d	b	中国	2006	a	b	a	abcd	bc	b	ac	b	c	a		b	a	c	b	d	d
库艺术	b	b	中国	2006	b	a	a	b	abc	c	b	b	ac	b	a	a	a	c	b	c	d
Pyo Gallary	e	b	韩国	2006	a	c	a	c	abcde	abc	bc	b	ac	abc		a	a	d	a		d
林大艺术中心	b	b	印度尼西亚	2006	a	a	c	b	abcd	个人	b	b	ac	abc	不清楚	b	b	d	b	b	a
一层当代美好年代	d	b	中国	2005	c	b	ab	b	a	ab	abc	b	c	ac		b		d	b		c
北京锦都艺术中心	b	b	中国	2006.04	b	a	b	bc	abcde	ab	bc	b	c	d				d	b		c
风格中国画廊	d	b	中国	2009.05	c	a	a	b	ac	b	b	b	c	c					b	b	d
3818库画廊	d	b	中国	2004	c	a	a	a	abd	c	bc	b							a	a	d
韵画廊	d	b	中国	2005		a	c	c		a	c	b							b	b	ad
艺术杂志画廊	d	b	中国	2007	ac	a	a	b	abcd	abc		b							b	c	d
玉兰堂	d	b	中国	2007																	

续表

名称	所在区域	性质	国别及地区	入园时间	入园原因	场地规模	经营、创作作品情况	作品价位（单位：万元）	作品流向	作品代理情况	销售情况	收支情况	对798现状评价	未来评价	希望798的走向	金融危机影响	打算	798的管理	房租情况	房租价格（元/平方米/天）	游客情况
9 ART SPACE	d	b	中国	2007	c	a	a	ab	abcde	abc	abc	b							b	b	c
朝鲜万寿台创作社美术馆	b	b	朝鲜	2008.08	c	b	a		ab	b	b	c	ab	abc	a	a	a	c	b	c	d
走出非洲	a	b	中国	2009.02	c	a	a	b	国内外	abc	ab	c	a	ab	c	a	a	c	b	a	d
视·巅峰艺术	d	b	中国	2008.03	abc	a	c	b	abc	c	c	c	a	ab		b	a	c	b	c	b
磨金石空间	d	b	中国	2008.04	b	a	a	c	b	c	c	c	b	abc		c	a	c	b	c	c
观摩艺术空间	f	b	中国	2009.03	c	a	c	b	ab	b	b	c	abc	b		b	a	c	b	e	b
兰若画廊	d	b	中国	2009.01	c	a	b	a	a	b	b	c	c	其他	a	c	a	c	b	f	c
大风画画廊	f	b	美国	2006	a	a	a	b	b	b	abc	c	abc	不清楚	a	b	b	d	b	c	c
华艺莎艺术中心	a	b	印度尼西亚	2007	a	b	a	b	ce	abc	c	c	abc	abc	综合区	a	a	d	b	c	c
汇巨画廊	b	b	中国	1997	b	b	b	b	be	b	bc	c	a	abc		b	a	d	b	c	bc
DR画廊	d	b	中国	2008	abc	a	a	c	bcde	ab	bc	c	ac	abc		b	a	d	b	b	b
第五元素画画廊	e	b	中国	2006	a	a	a	b	b	abc	c	c									

续表

名称	所在区域	性质	国别及地区	入园时间	入园原因	场地规模	经营创作作品情况	作品价值（单位：万元）	作品流向	作品代理情况	销售情况	收支情况	对798现状评价	未来评价	希望798的走向	金融危机影响	打算	798的管理	房租情况	房租价格（元/平方米/天）	游客情况
26.2空间	a	b	中国	2008年底	bc	26.2平方	a	a	a	c	b	c	a	a			a	d	b		b
东轩空间	b	b	中国	2008.03			b	b		b		c									
3+3艺术空间	e	b	中国	2003	c	a	a	abc	abc	bc	abc	c						b	b		a
七星永和画廊798	e	b	中国	2008.03	a	a	c	a	a	c	b	c	c	a		a	b		b	d	c
存在画廊	b	b	中国	2009	c	b	a	ab	abcde	ab	ab	c							b	b	d
先声画廊	a	b	中国	2008.04	ac	a	a	bc	abcde	abc	c	c							b	g	c
鸿声空间	d	b	中国	2006	c	a	a	b	a	a	bc	c							b	d	d
九鼎当代艺术空间	d	b	中国	2008.1	d	a	a	b	f	c	ac	d							b	e	d
宝胜画廊	b	b	中国台湾	2008	abc	a	ab	c	c	b	b	未知	c	c	a	a	b	b	b		d
红玫瑰白玫瑰现代美术	d	b	中国台湾	2009.05	a	a	c	abc	b	a	bc		ab	b	a	a	b	a	b		d
山艺术	d	b	中国	2009.04	c	b	ab	b	bce	bc	b		ac	c	a	b	a	b	b		d
798时代空间	d	b	中国	2005		a	a	b		b		abc	c		b	b	b	b		d	b
别处空间	d	b	中国	2006	b	a	c		abc	bc			c	c	a	a	c	b	d	b	
大仓库	e	b	韩国	2007.09			c	不定													

186

续表

名称	所在区域	性质	国别及地区	入园时间	入园原因	场地规模	经营、创作作品情况	作品价位（单位：万元）	作品流向	作品代理情况	销售情况	收支情况	对798现状评价	未来评价	希望798的走向	金融危机影响	打算	798的管理	房租情况	房租价格（元/平方米/天）	游客情况
天画廊	d	b	韩国	2007	c	b	a	c	abcde	abc	c		ac	c	a	a	a	c	b		c
昌阿特	e	b	韩国	2009.02		b	a			abc			b	b	a	b	a	c			d
曼谷艺术	d	b	中国台湾	2006	ac	a	a	c	acf	b	abc		b	c	a	a	a	c	b		c
玛恋乐	e	b	意大利	2005		a	a		b	abc	bc		c	不清楚	a	b	a	c			
夸克艺术空间	a	b	中国	2006	a	a	a	ac	b	abc	abc		abc	abc	全面	b	a	c	a		d
MANO艺术画廊	b	b	中国	2009		a	a	b	abcde	c	bc		ac	bc		a	a	c		d	
凯旋艺术空间（与a区的是同一家）	d	b	中国	2009.04		a	c	b	ae	b	b		abc	abc		b	a	c			b
北京公社	f	b	中国	2006		a	a						b	b		b	b	c	b		d
思莱德画廊	b	b	中国	2007		a	a						a	a		a	b	c		c	d
林冠画廊	b	b	丹麦	2002		b							c	灭亡		a	b	d			
东京画廊	e	b	日本	2008	b	c	a	bc	ab	abc	bc		c	d	a	a	b	d	b		d
玛吉画廊	e	b	西班牙	2008	a	a	ab			c	bc		ac	ac	综合区	a	b	d	b	g	bd
文韵时光	b	b	中国	1996																	

续表

名称	所在区域	性质	国别及地区	入园时间	入园原因	场地规模	经营、创作作品情况	作品价位(单位:万元)	作品流向	作品代理情况	销售情况	收支情况	对798现状评价	未来评价	希望798的走向	金融危机的影响	打算	798的管理	房租情况	房租价格(元/平方米/天)	游客情况
红星画廊	d	b	中国	2006	a	c	a			c			ad不好说	a		b	a	d			a
九立方画廊	e	b	中国	2008		a										a	没打算	d			
画廊	a	b				a	b														
佩斯北京	b	b	美国			a							c	c	a	b	a				
安妮画廊	a	b	中国	2003	bc	a	a						c	商业区	不清楚	b					
高地画廊	b	b	中国	2005		b	c							d							
灿艺术	d	b	中国	2007.07		c	a		abc	abc						b	c		b	c	d
八大画廊	d	b	中国			a	a	c		a	abc								b	c	b
力拓画廊	f	b	中国			b	a														
纯萃空间	b	b	中国	2009.05	b	b	c	c	a	c	c								b	c	
中国烙画	e	b	中国	2009.04	c	a	a	b	ab	个人展示	c								b	c	d
圣派格画廊	a	b				a	c														
源莱艺术空间	a	b				a	b														

188

续表

名称	所在区域	性质	国别及地区	入园时间	入园原因	场地规模	经营、创作作品情况	作品价位（单位：万元）	作品流向	作品代理情况	销售情况	收支情况	对798现状评价	未来评价	希望798的走向	金融危机影响	打算	798的管理	房租情况	房租价格（元/平方米/天）	游客情况
鼎峰空间	b	b		2009.11	d	b	a	bc	ab	abc	abc								b	f	d
星空间	d	b					a															
仁	d	b																				
亦安画廊	e	b																				
初木想想	d	b				a																
星空艺术画廊	a	b		2007		a																
龙艺榜画廊	a	b				a	a															
圣邦德画廊	a	b				a	b															
宁（ning space）	b	b				b																
卓越空间	d	b		2007年秋		b														b	c	d
偏锋新艺术空间	b	b																				
新时代画廊	d	b				b																
珊和羽画廊	d	b				b	b															
艺视画廊	d	b				a	a															

续表

名称	所在区域	性质	国别及地区	入园时间	入园原因	场地规模	经营、创作作品情况	作品价位（单位：万元）	作品流向	作品代理情况	销售情况	收支情况	对798现状评价	未来评价	希望798的走向	金融危机影响	打算	798的管理	房租情况	房租价格（元/平方米/天）	游客情况
视空间（撤出？）	d	b				a															
长征空间	d	b																			
东方画廊	d	b																			
阿特赛帝画廊	e	bc	韩国	2003		a	a	bc	bc	a	abc	b	c	不清楚	a	b		b	b		b
see+	b	bc	中国	2008		a	c	a	a	b	b	b	c	c		b		b	b		d
传承艺术中心	e	bc	中国台湾	2007.09	c	a	a	abcd	abc	abc	abc	c	a	c	a	b	b	b	b	d	d
方音空间	d	bc	中国	2007	b	b	a		abc	b	b		ac	b		a	a	c	b		d
亚洲艺术中心	d	bc	中国台湾	2007.1	a	b	a	b	b	bc	c		a	c	a	b	b	d			c
舟画廊	b	bc	中国	2008	b	a	a	b	abcde	b	b		ab	b		b	a	d	b		d
百年印象摄影画廊	e	bc	中国	2003	b	b	abc	b		b			b	c		a	b	d			
水木当代艺术空间	a	bc	中国	2008.02		b	a	cd	b	个人创造	b	c	a	a		c	a	a	b		c
画廊	d	bc																			
超越空间	b	bce	中国			a	a	abcd	abc	abc	b		ac	ac		c	a	c	b		c
映艺术中心映画廊	f	bcef	中国	2007		b	a				bc										

续表

名称	所在区域	性质	国别及地区	入园时间	入园原因	场地规模	经营、创作作品情况	作品价位(单位:万元)	作品流向	作品代理情况	销售情况	收支情况	对798现状评价	未来评价	希望798的走向	金融危机影响	打算	798的管理	房租情况	房租价格(元/平方米/天)	游客情况
北京季节画廊	b	bcf	新加坡	2003	b	b	a	bc	abcde	abc	bc	c	abc	abc	a	a	a	c	b	c	d
棍尚	b	bd	中国	2007	b	a	a	bc	abcde	a	b	c	ac	a		b	a	c	b		d
T级艺术中心	d	bf	中国	2007	c	c	a	cd	abcde	b	c	c	ac	ac		b	b	d			c
WITH SPACE	d	bf	韩国	2008.08	c	b	c	bc	d	c	b	c	c	ab	a	b	b	c	b	d	d
红三房画廊	b	bf	中国	2007		a	a	abc	acd	a	bc	c	ac	bc		a	a	d	b	h	d
北京千年时间	d	bf	中国	2003	b	b	c	abc	abcde	abc	abc	b	abc	abc	a	b	a	c	b	b	b
原色生活	e	bg	中国	2001	a	a	c	b	abcde	abc	bc	b	a	ab		b	a	c	b	b	ab
红鼎艺术	a	bg	中国	2006		a	c			abc			ad	a		b	c	cd	b		ab
凯旋新锐空间	d	bg	中国	2007	a	a	a	ab	bc	c	bc	b	ab	b	a	a	a	d	b		d
漆千年艺术中心	e	c	中国	2003	b	a	c	b	其他	c	c	b	abc	四不像	a	b	b	c	a		
数字艺术中国	e	c	中国	2008	c	b	a	c	bc	c	c	b	a	bc	ab	b	a	d	b	f	d
地下798艺术空间	a	c	中国	2008.02	c	a	a	a	abc	c	bc	b	a	ab	a	a	a	d	b	b	bc
798兄弟营	d	c	中国	2008.11	c																bd

附表

续表

名称	所在区域	性质	国别及地区	入园时间	入园原因	场地规模	经营、创作作品情况	作品价位(单位:万元)	作品流向	作品代理情况	销售情况	收支情况	对798现状评价	未来评价	希望798的走向	金融危机的影响	打算	798的管理	房租情况	房租价格(元/平方米/天)	游客情况
中方角	d	c	中国	2001	d	a		b	abc	c	abc	b长期看应该盈利	ac	abc	a	b	a	c			
前方艺术	e	c	中国	2003	c	a	a	b	abce	b	abc		c	c	a	a	b	d	b	c	c
根艺	e	c	中国	2009.04	c	a	b	b	a	个人展示	bc	a	ac	abc		a	a	c	b	c	d
photo gallary	d	c	法国	2007	c	a	a	b	法国	a	b	a	ab	c		a	b	d		c	a
嘉元家居体验馆	b	c	中国	2009.01	c	a	a	a			c	b	c	c		a	b	c	b	c	b
DRAR	d	c	中国	1998	a	b	b	b	abc	c	b	b	abc	d		a	b	d	b	c	b
open实现当代艺术	f	c			b	b	a	bc	b	b		c	a	b		a	b	c	b	e	b
中国雕塑学会沙龙	d	c	中国	2008	a	a		ac	abcde	个人	c	c	ac	c		a	b	c	b		d
雕塑达人	d	c	中国	2008年底	b	50平方	a	ac	b	abcde	个人	c	c	b	b	a	a	d	a	e	a
意中艺术工作室	d	c	意大利	2005.05	c	a	c	b	b	c	c	d	b	c		a	b	b	a	h	d
贝碧欧	e	c	法国	2007		a	a	a						b	c		a	a	b	b	b	d
八方艺术协作计划	d	c	中国	2005	b	a	b							b	c		a	b	b	b	a	

续表

名称	所在区域	性质	国别及地区	入园时间	入园原因	场地规模	经营、创作作品情况	作品价位（单位：万元）	作品流向	作品代理情况	销售情况	收支情况	对798现状评价	未来评价	希望798的走向	金融危机影响	打算	798的管理	房租情况	房租价格（元/平方米/天）	游客情况
常青画廊	d	c	意大利										b	b	a	c		c			
海峰艺术空间	d	c	中国	2009.01	c								a	a		a		c	b		
梦空间	e	c	中国	2009	c	a	a						c	c		b	c	c	b	c	
一棵空间	e	c	中国	2009		a	a			个人展示			bc	b		a	a	c			
伊比利亚当代艺术中心	e	c	西班牙			c							c	c	a	a		d			
photo gallary	d	c	美国					b	abcde				abc	abc	a	b	a	d			
美国摄影	e	c	美国										c	看政府导向	a	c	a但不会为旅游区坚守	d			
任哲雕塑工作室	d	c	中国	2005		a	c						a	ab	a	b	a	d			a
泰康顶层空间	b	c	中国	2006		a	a						大杂院	大杂院	a		撤退（打完官司后）	太差	b		d

续表

名称	所在区域	性质	国别及地区	入园时间	入园原因	场地规模	经营、创作作品情况	作品价位（单位：万元）	作品流向	作品代理情况	销售情况	收支情况	对798现状评价	未来评价	希望798的走向	金融危机影响	打算	798的管理	房租情况	房租价格（元/平方米/天）	游客情况
于倩空间	a	c	中国																		
Bridge Gallary	f	c																			
yuanfen缘分：新媒体艺术空间	e	c					a														
你我（朝艺堂）	d	c																				
NIKA体验中心	b	c		2008	ac	a															
798艺术中心	b	c				b															
融一空间	a	c																			
金增贺工作室	d	ca	中国	2000		a	a		be		b		b		a	b	a	d			
刺青工作室	e	ca	中国	2004.05		a	a	b		c	c	c	c		a	a	a	d			
郝丽工作室	d	ca	中国	2006	c	a	a	a	ab	c	b	a	b	bc	a	b	b	c	b	c	a
罗兰巴特家居配饰设计中心	d	cdg	中国	2008	b		a		a			b	abc						b	d	d

续表

名称	所在区域	性质	国别及地区	入园时间	入园原因	场地规模	经营、创作作品情况	作品价位(单位:万元)	作品流向	作品代理情况	销售情况	收支情况	对798现状评价	未来评价	希望798的走向	金融危机影响	打算	798的管理	房租情况	房租价格(元/平方米/天)	游客情况
国石工坊	b	cefg	中国	2008.12	a	c	b	a	a	bc	b	c	a				b	c	b		d
圣之空间	d	cf	中国	2008.05	c	b	a	c	abcde	c只做展览	b	b	c	a		a	a	c	b		b
咖浓咖啡	d	cf	中国	2007.07	d	a						c							b		
白石茶馆	d	cfg	中国台湾	2008	abc	b	b	ab	abcde	b	b	b	c	c	a	a	b	b	a	d	ab
风尚80后	d	cg	中国	2007	c	a	c	a	abc	b	b	c	c	c	b	a	b	c	b	b	c
798艺术游局	d	cg	中国	2008.11	b	a	ab						ac	ac		b	a	cd	b	g	bd
赫立画廊	b	ch	中国	2009		a						b	c	c		a	b	c	a		a
巴黎·北京摄影空间	d	c展示空间	法国			c	a	abc	bc		c		c	c	b	c	b	d			
时态空间	e	c综合	中国	2002	b	c	a	c	a	c	bc	c	a	a	a	b	a	c	b	c	d
尤伦斯	e	c综合	比利时	2007	d	c	a		abc	c	abc	a	a	a	a	b	a	d			
思想手设计·计划	e	d	中国			a	a						d艺术与旅游	c	a			c	b	b		b
设计工作室	f	d		2005		a															
尚工空间	e	d											abc	c		a	c	d			

续表

名称	所在区域	性质	国别及地区	入园时间	入园原因	场地规模	经营、创作作品情况	作品价位（单位：万元）	作品流向	作品代理情况	销售情况	收支情况	对798现状评价	未来评价	希望798的走向	金融危机影响	打算	798的管理	房租情况	房租价格（元/平方米/天）	游客情况
闲格	b	d	中国	2007.07		b	c						ac	b	b	b	b	a			d
创流空间	a	d	日本	2009.01	c	a					b	b	a	不清楚	a	b	b	c	b	b	d
超越建筑	b	d	中国	2008.1	cd	a	c					b	a	a	a	a	b	c	c	f	
绿影堂	b	d	中国	2008	abc	b	b	a	a	b	c	b	a	bc		b	a	c	c	e	d
德可可	d	d	韩	2008	d	a							abc	c	a	a	a	c	b		
鲤设计工作室	d	d	中国	2005									a	ab		a	b	c	b		
acf	d	d	中国	2002		b							b	b		a	a	c			
阿比塔瑞设计公司	b	d	中国			a							ac	a	a	b	a	c			
梁景华设计顾问公司	b	d	中国			b							abc	abc		b	a	c			
4M空间设计组	b	d	中国	2007	c	b							a	a	a	a	a	d			
闲约国际设计	b	d	中国			a															
当时设计中心	b	d																			
十上社樱建筑	b	d																			

续表

名称	所在区域	性质	国别及地区	入园时间	入园原因	场地规模	经营、创作作品情况	作品价位（单位：万元）	作品流向	作品代理情况	销售情况	收支情况	对798现状评价	未来评价	希望798的走向	金融危机影响	打算	798的管理	房租情况	房租价格（元/平方米/天）	游客情况
CCII	e	d																			
新讴颂设计有限公司	b	d																			
设计公司	b	d				a															
博立信广告公关	d	d																			
马克·张时尚工作室	e	da	中国			b															
依嘉依服饰设计工作室	d	dg	中国	2006	b	30平方米						b	abc	abc	a	b	a	c	b		b
瑞意国际陈列设计	b	dg	中国	2009.05	b	a							ac	ac		b	b	bd			
中赫时尚	e	di	中国	2004.12	c	b	c						c	c		b	b	c	b	b	
影视工作室	f	e	中国	2009年初	c	b							a	ab		b	b	a	b	b	ab
读图时代	d	e	中国	2006.03	c	a					b	a	ac	c	b	a	a	d	b	d	b
书店（未取名）	e	e	美国	2009.05	a	a					b	b	abc	abc	a	b	b	c	b	b	b
陶笛公社	d	e	中国	2009.02	d	a						b	商业艺术区	商业艺术区		b	a	c	b	b	a

197

附表

续表

名称	所在区域	性质	国别及地区	入园时间	入园原因	场地规模	经营、创作作品情况	作品价位(单位:万元)	作品流向	作品代理情况	销售情况	收支情况	对798现状评价	未来评价	希望798的走向	金融危机的影响	打算	798的管理	房租情况	房租价格(元/平方米/天)	游客情况
罐子书屋	d	e		2006		a						c	d			a	d				b
北京造办文化艺术有限公司	b	e																			
世纪光年	d	e																			
天地琢石影视投资有限公司	e	e																			
圣夫罗尔	d	ef		2006	b	a						b	abc	c	a	b	a	c	a	b	
劳观·书社	d	ef		2008.09	b	a						b	b	c	b	b	b	d	b	a	
菊香书屋	e	ef	中国	2008		b							ab	ab	c	a	b	c			d
圣夫洛尔	e	ef																			
东八时区	d	efc	美国	2002	c	a	a	b	abc	c	b	c	abc	b	a	b	c	a	a		d
名利公司	d	efg	中国	2007	c	a	a					c	c	b	b	c	a	d	b	e	
料阁子	e	f	中国	2003		a						a	ac	abc	c	b	c	a	a		
VANTT咖啡	d	f		2007	其他	a						a	abc	c	a	c	a	c			
天下盐	e	f	中国	2003		a						a	c	d		a	a	d	b	d	
伊比利亚咖啡厅	e	f	西班牙	2007		a						b	abc	bc	a	a	a	b	a		

续表

名称	所在区域	性质	国别及地区	入园时间	入园原因	场地规模	经营、创作作品情况	作品价位（单位：万元）	作品流向	作品代理情况	销售情况	收支情况	对798现状评价	未来评价	希望798的走向	金融危机影响	打算	798的管理	房租情况	房租价格（元/平方米/天）	游客情况
米诺咖啡	e	f	中国	2000	d	a							abc	商业艺术区		b	a	cd	a		
真梨村	a	f	韩国	2000之前	a	a						b	abc	说不好	a	b	b	d			
美兰玉餐厅	d	f	中国	2000	a	a						b	a	a		b	a	d	a	b	
cafei	d	f	中国	2009.02	abc	b						b	c	bc		b	b	d	b	c	
罗熬人家	b	f	中国	2008.08	b	a						c	ac	abc		c	a	a	b	c	
燕来屋	d	f	韩国	2009.05	b	a		b		c	b	c	b	c		b	b	d	b	b	d
永一格坊	e	f	中国	2003	c	a	a					c	a	a		a	a	d	b	b	
at caf é	e	f	中国	2006	c	b						c	c	c			b	c	b	a	cd
小万食堂	b	f	中国	2007	b	b													a	b	
东方咖啡	e	f	中国			70平方米															
七食年代	d	f				a	a														
闲着也是闲着咖啡厅	b	f																			
沈记菜馆	d	fc	中国	2006	a	a							c	c		a	a	c	b	c	
又见米线	d	fc	中国	2009.01	d	a	a						c	c		a	b	d	b	c	c

附表

199

续表

名称	所在区域	性质	国别及地区	入园时间	入园原因	场地规模	经营、创作作品情况	作品价位（单位：万元）	作品流向	作品代理情况	销售情况	收支情况	对798现状评价	未来评价	希望798的走向	金融危机影响	打算	798的管理	房租情况	房租价格（元/平方米/天）	游客情况
风铃原创服装工作室	a	g				a															
都盛创意空间	d	g	中国	2009.03	c	a					b	a	a	d其他		b		a	b	f	b
中国西南少数民族刺绣艺术	d	g	中国	2008.11	b	50平方米					b	a							b	f	b
8方饰	b	g	中国	2008.08	c	a					c	a							b	e	b
金镶瓷	e	g	中国	2009.02.28	c	b	a	abcd			bc	a							a	c	ab
铁匠营	d	g	中国	2009.03	c	a	b（自己加工）	a	abcde			a							b		
杨虹布衣工坊	d	g	中国	2007	b	a						a							b	d	
未取名	d	g	中国	2006	b	b	a				b	b	a	a		b		a	a	b	ab
优看	d	g	中国	2008.12	a	a		a		b	b	b	a	a		a	b	a	b	b	a
美人记	d	g	中国	2003	b	a			b		b	b	a			b	a	c	b	e	d
商铺	d	g	中国	2009.06	bc	a	b	a	ae	b	b	b	c	ac		b	b	c	b	e	b
商铺	d	g	中国			a	a		游客	个人	b	b	c	c		a		c	a	d	ab
东巴e族	d	g	中国	2008	c	a	c	a	abcd	b	b	b				a	a	c	a	d	
格子店	d	g	中国	2009.03	c	a	a	a	abcd		b	b	b	b		c	a	d	b	e	
商爵	d	g	中国	2005	c	a	a	a	abcd		b	b	ac	ac							

200

续表

名称	所在区域	性质	国别及地区	入园时间	入园原因	场地规模	经营、创作作品情况	作品价(单位:万元)	作品流向	作品代理情况	销售情况	收支情况	对798现状评价	未来评价	希望798的走向	金融危机影响	打算	798的管理	房租情况	房租价格(元/平方米/天)	游客情况
商铺	d	g	中国	2009.05	abc	a						b							b	c	b
丰乐陶坊?	d	g	中国	2009.05	c	a	c				b	b							b	d	a
银殊	d	g	中国	2003	c	a			abcde	工作室制作	bc	c	a	c		a	b	a	b	c	a
姜荼	a	g	中国	2005	c	a			abcde			c	b	bc		a	b	d	b			b
商店	e	g	中国	2004	d其他	10平方米左右						c	bc			a	a	d				
红典轩	a	g	中国	2008.04	b	a(60平方米左右)	b		abcde		b	c	a	ac		a	b	d	b	c		b
商铺	d	g	中国	2009.03	d	a	c	a	a	c	b	c					a		b	g	a
地下798	a	g	中国	2007	c	a	b		b	bc	b						a	a		e	bd
商店	d	g	中国	2009		30平方米							c	c		a	a	a				
喜洋洋艺木空间	d	g	中国	2009.03		50平方米							ac	abc		b	a	a	b			
商店	d	g	中国			a	c		abc	c	b		不清楚			a	b	b	b			a
炼金坊	d	g	中国			a							a	ac		a	a	a				a
玫瑰罗曼	d	g	中国台湾	2009.05	c								abc	abc		b	b	c		f	a

续表

名称	所在区域	性质	国别及地区	入园时间	入园原因	场地规模	经营、创作作品情况	作品价位（单位：万元）	作品流向	作品代理情况	销售情况	收支情况	对798现状评价	未来评价	希望798的走向	金融危机的影响	打算	798的管理	房租情况	房租价格（元/平方米/天）	游客情况
创可贴	d	g	中国			20平方米							a	a		b	b	c			
商铺	d	g	中国	2006		40平方米							a	a		b	b	c			
商店（无名称）	f	g	中国	2009.06	c	约20平方米					b		c	b		a	b	c			
商店	d	g	中国			10平方米							c	c		b	a	c			
青花	d	g	中国	2009		60平方米							ac	b	a	b	b	c			
贺泽	f	g	中国台湾										abc	c		c	a	d			b
MARANO	b	g	中国	2008.09	c	a							ab	a		b	a	d			
新建公社	d	g	中国	2009.06	b	10平方米							b	b		c	b	d			a
商铺	d	g	中国	2009.03		a	b						c	c		b	a	d			
轩典红	d	g	中国	2007	a								c	c		b	a	d			
游记	d	g	中国	2008		10平方米左右							c			a	b	d	b	d	
兰花坊	e	g	中国	2008.01	bc	a							综合	综合		a	a	d		d	
营之坊	d	g	中国			10平方米							综合	综合		a		d		d	b
商铺	d	g	中国																		

续表

名称	所在区域	性质	国别及地区	入园时间	入园原因	场地规模	经营、创作作品情况	作品价位（单位：万元）	作品流向	作品代理情况	销售情况	收支情况	对798现状评价	未来评价	希望798的走向	金融危机影响	打算	798的管理	房租情况	房租价格（元/平方米/天）	游客情况
商铺	d	g	中国		b														b		a
毕达美	d	g	中国	2009.03	bc	a													b	f	b
手工艺术馆	d	g	中国	2008	abc	a													b	e	ab
手工编织	d	g				40平方米															
领袖服装	e	g				80平方米															
ARTSHOP	d	g		2009		a															
咖啡店	d	g				10平方米															
概念80	d	g				40平方米															
东西（人气杂货）	d	g				a															
朱秀珍刺绣工作室	e	ga	中国	2007年底	a	a	c	abcd	abcde	c	bc		c	不清楚	a	a	b	d			a
韩冬首饰工作室	d	ga	中国	2006	c	a		a	abcde		c	a	c	a	a	a	c	c	b		d
谭安堂	d	ge	中国	2007	c	a	b					c	a	b	a	b	b	c	b	d	a
艺术家的院子	d	gf	中国台湾										c	b	a	a	a	b			
印象舞社	e	i	中国	2008.1	c	b							a	a	a	b	a	c			
中国当代（准备撤离）	d	办公室				a	a														

续表

名称	所在区域	性质	国别及地区	入园时间	入园原因	场地规模	经营、创作作品情况	作品价位（单位：万元）	作品流向	作品代理情况	销售情况	收支情况	对798现状评价	未来评价	希望798的走向	金融危机影响	打算	798的管理	房租情况	房租价格（元/平方米/天）	游客情况
多媒体	d	公司																			
北京金山佰丰音响工程	a	其他																			
MC design	e	未使用																			
史晶颜畋工作室（百平空间）	a					a															
星云摄影	a																				
798红门画廊（退出）	a					b															
红凤汇	a																				
尚舍空间	b																				
Qui Rido	d																				
天元空间站	e																				
大象艺术空间	e																				
北京汉环释天环境艺术设计																					

二、访谈统计

1. 艺术家访谈：

受访人	性别	年龄	籍贯	职业	访谈时间	访谈地点	访谈时长（分钟）	备注
不知名者	男		四川	艺术家		798	5	
方敏	男			尚尊画廊主人，艺术家（油画）	2009.03.09	尚尊	91	798艺术区艺术家
高氏兄弟（高戈）	男		山东	艺术家（行为、雕塑）	2009.03.06	高氏兄弟工作室	122	798艺术区艺术家
郝光	男			艺术家	2009.04.14	799工作室	174	
					2009.04.16	映空间	156	
					2009.05	799工作室	21	
郝丽	女			艺术家		郝丽工作室	137	
黄锐	男			艺术家	2009.03.31	思想手工作室	62	798第1—3届艺术节策划人
老巴	男			艺术家		老巴工作室	2	
李九实	男		山东	艺术家（油画）	2009.04.03	宋庄李九实工作室	107	宋庄画家村职业艺术家
李正伟	男			红色画廊主人、艺术家（油画）	2009.03.31	红色画廊	21	798艺术区艺术家
盛浩宇	男			艺术家（设计）	2009.03.04	尚工空间	58	

续表

受访人	性别	年龄	籍贯	职业	访谈时间	访谈地点	访谈时长（分钟）	备注
史国瑞	男		山西	艺术家（摄影）	2009.05.20	北五环艺术家工作室	77（视频）	2008年底离开798
孙芙蓉	女			艺术家（装置）	2009.03.16	张小涛工作室	80	宋庄艺术家
武洪滨	男		山西	艺术管理学博士	2009.03.30	宿舍	22	关于艺术市场
徐勇	男			时态空间主人，艺术家（摄影）	2009.04.02	时态空间	113	组织实施"再造798"、第一届大山子艺术节等活动。
张小涛	男		四川	艺术家（油画、多媒体）	2009.03.21	张小涛工作室	139	798艺术区艺术家
朱阳	男		江西	媒体艺术学生		798艺术区	26	英国伦敦大学学生

2. 画廊及其他机构访谈：

受访机构	受访人	性别	年龄	籍贯	访谈时间	访谈地点	访谈时长（分钟）	备注
	梁主任	男		山东	2009.02.25	北京市民盟	19	北京市民盟
	李继春				2009.03.09		69	798艺术区建设管理办公室
					2009.03.25		41	
3+3艺术空间	小郭（空间日常管理）	女			2009.03.25	3+3艺术空间	23	

续表

受访机构	受访人	性别	年龄	籍贯	访谈时间	访谈地点	访谈时长（分钟）	备注
3+3艺术空间	满开慧	女			2009.05.14	三版工坊	55（录像）	访谈三版工坊、银殊、3+3艺术空间主人
BRDR等					2009.03.018	BRDR等	59	
ccii国际设计中心	小郭	女			2009.03.08	ccii国际设计中心	10	
open space					2009.03.25	open space	36	
部分商铺访谈之二					2009.03.18		59	
部分商铺访谈之三					2009.03.18		26	
部分商铺访谈之四					2009.03.18		47	
部分商铺访谈之一					2009.03.18		43	
朝艺堂	Lisa	女			2009.03.09	朝艺堂	11	
传承画廊					2009.03.25	传承画廊	4	
淳安堂				江苏	2009.03.07	淳安堂	13	文房四宝、茶具
存在画廊	吕元永	男		山东	2009.03.08	存在画廊	47	
					2009.04.08	同上	48	
					2009.05	同上	135	
					2009.05	同上	21	
					2009.06	同上	147	

续表

受访机构	受访人	性别	年龄	籍贯	访谈时间	访谈地点	访谈时长（分钟）	备注
大风画廊					2009.03.25	大风画廊	7	
地下798		男			2009.06	地下798	27	
东方艺术空间					2009.03.12	东方艺术空间	31	
读图时代等					2009.03.018	读图时代等	47	
风尚80后	小李	女			2009.03.01	风尚80后	32	
风尚80后		女			2009.03.25	风尚80后	20	
红三房等					2009.03.21	红三房等	14	
红色画廊	李正伟	男			2009.03.15	红色画廊	39	
画廊798		男		青岛	2009.03.25	画廊798	24	
幻艺术空间	佟大伟	男			2009.05.22	空间门前休息处	41	
戟艺画廊	邢俊勤工作室助手王俊洁	女			2009.03.12	戟艺画廊	31	
九立方		女		河南	2009.03.25	九立方	40	
咖浓咖啡等					2009.03.017	咖浓咖啡等	47	
力拓画廊	冯超	男		河北	2009.04.08	力拓画廊	24	
两家咖啡店					2009.03.21	咖啡店	14	
料格子	毛栗子	男			2009.05	料格子餐厅	24	

续表

受访机构	受访人	性别	年龄	籍贯	访谈时间	访谈地点	访谈时长（分钟）	备注
罗苾人家、存在空间等					2009.03.017	罗苾人家、存在空间等	57	
前方艺术	闫助理				2009.03.08	前方艺术	35	
任哲雕塑工作室	助手				2009.03.25	任哲雕塑工作室	10	现在以展示艺术家自己的作品为主
时态空间	文琳（助理）	女		山西	2009.03.11	时态空间	109	
					2009.05.19	同上	21	
台湾电子产品展示厅、存在画廊等					2009.03.08		104	
陶艺等					2009.03.018	陶艺等	43	
文房四宝店					2009.03.07	店内	13	
文韵画廊					2009.03.13	文韵画廊	13	
秀画廊					2009.03.09	秀画廊	28	已撤出
一个书店					2009.03.07	书店	4	
艺术咖啡等					2009.03.018	艺术咖啡等	26	
艺术区座谈会					2009.05.21	798艺术区建设管理委员会会议室	127	

续表

受访机构	受访人	性别	年龄	籍贯	访谈时间	访谈地点	访谈时长（分钟）	备注
艺术投资	总编	男		山西	2009.06	伊比利亚咖啡厅	36	
意中艺术	莫妮卡	女		意大利	2009.06	意中艺术	31	
映空间（书店）等	书店店员等				2009.03.017	映空间（书店）等	47	
走出非洲、红色画廊等					2009.03.25	走出非洲、红色画廊等	12	

三、"面对金融危机，798 艺术区如何做到可持续发展"

座谈会会议内容

2009 年 5 月 21 号下午 14 时，针对 798 艺术区当前发展所遇困境，中国艺术研究院艺术人类学研究中心在 798 艺术区管理办公室会议室召开了"面对金融危机，798 艺术区如何做到可持续发展"的座谈会，试图通过大家的讨论，集思广益，为 798 艺术区发展做进一步的探讨和研究。

座谈会邀请了朝阳区区委宣传部、798 艺术区管理委员会、物业等部门参加。并同时邀请 798 艺术区的部分相关机构和个人参加。

时间：2009.05.21
地点：798 艺术区建设管理办公室会议室
主要议题：
1，798 艺术区当前面临的问题及机遇。
2，798 艺术区的定位。
3，798 艺术区如何做到可持续性发展。
4，与会代表感兴趣的其他问题。

参加座谈会的主要代表（排名不分先后）：
方李莉：中国艺术研究院艺术人类学研究中心主任

刘钢：北京798艺术区建设管理办公室副主任
周贵林：北京七星华电科技集团有限责任公司
李明：朝阳区区委宣传部
朱其：策展人
张小涛：艺术家
管一棹：一棹空间（艺术家）
徐勇：时态空间（艺术家）
于晓东：亚洲艺术中心总经理
满开慧：3＋3艺术空间、三版工坊
王海英：库画廊
陈进：open实现当代艺术中心
佟大威：幻艺术空间
吕元永：存在画廊
罗憨人家：祝荣周

另有中国艺术研究院多名博士及硕士：安丽哲、刘明亮、施艳萍、王婷婷等。

座谈会现场

会议主要内容[①]

方李莉：

首先感谢大家在百忙之中来参加这个会议。

在2005年，受北京市委的委托，北京市民盟曾经做了对798艺术区的一个调查研究，我们中心参与了当时的调查，最后根据调查情况向政府相关部门提交了一份关于"大山子文化艺术产业区（798厂及其周边企业）的调查：798现象分析及对策的建议的调查报告"。

2005年，798艺术区面临着被拆迁的命运，那个时候，北京市政府就委托学者对该区域进行调查和研究。当时的调查背景是：最初798艺术区这个地方，并非是政府规划而出现的，而是社会的发展和文化的需要自然而然产生的。这是处于北京市的一个中心区域，位置非常重要，有很高的商业价值。摆在政府面前的问题是：是让当时的艺术家继续在这里生存，把这里变成一个文化创意产业区，还是将这里变成一个类似于中关村那样的高科技产业的区域。其实文化创意产业是后来才有的名词，最初并没有这样的意识。反倒觉得这里的许多艺术创作比较敏感，担心与国家发展的主旋律不符。面临这些问题，需要有深入的研究和调查。当时我们发放了很多的调查问卷，访谈了不同层面的人群，还召开了几个与之相关的座谈会，我记得当时曾在徐勇先生的时态空间开过座谈会。

开完座谈会，我当时就列举了几条798不能拆的理由：

一、从硬件方面来看，这里的建筑具有历史文化的价值，因为这里的厂房是当时东德援建的，是我国工业文明发展的一个见证。本身具有标志性和历史意义，而且是我国工业发展初期留下来的建筑物，虽然到现在只有几十年的时间，但已经成为一种文化遗产了。

二、从软件上来讲，一个国家的社会发展不仅需要有经济上的繁荣，更要有文化上的繁荣。在经济发展到一定程度，必然迎来一个文艺复兴的高潮和文化繁荣的时期。798艺术区作为一种文化艺术区，是非常需要支持和保留的。

另外，798不仅是一种文化现象，也是一种经济现象，是一种新的文化创意产业，未来支持经济发展的不仅有高科技产业，文化产业也很

[①] 根据录音整理。时间：2009.05.21，地点：798艺术区建设管理办公室会议室

重要。

三、从政治上来讲，中国作为一个泱泱大国，对不同的意见和文化必须有一定的包容度，包括艺术创作的多样化发展，恰恰代表了我们国家的开放程度，是社会成熟的表现。

最后在大家的努力下，798艺术区不仅没有被拆迁，而且政府还加大了对这里的扶持力度。虽然我们不能说798没有被拆迁就是我们的功劳，但是我们的调查一定是起到了作用。政府一定通过不同的渠道获得更多的信息，从而作出了保护798艺术区的决定。事实证明当时的这一决定是正确的，798几乎成了北京现代文化和艺术的象征，在国际上具有非常高的知名度。

但是现在由于世界性的金融危机，导致了世界性经济困难。而798艺术区面临金融危机的冲击，现在处于什么样的状态，下一步应该如何发展呢？这是我们目前要做的研究。这一研究已在北京市民盟立项，我们中心也组织了一个课题组对其进行研究。其中刘明亮是艺术人类学方向的博士生，现已把这一研究列为他的博士毕业论文，因此，这将是一个学术性的研究，同时又是一个对策性的研究。

在对798的调查研究中，我们看到的是，798艺术区的整个结构正在发生着变化，一部分艺术家已经离开了798，部分画廊也在考虑是否离开798，因为现在毕竟面临金融危机，艺术市场并不理想。同时，798艺术区也进入了不同成分的商业机构。比如新开了不少的咖啡厅，还有一些小商品、旅游纪念品等等类型的商家。这个地方现在越来越像一个旅游区了。当然一个旅游区也倒是没有什么不好，在文化发展过程中也是常遇到的现象。但是，798艺术区到底应该是一种什么样的定位呢？毕竟刚开始这个地方是一群艺术家在这个地方创立的，是一个艺术园区。如果这里没有了艺术家，这里还是否是一个艺术区。当然这里也还包括另外的问题，艺术家如果在这里，艺术家又应如何定位呢？

当然对于这里的情况，我们还没有做更深的研究，目前还没有发言权，所以，今天我们举行这个座谈会，就是想听听各位的看法，向各位讨教。另外，这次参加座谈会的有798不同的画廊和艺术家策展人等方方面面的代表，也有798艺术管理办公室的负责人，还有朝阳区宣传部的代表。平时，虽然大家在园区内经常见面，但是可能在一个平台上进行交流的机会却不多。所以，今天既是我们向大家学习的一个机会，也是大家进行沟通和交流的机会。

这次座谈会得到了方方面面的重视和支持，在刘明亮博士做了大量调查研究的基础上，于去年的北京市人大会上我提交了关于"798艺术区的发展与定位问题"的建议。朝阳区政府非常重视。给我回了一份详细的办理报告，同时区宣传部的副部长和李明还亲自到中国艺术研究院和我们做了面对面的沟通和交流。所以这次会议也受到了朝阳区宣传部的重视，本来北京市民盟的负责人也想来参加这次座谈，因为临时有事没有来成。总之，这是大家共同关心的一项研究，我们将尽力做好。

下面请大家发言吧。我们可以自由点。要不请798艺术管理办公室的刘钢主任先讲讲吧。

刘钢：

798艺术区从去年开始成立了专家委员会，也成立了艺术促进会，并于去年开了不下四次会议。邀请了很多艺术家和机构，讨论798的发展等问题。当然，今天我们还是想多听听各位艺术家、机构和老师们的意见。

方李莉：

李明先生先说说吧？

李明：

今天我是替领导过来的，因此我还是主要听听大家的意见，并将意见及时汇报给领导，我个人主要是学习的。

方李莉：

那么我们就自由畅谈吧。徐勇先生先说说吧，因为你是最了解798的。因为上次调查的时候，也是你帮忙召集的。

徐勇：

作为798艺术区的话题很多，大家都不陌生。但是对于金融危机的影响，却出乎大家的意料。因为从去年北京奥运会以后，这里开始陆续有画廊退出，至今大概有十几家退出了艺术区。

方李莉：

有哪些画廊退出了？

徐勇：

比如像德国的空白空间，台湾的红门画廊、帝门画廊等，都走了。另外像长征空间也退出了一部分空间，在规模上进行了缩减。其余的呢，在经营方面都面临着很大的压力。甚至是一直赔本。以我的空间为例，从去年798艺术区改造开始，一直到现在，经营就一直不好。本来大家都认为奥运年的市场会好些，但是由于各种原因如改造的影响、世界经济状况的影响等，赔了很多钱，至于具体赔了多少钱，我这里也不方便说。

就我的空间而言，从今年年初开始一直到今天共进行了三项活动。因为我的空间定位是一个综合性的空间，所以除了我们自己的经营外，还采取租赁的方式与人合作。通过这种方式，可以使这个空间资源得到更好的使用。这个空间的结构非常漂亮，很多人都来参观，这样的话通过提高它的利用率，一是利于市场的培养，二是可以提高这里的影响，因此我们的空间一直定位为一个综合性的空间，并没有做成单一的画廊性质。但是即使如此，因为从去年以来的全球性的金融危机，整个商业活动也骤然减少。而面对危机，大家首先去掉的就是虚的东西，比如说广告、新闻发布、产品宣传等。所以到现在为止我的空间也只举行了两三个活动，这大大出乎我的预料。而其他的空间情况也并不好，据我了解一些艺术家工作室的现状也差不多是这样——从市场的角度来说非常不好。

当然，对于798来说，现在这种状况并没有影响它朝向一种时尚、旅游的方向发展。因为既有退出的空间，同时进入的人也不少。这些继续进入798艺术区的人，实际上有一些并不清楚现在艺术市场的状况，还对798的预期产生幻想。因为现在在政府的支持和宣传下，新进入者抱着良好的市场预期，他们还有很大的信心，于是觉得要趁着现在市场低迷的时候进入。这些新进入者希望现在逆势进入798将空间租下来，并签订一个较长的时间，比如十年的时间。所以从这一点来看，798艺术区在人气和租赁上看起来还不错，但是我个人认为实际上现在的情况还在继续的恶化，不像表面看到的情况。

由于艺术区经历了这半年多的市场下坡路，艺术区正在发生变化，正如方老师提到艺术区内部的构成和结构正在发生着变化。这种变化是：退出的是艺术家或者是做艺术的，而进入却并非是真正的现当代艺术的机构，他们看起来好像和艺术沾点边，比如一些广告公司，设计公司，或者环艺公司等，还有一些教育类的，看起来似乎和艺术有关系，但和以前的艺术家和画廊的性质又不太一样。另外还有一些进入的机构是前几年借着市场好的时候发了财，他们对798艺术区是慕名而来，认为进入798可以提高他们自身的形象，无论是"附庸风雅"也好，还是给自己找点新的感觉也好，这样就进来了一些。进来后对空间进行改造，不管是休闲、时尚，还是其他，总之改造成适合自己需要的空间，这些都是现实情况。

从这段时间来看，这些都是798发生的变化，在我看来这种变化还将持续。我不相信这种情况会在短时间内好转，这种例子在国外很多，比如日本的金融危机，从1998年开始，持续了十几年，到今天甚至都没有完全恢复。而中国从去年奥运的高峰进入经济的滑坡，这种恢复，我想经过三年四年，甚至七年八年都有可能。就我看到的是这样，因为主要的GDP的来源没有了，因为一方面我们的出口主要是欧美市场，而欧美的出口市场严重萎缩，另一方面人民币在不断升值，从而导致生产成本和人员工资等的升高，这无疑极大地增加了我们的成本，甚至可以说到了一个前所未有的高度。所以经济在短期内得到恢复是不太现实的，也不可能。所以我感觉这个恢复的时间会非常长，而现在这种危机实际上才刚刚开始，所以我们不应该被市场已经恢复的"假象"所迷惑。从这个角度来看，798在未来可能面临着比较大的问题：商业化的倾向更加严重，甚至变成非艺术的，由此导致798艺术区的一种核心理念的丧失。至于798将来能够变成什么样，就我的判断认为：它不可能成为美国的SOHO那样，因为SOHO纯粹是一个时尚消费区，而这样的时尚消费区其实国内也有很多，如上海新天地，北京如三里屯、什刹海，已经有很多了。而798之所以成不了时尚消费区的主要原因，我认为一个是政府对798是有规划的，作为北京市的一个创意文化园区，从政府主导的角度来看，政府是不会希望798成为一个时尚消费区的；另一个是从管理上看，整个园区是有一家进行管理的，这就是七星集团，当然作为七星集团的想法，与政府和艺术家的想法未必一致。集团可能更多地以经济、市场来考虑，追求经济利益最大化。当然，其中必然也会受到社会的舆论和政府规划的制约，使之在一定程度上会控制出租业户的性质。然而问题是有些租户表面上看起来与艺术有关，但却可能与艺术并没多少关系，甚至没关系。但是从市场收益来看，可能仍然会出租给这些业户。

实际上，从798自身来看，也并不适合搞纯粹的消费方面的定位。如果798失去了它作为艺术的核心价值的话，而蜕变为一个时尚消费的区域的话，实际上它的时尚消费和旅游的价值也随之消失，因为作为区位来看，它并不具备类似三里屯、什刹海等区域的区位优势。所以，从时尚消费的角度来看，798艺术区并没有优势，人家也不会到这个地方来。我个人认为，它可能向中间演变，也就是向艺术和时尚消费这两者之间演变。像设计公司、广告公司、时装表演、影视制作等方向，我感觉会有这种可能。另外我觉得从这种现状来看，无论从研究的角度还是从管理的角度，都应该对政府有一个建言：从长远来看，作为北京市的一个文化方面的代表，798的以艺术家、画廊为主的艺术的核心性质不宜改变，还应该保持它的核心内容，也就是以现当代艺术的创作和展示为主。如果798的核心价值不变，它的未来还是有希望的。只要它的核心价值不变，虽然现在遇到了暂时的金融危机，但长久来看，798还是能够做到可持续发展的。

因此，面对现在的情况，就需要采取措施。当然798的管理也好，物业也好，实际上已经采取了一定的措施。比如对一些早期进入的艺术家，一些主要的艺术机构，对于我们这些一直把这个地方当成自己创作、经营基地的业主也是给予了一定的照顾。我们也感受到了这种照顾。但是将来会怎样，我们也很难把握，因为现在进入的非艺术的机构越来越多，时尚旅游化的商业倾向越来越浓。

陈进：

要想正确认识798之所以会发展到今天的状况，并且取得较大的影响的话，必须回顾一下798的历史。798之所以有今天的影响，完全是因为当时进入798艺术区的艺术家以及他们的实验艺术，而且最重要的是当时这些艺术家和艺术机构，基本上没有考虑商业的因素。当时是因为这里的房租比较便宜，加上这里的空间的原因，使得他们聚集到这里做艺术、进行创作，由此把798的声誉带起来了。如果不是当初艺术家抱着非商业的想法进入的话，那么798也不会有今天的声誉。

另外，对文化认识可以从两个方面进行认识：从商业的角度来看，一种文化可能没有商业价值，但是对社会的发展却具有非常大的意义；而另一种文化则与商业直接产生关系。我想我们必须先进行这样的区分，因为从798艺术区的发展看，没有商业价值的文化实际上对社会，对798这样的地区有着更大的意义。我们可以想象，如果798的艺术也被完全商业化的话，那么我们就会对它的意义和价值会有所改变，而不会像过去那样了。所以，政府应该对此加以考虑，就如艺术研究院这样的单位，虽然不会自己产生经济效益，但是对于艺术来说是一个非常重要的机构，它对社会文化和艺术会起到一个很好的指导和推动作用。所以我认为艺术也是如此，也分两种。比如在798，有些空间是为了一种比较纯粹的文化和学术的价值，商业性的因素占的比重非常小，但是这样的空间和机构却具有很大的活力，也正是他们才使得798艺术区让更多的人来谈论、来参观。因此，如果要使798艺术区做到一个可持续的发展的话，这个因素需要考虑进去。据我了解，在一些发达国家，对这一类的艺术是有国家支持的，因为这一类的艺术确实不能马上带来经济效益。

艺术的价值既有科学性，同时也具有实验性。而这种科学性和实验性有时候是没有任何经济利益的，甚至带不来任何的经济价值。但是这种科学性、实验性却对社会的发展有重要的作用，不仅对当代，而且对今后都具有重要的价值和意义。而艺术，尤其是当代艺术也具有这种可能性，当代艺术的实验性也具有这种意义。

如果要使798成为世界上一个继续活跃的艺术区，一定要保持这种实验性和创造力。

张小涛：

我是较早进入798艺术区这拨艺术家之一，2002年我们进入798的时候，房租是6毛5分，三年后是1块3毛，现在很多空间是3元5角，从3块多到4块多都有，有的甚至更高。今年管委会和物业对艺术家有一些保护的帮助政策。重新确定为1块5角，减免一个季度的房价（这里的数字是指空间每天每平方米的价格），这体现出了对艺术家的尊重，但是据我了解，早期进入798艺术区的艺术家，现在80%的人都已经走了。因为贵，或者是转租了。就拿料阁子那一排的艺术家来说，多数艺术家还在，虽然有些变成了商店，有些进行了转租，但是都还是留下来了。最早进入798的这部分艺术家对这个地方还是有感情的。从2006年开始，我在其他的地方有了更大的工作室，但是798这里的工作室我还是保留着。从2006年开始，我这个工作室基本上是在帮一些年轻的艺术家做展览。但是随着金融危机开始，就开始依靠一些私人基金维持工作室的开支，每年大概要20多万元，帮助一些艺术家做小展览，都是没有商业回报的。我是798的获益者，也是参与者，但是因为我还是对这个艺术区充满感情，所以希望能够为当代艺术的发展和生态做点事,哪怕是一点点!刚才徐勇谈得非常客观,未来市场真是深不见底,并不乐观。

作为798,早期的推动力量实际上来自民间,没有谁的规划,靠的是资本,是大家的理想。从艺术家个人来讲,大家坚守在这个地方,还是因为大家好这一口,是喜欢,不愿意放弃。2002年进来的时候,以及到后来的非典时期,这里有什么市场啊?根本没有!后来市场风云突变,泡沫化的市场一下子火了,金融危机一下子就来了!谁能看得清楚?作为现在七星集团,也许要做的是真正地去建立艺术、市场在这个园区的良性发展和健康机制,而不是全面的商业化。实际上到今天798的口碑已经非常不好了,周末这么多的人流量,真的非常俗气!实际上成了潘家园、琉璃厂这种很大众的地方。而实际上现在很多大机构都想关门了,机构越大,困难越大。作为艺术家来说是艺术区的细胞,困难可能没有那么大,实际上可以扛一扛,实在扛不下去了也就会撤出了。作为我个人,也不想做了,所以呼吁政府要帮助真正做艺术的人,帮助那些确实能推动这里发展的人,因为这些人才是真正弱势的群体。对于商业性机构的进驻,应该分析市场真正的需要和潜在的东西。作为798,实际上它不是真正高端的商业消费的区域。那是因为这个地方真正有意思的还是一些有创造性的东西。我记的早期来采访的国际媒体,吸引他们的不是这里值多少钱,而是因为生活在这里的艺术家的理想和一种新的价值观,我觉得方老师说得有道理,应该开放、包容,要能容纳这些人在这里"务虚",让他们在这里有自己的空间。

这里不能完全商业化,实际上从商业的角度看,798之外的艺术区就便宜多了,环铁艺术城、将府艺术区、黑桥村很多地方的租金实际上才三毛到五毛每平方米每天。798的房租涨,它们也涨,798降,它们也降,从数据来看,应该看到这样的事实:房租不是永远都要涨下去的,价格上去了,艺术家和好的机构都搬走,进来的全是商业机构,这个艺术区就完了,从某种意义上来说,798是代表今天中国现场中最具活力的部分之一,798的国际性和开放性也是中国走向文化强国和国际文化舞台的名片,这里潜在的文化价值和政治意义,不是一般的商业区所能代表的,这里是属于未来的!

我个人认为目前的金融危机对艺术市场的影响有可能深不见底,所以不应该忽视早期进入 798 的这些艺术家，他们对这个区域是有开拓性的贡献的！虽然前段时间的谈判大家都很激动，甚至有冲突，不过物业和管委会还是对这些艺术家比较尊重，我们签了比较合理的价格，但是我们不希望成为被利用的对象，市场好了就被抛弃。现在我可能比徐勇还要悲观，因为从纽约到北京的艺术市场和很多的项目交流都停了，当然很低端的市场还是有的。从现在 798 的画廊来看，展览很少。以前我个人参加展览比较多，我每年要参加二十几个展览，而从今年开始，画廊的展览我到现在只参加了一个，其他全是美术馆和艺术中心的展览。因为画廊成本要降低，所以商业展览几乎全停了，进入"冰冻"时期，或者展览延期，作为艺术家，我们只有坚持自己的艺术道路，当然更期待相关的部门能通过大量的数据考察得出一些结论，因为用数据说话更好。

陈进：

小涛讲的我很赞同。有时候需要有一个评判的标准。比如小涛讲的数据的问题。

作为像小涛这些艺术家，他们推动了 798 艺术区的发展，但是却又不是他们所创造价值的直接受益者，因为 798 艺术区的艺术家实际上都是实验性的，他们在做一些真正创造性的东西，但是他们却并没有得到什么，也没有得到回报，而所有的回报都是间接得到的，都是通过间接的渠道来获得的。所以我觉得这部分人群一定不能忽视，因为他们是这个区域的直接的创造者。而要保持 798 长期的活力，就需要这样的艺术家。作为学者们、管理者们也需要研究一些具体的数据和事实，这对 798 艺术区的发展很重要。

满开慧：

我也谈谈吧，因为我也是比较早来艺术区的。我是 2003 年非典时期进入的。从一个工作室开始到现在已经发展到了有一个画廊，一个工作室。从某种意义上说，我还是感谢 798，因为我的事业和这里一起成长。当然，发展到今天，谁也没有料到会遇上金融危机。我是一个理想主义者，按照自己的理想在这里生活。我最初是作为一个艺术家开始的，现在又开始做经营，从某种意义上说我是一个很"原生态"的一个艺术家。从艺术家到一个经营者，是因为我觉得艺术家不缺少，缺的是一个真正的经营者。当然这也是一种理想，从零开始更具挑战性。

今天我也带来了一个数据,去年奥运会之前,我们每个月都会有收入,但是从奥运会后,一直到现在我们画廊几乎没有任何收入。这包括我参加的两个艺博会也是如此。两个艺博会的摊位每个是12万,我参加了两个,就是24万,钱全投进去,全军覆没,根本没有销售。现在来看我们过去赚的钱又都回去了,可能已经与原先的盈利持平了。现在大家之所以还在,也还是因为一种理想。正如当时大家进入的时候,也是为了理想一样,要不是如此,可能大家也不会来,可能会到别的地方去做别的生意了。正因为有一种理想,才到798来的,而且对这里的感情特别深。去年的时候,我们的版画工坊的经营也不错,现在却面临缩减,比如从两个缩减为一个,其他的我已经撤了,现在只剩798这里的一个了。

实际上,中国艺术市场发展太快,缺少沉淀。对于西方的画廊来说,金融危机是经常遇到的,加上西方画廊现在有几百年的历史,它们经历过很多的风暴。而对于我们来讲,发展的时间很短,没有实力和经验,面对这样的冲击,我们首先应该考虑的应该是如何使我们现有的资源保存下来,而不是别的,这是最重要的。

前段时间,歌华集团和我的几个做画廊的朋友共同倡导做一个"画廊联盟"。政府在支持文化产业的时候,需要弄清楚是要支持文化产业还是从事文化的人。我们希望能够得到政府的帮助,因为去支持一个地方,一个具体的地方,不如去支持从事文化的人,因为只有这些人才能把文化提升上来。在危机面前如果得不到支持,可能说关门就关门了,因为我们不是纯粹的商人,身后没有基金的支持。对于中国这样的大国,文化必须得到重视,如果文化得不到重视,那么社会就会很不稳定。所以政府支持文化产业是有积极意义的,但是应该将对文化产业的支持转到对从事文化产业的人的支持。我们现在的申请,还处于申请的过程中,还没有结果。作为798来说,可以说海外的画廊很多,而我们算是中国人开的,是地地道道的"原生态"中国画廊。没有基金,也没有大的机构的支持,是靠着理想在发展的一家中国画廊。从长远来看,如果我们自己的画廊不能成长起来的话,而是只靠一些国外的画廊,那么我们自己的当代艺术的发展也就很困难,我们仍然没有自己的"话语权"。所以我们不能完全依赖别人,而是应该依靠我们自己。所以这个时候我们需要的就是更多的支持。我个人的四个空间,已经关闭了一个,再过半年可能还要关闭一个,因为艺市场就是这样，如果没有人买，就只有关门，或者是转型。如果798都变成咖啡厅了，我感觉798也就完了。

我是不能完全放弃自己的目的，本来我是从广东的商业区来到798的，是因为文化来到北京，最后如果我又回去经营酒吧，去赚钱，我觉得没有意义，也不想再走回头路。一定要向前走，把文化和精神看的更重些。但是生存是我们的基本条件，假如我们生存不下去，也就没法谈理想，因为我交不起房租，怎么谈理想？所以这些都需要全方位的支持。同时画廊自身也通过结成"画廊联盟"之类的同盟，"抱团取暖"，把艺术区的画廊业稳定下来。实际上也正是因为中国画廊业的不稳定，才造成了很多的中小画廊都关门了。

方李莉：

大家讲得很好，那么希望我们怎样支持，大家可以讲得更具体一点。

陈进：

可以考虑798艺术区的画廊的专项的基金，我认为798现在的大部分画廊更多的做的是一种展示，很多作品他们不卖。而且展出的作品很多都是具有创造力的作品，对社会进步有自己的作用。所以如果有一个画廊的专项的基金，可能是一种较好的方式。

管一棹：

先给七星物业的管理者提一个建议。在社会发展过程中，在某些关键点上，管理者能起到巨大的历史作用。现任管理者能够基于调研仔细，深刻认识，准确判断，来做一些事情，结果可能非常不同。它是管理者能动性的体现，是从人的角度考虑问题，而不是仅仅履行一个机构职能。这是我要强调的，就是一种能动性，一种历史使命感。

从我们国家最早的一个艺术村：圆明园画家村，发展到现在的798等等艺术区，都是由艺术家开始逐渐形成一种氛围，并由此改善了商业环境。

我觉得798艺术区还有重新定义的可能。至于如何去定义，我觉得可以再讨论。

但有一个前提必须清楚，那就是国际社会为什么看重798，为什么北京市政府愿意将798作为北京的名片，为什么？我觉得这就是当代艺术的力量，而不是什么创意产业这样一个含含糊糊没有明确指向的词。在这个基础上我们再来讨论798的艺术和各种形态。一个是艺术家工作室，一个是画廊，这两类机构应作为798艺术区艺术的主要两个内容。

798现在已经成了一个旅游区，为什么？这不是政府行为就能直接解决的，还是老百姓愿意来。我想这是因为中国的普通民众还没有接受到更广泛的艺术教育，没有足够量的艺术博物馆，而798艺术区开放的艺术家工作室和画廊，包括其他艺术区的艺术机构，从某种意义上说，都在现实中承担着美术教育的功能。798现在已经游人如织，艺术家工作室和艺术机构就不可能将这些人挡在门外，那么美术教育的功能就已经显现了。旅游经济能够带动朝阳区的经济发展，朝阳区政府应该将艺术区对朝阳区经济的拉动部分回馈一些到艺术体系中来，这样才能够保证798良性发展，也才能持久的做好798这个中国的艺术名片。

资金如何利用？据我所知，朝阳区政府花了几千万建了一个停车楼，在2008年的时候花了大量的资金对798进行基础建设。进行基础建设到底对艺术区起了一个什么样的作用，我想政府应该好好地反思一下。从去年下半年也就是奥运会之后，整个艺术区一直处于基础建设之中。按照这种思路，我想同样的基础建设还会持续下去。这样下去势必还要进一步抬高房租，给本来压力就很大的艺术家和艺术机构带来更大的压力。最终只能导致更多的艺术家和艺术经营者受到更深的伤害，并最终放弃798。798在经济危机的2008年底居然还涨了房租，实在让人难以理解。798是独立于经济危机之外的吗？

难道国际国内的人来798，是要来看798的基础建设吗？就是要看这种虚假繁荣吗？

张小涛：

而且这还会把成本进一步抬高。

管一棹：

套用时髦的"核心竞争力"的说法，艺术品格才是798的核心竞争力。作为中国最重要的非主流艺术展示窗口，798呈现的艺术样式丰富，观念鲜活，手法多样。它的活力，来自于日渐开放宽松的社会、政治语境，它是中国政府开放理念的重要标识。798的开放程度，对艺术家和艺术机构的支持力度，已经成为衡量中国文化活力的重要指标。

从综合的地理人文区位看，798在中国是不可替代的，绝无仅有的，因而是不可替代的。

具体到操作层面，我觉得，对艺术家工作室和艺术机构的支持可以从以下几个方面做起：

1. 至少在未来5—10年的时间里，对艺术家工作室和艺术机构的房租都应维持在一个相对于周边环境较低的水平；

2. 租赁期限应该延长，具体年限可根据不同的功能而调整；原则上承租的艺术家和艺术机构如果不主动撤出就应该自然续租；

3. 成立艺术基金，对有意义的项目和重要的艺术家进行资金扶持。

4. 798内的商业机构不得超过1/3，按照社会上的惯例课以合适的税收（目前对商业的免税现状是商业空间过分挤压艺术机构的主要原因）；

5. 坚持对艺术家工作室和艺术机构免税支持，而且应当持续较长一段时间，比如10年不变；

6. 在周边地区，规划适当的"创意产业"区域，以形成经济联动效应；

7. 对798区域内的艺术作品的开放，应该有一个度。这个度，既要依据于国内社会发展进程，又要考虑国际艺术潮流和趋势。过分的封锁，势必导致国际社会对政府开放态度的不信任。应该允许适度的激进；

8. 坚持798的当代性，坚持其非主流价值。

陈进：

我觉得对于艺术家，也可以有一个专门的区域。

管一棹：

这个不太可能。

陈进：

或者说对艺术家相应的有些优惠的条件。

管一棹：

如果说把旅游经济做一个核算的话，看看对朝阳区的拉动情况，是可以核算出来的。有关旅游区收益是多少，可以投入多少资金用于扶持艺术机构？这些完全可以量化，并不复杂，完全可以操作。

王海英：

我也谈谈吧。我是1996年来到798的，最早是在这里做雕塑工作室，从2005年开始做画廊。从我个人来说，我是喜欢798这个地方，因为最早来798时，发现这里的空间比较好，比较适合做雕塑和工作室。这几年做画廊，我自己感觉还可以，因为每次展览都能有作品出手，比如五一期间的展览，也有印尼的客人买作品。

我非常赞成各位说的观点，798要做的，就是首先要保住真正的艺术家。当时我来做雕塑的时候，也是由于大家的互相影响，来了大约有30多家，可是到现在为止，基本上就剩下了我们一家了。我有时候也向七星集团提出，要保护真正在这里做艺术的艺术家、老师和真正的艺术机构，只有这样，798的魅力才能保留下来。从去年11月份，我那里走了8家。基本上是走一家，我自己再收回一家。作为我个人，有些想和我合作的机构和画廊，我首先考虑它是否是一个真正做艺术的，而且要有一定的实力，否则我不会和他们合作。从2005年开始，找我合作的人比较多，有一些并没有太大的实力，他们更多的是来淘金的。对这样的人，我都是回绝，与其和这样的画廊合作，还不如我自己来做。所以我在选择合作的机构和个人时，也是选择真正的艺术家和画廊。我想只有这样才能提高798艺术区的艺术成分。

于晓东：

我觉得首先也要给798的物业和管理者松松绑，关于七星集团存在的困难，能不能通过北京市政府，或者通过什么样的基金，或者什么样的方式，来解决七星集团的历史遗留问题，比如说一些老员工的医疗保险、退休金等难题。而这一问题是每次和七星集团、物业和管理办公室交流的时候都会谈到的。不论是作为挡箭牌也好，还是其他什么原因也好，这个问题确实是七星集团的一个大的包袱。我希望政府是否能将这样的一个社会问题帮助解决。因为这批人毕竟在五六十年代为我们的国家建设做出了重要的贡献。这批人本来在当时都是从各地抽调来的精英，但是随着进入新的历史时期，这批人都已进入老龄化，这样一个社会问题能不能转化到政府来解决。这是我个人的一个建议，因为这个问题解决了，七星集团和物业以及相关管理者身上的包袱就会轻一些，那么恶性循环相对就会要少一些。因为七星集团也面临着收支平衡的问题甚至比我们所有在座的人都要严重。希望方老师把这个问题写到报告中。

刚才张老师提到要有数据，其实在来之前，我也准备了一些数据。

我先提一个去年关于GDP的数据：2008年，国家统计局公布的大陆国内生产总值GDP的增长率是9%，前三个季度的增长是10%，第四个季度的增长是6.8%，平均下来是9%。今年上半年第一季度的增长率是6.6%，而今年国家对GDP的增长率要求的是必须保证8%。我想说明的是，我们通过这一系列的数据可以看出我们国内的保增长的限定决定了我们国内的房租水平、其他的消费水平不能降低，而对于艺术领域来讲，其很大的一个市场是欧美，而现在欧美的经济危机导致了艺术市场的极度萎缩。所以欧美是经济危机的重灾区，这也就意味着我们是经济危机的重灾区。但是又由于我们处在中国，所以我们一方面要承受由于欧美市场金融危机的冲击，另一方面又要承受国内为了保增长而呈现出的繁荣所带来影响。当然繁荣是我们希望的，希望尽快地从危机中恢复过来。但是现在，欧美是重灾区，我们面临着巨大的冲击，但在国内却又面临着高房租，高人员工资等等压力。这样从另一方面又造成了我们成本的增加。

第二个数据是在今年的上半年，从2002年开始，我们对西方的出口增长率每年保持在两位数发展，但是这一次，从去年的10月份开始到现在，所有的进出口贸易都是负增长。而艺术品的出口尤其严重，是重灾区。所以希望政府在考虑给七星集团减负的同时，也考虑这些经济因素。对这些从事艺术品销售和创作的人、艺术家和艺术机构给予更多的帮助。

朱其：

我1996年来过798，那个时候隋建国有一个雕塑工作室在这里。后来我们有一个艺术杂志便设在了这里。798艺术区和上海的一些艺术区不太一样，对于租金来说，上海的艺术区有一个分别对待的问题。一些学术机构和艺术家的一些实验空间，是一个艺术区最有活力的成分，而这一部分它有时候是不挣钱的，而如果在租金上一视同仁的话，可能会导致这样的机构和艺术家没办法生存。实际上798的一些艺术家也都搬出去了，一些学术性的画廊也撤离了，一些好的书店，比如一些自由交流的书店也都撤了。今年变成了一些服装店或者是手提包的商店。我觉得无论是从大的角度来看，还是作为一个批评家或策展人角度看，我们也已经谈了两三年的时间，希望看到798能够成为一个真正国际艺术中心：一个是美国的纽约，一个是北京的798。而作为国际性的艺术中心，必须有两类机构存在，一个是最好的私立美术馆，一个是最好的私营画廊。而798现在的产权结构和房租结构等问题，实际上是不利于这两类机构的存在。因为这里存在一个产权的问题,怎样解决?因为一个私立美术馆,不可能30年、50年的靠租房子。现在798每年都要签一次约,三五年就要签一次约。比如有些画廊,比如长征空间,每年都要为房子问题折腾,因为你不知道什么时候,就被赶跑了。前一段时间T空间说,有一个韩国的财团希望在798投资一个非常好的美术馆,问起签约问题,希望能够签30年,但是物业说最多只能签8年,所以人家就不敢在这里投资。因为美术馆是一个烧钱的地方,它的周期特别长,不像画廊,周期短,可能两年以后就可以盈利,而美术馆可能要8—10年的周期才可能盈利。而且这样的美术馆的投资,只要一投,可能就是上亿元的投资。所以如果真的希望这样好的私立美术馆入驻的话,产权问题如何解决?至少要给一个20年或者30年的保障。如果没有这个保障的话,虽然大家都看好了798这个地方,但是为了长远考虑,他们宁可选择更远的地方去找一个空间。

另一个问题是798向旅游区蜕变的倾向。在前几年一些画廊老板看到这些还有些高兴,但是这种发展却产生了鱼龙混杂的情况,来的人是多了,但是买画的人少,而且很多高端客户也因此不愿意来了。这样的话,有一些画廊完成了客户的原始积累,便也开始考虑搬到像草厂地等地方去,比如艾未未等人,因为那里可以给他们提供至少30年的租约等。而且那里也比较安静,也适合在那里接待一些高端的客户。

再一个问题是,现在798只是七星集团一个企业在支撑,它的承受实际上已经达到极限了,如果798再要向高端走的话,也不是七星集团一个企业所能承受的范围。实际上它现在已经成为中国当代艺术教育的一个免费基地了,① 而国家又缺乏相应的政策支持。七星集团作为一个企业是要靠这里的收入来补充退休职工的医疗保险等等,所以不可能不挣钱,因为对他们来说就是将798作为一个产业来对待,就是用来挣钱的。但是作为出租方来说,房租却不可能无限的提高。现在赶上经济危机,房租可能不仅不能再涨,甚至应该要下降一些。所以我觉得798现在已经到了一个十字路口。按照一个艺术区发展的普遍规律,总是艺术家先入住,把这个地

---

① 在笔者最近的考察中,发现有些画廊已经开始尝试收取门票的做法了,至于这种收费情况是否能够坚持下去,我们拭目以待。不论如何,我们看到的是798的经营者们的一种经营转向。缴费参观,对不同的参观者会产生不同的影响,对过滤一些纯粹的普通游览者有一定的作用。但至于效果如何?还需要观察一段时间。

方带活，慢慢变成时尚区、房地产开发，艺术家往更远的地方，如美国的SOHO，这种变迁符合经济规律。但现在大家不愿意798再涨房租。第二是不想让它再变成时尚区。这样一来，使它不能前进，也不能后退，而又不给它支持，你让它怎么办？我认为可能唯一的办法就是，798这个地方本身不要再赚钱，维持现状至少三五年，政府可以考虑把其周边地区大开发，这样可以通过从周边地区的开发来赚钱，而把798作为一个特区来保护。但这样似乎也不太现实，周围的搬迁、土地归属等可能不是区政府能解决，可能有些连市政府也未必可以解决。我提出一个建议，从整体上不管谁来做，从理想上讲，把这大块地区从798到电影博物馆的大片荒地，做个整体规划或开发，不管土地归属，开发成一个北京的博览会，因为从798到电影博物馆这一片，还有很大的一片荒地，完全可以开发出类似博览会这样的区域，比如盖一个几万平方米的永久性的场馆，双年展的场馆，周围的部分也可以变成一些国家馆，比如各个国家的国家馆。这样可以通过这些场馆，带动整个北京的会展业，把部分博览会的场馆，比如国贸的会展中心等等放到这里（如汽车、家具、服装、设计博览会等），这样所有的博览会都放到这里来做，如果想这样做的话，实际上只要打通几条道路就行。现在像国贸、国展的地方，那么好的位置，做博览会有些可惜，另外那里停车也不方便。所以从长远看，北京市如果能将这里开发成一个会展中心，也是一个很好的设计。当然这可能需要更多的或更高的管理者来协调，肯定不是七星集团一个企业或者是朝阳区区政府就能实行的。

在798现有范围内，通过改革也还是有潜力可挖的，当然这种潜力，应该成为798发展的一个新阶段，即第三个阶段。798之前经历了两个阶段：1、艺术家自发组织，出名；2、成立管委会和物业，属于一种粗放型管理，不管学术与否，不管是小商品，还是做画廊的，租金面前人人平等，谁出的价钱高，谁拿大空间，我就租给谁。现在这个阶段已经过去了，如果现在还这样做的话，会有很多问题，如房屋出租，前几年采取倾向与大机构合作的方式，一开始是大小都可以租，但到第二、第三年后，就倾向和大机构合作，比如200平方米以下的就不租了，只租给800—3000平方米以上的大机构，他觉得这样比较省事。但这些大机构未必真的是大机构，与国外的真正的大机构比，也只能算作中等机构。以前泡沫的时候，大家都在烧钱，不管学术不学术，只要有钱，一些机构也做得很好，但是现在金融危机以来，这些所谓的大机构实际上也没钱了，好多事就做不起来了。前两年政策实际上正好忽视了一些中小机构、艺术家个体、实验空间，而这些才是艺术区的核心力量。这一部分人，不管有钱没钱，他们都会做。比如我个人，有钱的时候，给我50万我也可以做一个艺术节，没钱的时候我想办法也可以做。所以这些人是一个艺术区真正有活力的核心力量。而那些纯粹资本运作的机构，他们是有钱就做，没钱就不做。回过头来看798的发展，在前两年的时候，把中小空间全部砍掉，留下所谓大的空间，他们没钱就不愿意多做，而那些没钱却想做的又进不来。所以这种状况也就形成了798的一个僵局，比如一些大型的机构，比如佩斯，去年做过一个活动，到现在也没有再做第二次。而这样的机构占据了那么大的空间，不做活动，实在可惜。而如果把这些大空间分给中小空间运作可能更有活力，可能早就将那一块做得很活跃了。所以如果798从自身来挖潜力的话，现在应该是进入了一个精细化操作的过程。这其实也不难，可以通过一些专家委员会来讨论。当然也成立了专家委员会，不过也只开了很少的座谈会，并没有很好的运作。

方李莉：

最后我总结一下今天大家的发言。总结完后，我们还可以继续有互动，大家还可以继续谈。

我在2005年对798做了第一期的调查研究以后，和大家面对面的交流今天还是第一次，今天大家都谈了很多关于798艺术区发展的看法，对我来说也是一个很大的学习机会。

首先是徐勇先生的判断。徐勇先生谈到了798艺术区的未来走向及应对策略，798如何可持续发展；面对金融危机，798是重灾区，因为798的现代艺术品大多是销向欧美市场。798的存在是时代和文化环境造就的，是一个自然而然的形成过程，按照目前市场的发展，798有可能会慢慢地衰落或改变它最初所形成的面目。徐勇作为最早进入798的艺术家和画廊，不希望798核心价值发生改变。但从现在的实际来看，798艺术区的结构正在发生着变化：许多艺术家离开，画廊撤离，虽然量还不是很多，但这就会慢慢造成798原有结构的转变。这种结构的转变会让798变成一个商品的时尚区吗？很多国家都有过如此的先例，开始时艺术家入驻，繁荣后就由艺术区变成时尚商业区，然后艺术家又到另外的地方去发展。关于这一点，刚才朱其也提到了。那么798会不会是这样的未来，现在还不知道。当然我们还是希望艺术与市场的结合，因为纯艺术是很难生存的。同时谈到了物业租金的问题，当然今天到会的代表几乎每个人都谈到了这个问题。

陈进先生认为：不是所有文化的部分都能成为商品，都是有经济效益的，还有一部分是没有经济效益的。798艺术区最初并不是为了经济而存在的，当然，当年的圆明园画家村也是这种情况。798最初有点类似圆明园的画家村，当时艺术家们怀着理想来到这里，一是租金比较便宜，二是这里的建筑很有特点，所以大家聚到了这里。我觉得陈进先生刚才有句话讲得特别好，那就是：科学和艺术都有实验性，实验性可能会改变人类文化的进程，但未必能立刻带来经济效益，它不是短期的东西，而可能是长期的。因此，798有经济的成分也有文化和艺术探索的部分，不能全部用市场经济来衡量。这就需要国家来支持。但这里支持当代艺术家创作的画廊几乎都是来自国外，我们国家到现在为止对艺术收藏和支持投入很少。不像国外那样，国外除了有以经济效益为主的画廊外，还有不考虑经济效益的各种支持文化艺术发展的基金会。

所以我在想，有时候我们常会说："我们的文化和艺术在被西方殖民"，但是我们却没有想想，具体到我们的艺术上看，我们国家基本上没有支持文化和艺术发展的基金会，也没有国家投资的艺术品收藏制度。国家自己不投入钱，艺术家的作品只能是谁投资就销给谁，这样一来，艺术家被西方理念主导也是必然的，自己本土价值的丧失也是必然的，因为艺术家也要生存，这是我的一点粗浅的想法。所以从这点上来看，陈进先生提的非常好。刚才管一棹先生提到国家不是不投入，为了发展798国家也在投入，但是投入的是基础设施，并没有关注到艺术家的创作。另外，张小涛先生也提到798现在80%的艺术家都搬走了，所以对798的前途比较悲观。实际上这次经济危机，是世界性的，是二战以来最严重的一次。（这次危机）可能和20世纪二三十年代的经济大萧条有一比，而现代艺术是重灾区，所以798所遇到的困境是必然的。

面对这样的情况，我们该怎么办？798会不会从一个艺术区转变为一个商业区？现在看来仅仅靠一些艺术家来抗衡，靠一些画廊来抗衡的话，这可不可能？这就是我们需要思考的问题。所以大家希望我们的研究要有确切的数据，要有深入的个案的研究，我想这也是很重要的。因此我们要为政府提交的报告，不能仅靠一些空话，也不是仅靠一次座谈会就能解决的。所以我们会通过我们的调查研究，拿出一套比较客观的数据和研究结论来。

另外，满开慧女士希望能够结成"画廊联盟"，大家可以互相"抱团取暖"，可以结成一个群体来抵抗金融危机的冲击。还有一个就是现在798艺术区中国画廊是否有被国外画廊取代的可能性的问题，因为我们面临一个如何扶持本土画廊的任务，因为只有本土化的画廊成长起来了，我们的本土价值才可能建立。

管一棹先生还提到了关于798的基础建设的问题：我们关注798，是关注798的基础建设？还是关注生活在798艺术区里的人？实际上国家也在投入，而且投入了不少，特别是奥运会前夕，进行了很大的投入，我每次来798都能看到新的变化。我们想想，其实798之所以让大家关注，并非因为它的基础设施，而是生活在这里的艺术家和艺术机构，因为798最初什么样的基础设施都没有，就是一些废旧的厂房，而现在恰恰是我们的基础设施变好了，可是我们的艺术市场并没有因此上去，甚至还有所下跌。而且这种建设还增加了成本，导致这里的租金更贵。对于未来的发展，王海鹰女士提出要保留真正的艺术家，以保持798最初的核心价值和面貌。

而于晓东先生提出了一个和大家都不一样的观点，他认为，798的发展不应该由七星集团来单独承担。政府要帮助解决七星集团的离退休职工的养老和医疗等问题，七星集团是国营企业，负担很重，有很多的干部职工。一方面作为艺术家，当然是希望这里的房租越便宜越好，而另一方面作为七星集团则希望房租越贵越好，这样他们的经济压力就不重了，这是一对矛盾。于晓东先生提出希望政府能帮助将这个问题放到社会来承担，从而不让集团负担太重，这也是一个有意思的想法。

最后朱其先生谈到希望798能够成为国际艺术中心。一般来说艺术中心都是经济繁荣的地方，在中国成立世界艺术中心，如果放在过去，是没法想象的，因为中国过去是一个贫穷的国家，而经过这些年的发展，中国的经济得到了巨大的进步，这种想法不再是一种奢望。未来的中国不仅要成为经济、政治大国，还要成为文化大国，同时也要成为像纽约一样的国际艺术中心。而如果要成为这样的艺术中心，798在当代艺术的发展中还是具有一定的影响力。但是真要发挥这种影响力，还需要有最好的美术馆，最好的画廊等。但是这些美术馆、私营画廊等，都面临一个产权问题，签约等问题。因为这里的画廊都没有产权，光靠租房子是不行的，没有产权就难以稳定，这是一个很重要的问题。另外，由于这个地方现在已经过度的旅游化了，导致画家们不愿再待在这里，而且一些大的客户也不愿在这里了。所以从这意义上来说，798原有的艺术区的基础就已经在淡化。

以上是我对大家今天发言的一个梳理和总结，通过总结和梳理，我看到大家对798发展的现状及未来的走向都有很深的见解。从我个人来看，今后的798的发展还是乐观的。就以英国为例，作为一个老牌的资本主义国家，在20世纪的七八十年代，其制造业已无发展的优势，于是他们提出了"设计救国"的理念，开始发展设计，发展时尚业。艺术往往是设计的先驱，是给设计开路的。而798作为一个现当代艺术区，对中国未来的设计与文化产业都会有一定的存在意义，艺术会产生新的思想，新的视觉理念，新的文化品位。未来的中国正在经历从中国制造到中国创造的发展过程，在这样的过程中类似798这样的艺术区的存在是非常重要的。但即使是重要也有一个如何保持自己的活力的方式，如何保持一种良好的发展势态的方式。

今天大家提出了有关政府的投入问题，这是我们过去考虑得较少的问题。怎么投入？我想今天对于这一点我有了一定的认识。我觉得今天大家提了有两点非常好：一个是对七星集团的扶植，一个是对艺术家的扶植。建议政府设立专项基金来支持，这些想法都很好。前期政府对798的投入大多在基础建设上，但以后怎么投入？这是我们要思考的。当前国家正在拉动消费，拉动内需，我觉得798也是国家拉动内需的一个部分。在去年的北京市人大代表会上，讨论北京的未来建设问题，也涉及如何投入的问题。代表们认为应该投资文化设施的建设，而能不能把798列在其中，不仅是硬件的建设，包括大家以上提的要求。当然，我们没有任何决定权，但最终的研究报告应该是有建议权的。所以希望大家再进一步讨论。

陈进：

世界级的美术馆也没有。

方李莉：

对，世界级的美术馆也没有。同时即使有一些大型的这样的场馆，也无法反映中国文化的全貌，我们连自己56个民族的东西都不全，更不要说全世界其他国家的东西了。具体到艺术上来说，关于当代艺术的博物馆也没有。

陈进：

当代艺术这一块，如果国家不采取措施，很多好的部分都流向了海外。而将来如果要对这段时间的当代文化整理的时候，也会像现在追查流失到海外的文物一样，也要……

方李莉：

也要花很多的钱再买回来是吧。

通过今天这样的讨论，实际上我们对当代艺术也有了一定的认识。

管一棹：

前面我说的是第一个部分，第二个部分我想说的是，当时圆明园画家村被政府取缔，却造成了现在全国各地到处出现的艺术区，这个现象又意味着什么呢？我想这说明他们并没有从艺术的角度考虑这种文化聚集区。作为艺术区，它不是一个人为形成的区域，而是一个自然发生的结果。从现在的朝阳区来看，我知道的就有10个以上的艺术区，这种投资上的分散，在经济情况如此严峻的情况下，这样不但不能把艺术区做好，同时也极大地浪费了资金。我觉得在现在的情况下，应该把这些资金归拢起来，好好地去做一个艺术区，让这个艺术区持久的发展。因为在我们国家，还没有任何一个艺术区有一个足够长的历史，来供我们分析，供其他的艺术区参照。现在全国遍地开花的艺术区的出现，各级政府的依据是什么？纳税人的钱可以这样被浪费吗？从这个意义上，我们再返回头来反思798的建设的时候，才能有真正的意义。

最后补充一个关于当代艺术的本土价值问题。

这次金融危机造成艺术领域的危机，实际上对中国的当代艺术来说，也凸显了当代艺术自身的问题。当国外机构在关注并购买收藏中国的当代艺术时，实际上艺术家和一些机构都在花大量的精力为这些国外藏家和机构提供服务。国内也有大量的藏家购买这些作品，但在我看来更多地出于国际环境的原因，有了这个环境就有了商业投资价值。有多少国内藏家是出于真正的本土化认识呢？有多少是出于中国艺术史的认识呢？

关于艺术的教育，在中国主要都还停留在主流艺术价值层面，而且在受教育的相对人数上是很少的，更何况非主流的当代艺术。

当代艺术与学院教育的某种对垒，从另一个意义上体现了中国艺术的丰富性。

很庆幸的是，中国的当代艺术已经不再需要通过进入国家美术馆来证明自己的价值了。众多的画廊和独立策展人为他们提供了良好的舞台。

798成为旅游区不是件坏事，它能帮助中国公众获得学院教育之外的另一种非主流审美体验。要知道，从最原始的艺术观念，到现代艺术、后现代艺术、殖民后殖民艺术、当代艺术，错综复杂。文化意识也是如此。我们这个社会，我们每个人，承载着浓缩成百上千年的历史发展过程。所以，我们有责任让我们所从事的工作和创造，在更广泛的层面上与中国的公众同步。我个人基于"一椁空间"从事的十五年前的"圆明园画家村"的研究，正是基于这样的出发点而进行的。

因为798成了旅游区，那么这种同步的艺术教育就成为可能。这是值得珍惜的。在这种教育过程中，由于当代人的开放性，和当代艺术本身的特点，它不是单向的，而是互动的。它为当代艺术的本土化提供了更多的可能性和更广泛的基础。通过这些旅游者，最先锋的当代艺术理念也得以与部分公众同步，并逐渐下行。

当代艺术的本土化进程，取决于艺术家人格的独立和艺术作品的内容深化、评论界的本土语言体系和价值体系的完善、艺术机构经营者的精准判断、政府管理者（艺术区管理者）的真诚和心态上的松弛。有此五者，则中国文化将伴随着艺术逐步进入一个良好的状态。

朱其：

政府为何不太愿意投钱？当然政府要支持一个文化的产业也好，一个艺术区也好，政府是要看是否是社会主义精神文明建设主旋律的一部分，这让政府投钱是没问题的，国家文明办每年都有十几个亿的资金可以投入，798艺术区的艺术并不是社会主义主旋律的作品，所以让政府投钱不太现实。

管一椁：

当时政府把798定为北京市的名片的时候，798当时是什么状态，是主流艺术吗？

朱其：

对798的讨论，需要从政府的角度来看，不然要求政府支持容易流于幻想。

另外不是主流艺术也可以，但是你首先要是一种产业，比如潘家园市场，因为那里每年有2000万的税收收入，而且每个摊位多少钱都是可控的。而798画廊的税收是不可控制的，因为这里的交易是不交税的，到底交易了多少，政府是不知道的，现在的收入只是一个房租收入，如果真要收税，肯定不如潘家园收的税多，至多也就五六百万的税收，而这点税收对朝阳区来说实际上太少，所以不愿意投入。这个问题放到北京市政府或者是国家发改委等层次来讨论的时候，还有可能解决，但是放到朝阳区政府来解决，我想这是不可能的事情，也没有这个能力，七星集团也同样没这个能力解决。这一点大家应该清楚，而不要抱幻想。第二个是过去三年798非常火，实际上是给了大家一个幻觉。这种火并非出自本土收藏市场的原因，而是由于国际市场的原因，刚才谈到中国的当代艺术主要是销往欧美，实际上我想并非如此，据我所知主要是销往东南亚。比如保利拍卖也是因为一两个印尼的大客户撑着，如果他们一撤，保利马上也会瘫痪。前几年的火，实际上是国内的一些老板，一些上市公司的老板在购买，然而实际上这些老板也并非真的有钱，他们实际上和房地产、股票市场是同一伙投资人，而这些人只要经济一出问题，股票市场一出问题，他们马上会没钱。中国真正有钱的实际上是温州的、东莞的一些老板，或者像山西的一些煤老板，这些人如果你让他自己拿一亿出来，他们真的能够拿出来，而他们不买当代艺术。所以前两年买当代艺术的并不是真有钱的人，所以我们必须清楚这一点。过去三年798的火，我想主要是因为拍卖和炒作的结果，也导致了798的房租迅速上涨，而前两年的火并不是真正因为我们自己的收藏市场的原因。真正的收藏市场我想应该从中低端的市场做起，如果前两年798的画廊的市场从20万以内的作品做起的话，即使遇到今天的金融危机，也不会出现太大的问题。由此可以看出，前几年的火爆实际上是一个幻觉，导致了大家对798的期待一下子过高。所以即使撇开价值观的问题，我们也需要真正的看清市场背后的东西，并且在可操作层面上拿出可行的理性方案。

方李莉：

我想政府不会完全不支持 798 的发展。因为我们看到国家现在也在逐步开放，我们要想成为世界强国，就要有包容度，实际上，798 确实曾经引起了很多人的关注，很多人的参观，所以 798 也不完全是资本经济的注入，也还是因为它有创造的活力。就包括我个人为什么对这里感兴趣，就是因为这里即使是餐馆，或者是卖的服装都要比别的地方艺术一点，特别一点，所以能对观众有吸引力，人们希望在这里享受艺术，消费艺术。即使因为钱少不能消费艺术品，消费一点艺术化的实用品，或艺术化的食品，甚至是环境和气氛也很好。这就是为什么 798 这个不大的地方在世界上有如此的影响力的重要原因，因为它代表了作为新北京的活力，甚至是作为新中国的活力。让人们看到今天中国新的想法和新的创造性。因此，从这个角度来说，政府对这里的扶持不是没有可能性的。当然，正如大家以上说的，要国家支持这里像支持精神文明建设那样支持也很难。不过现在领导层也在不断地改变观念，和以前很不一样了，我们要相信，发展中国的现代艺术，发展中国的具有国际性的现代文化，政府和我们是一致的，只是各自的理念有所偏差，需要相互磨合。

随着我们对 798 研究的深入，我们会拿出一个数据，比如 798 到底有哪些类型的艺术家，哪些类型的画廊，国外占多少比例，国内占多少比例，他们的拍卖走向，798 到底有多少客流量，来的客人的组成成分，如阶层、国籍、文化程度等。他们为什么来 798，他们为什么会对 798 感兴趣等，到时候我们会拿出一系列的数据来，包括金融危机前后收入的差距等。我们是将其作为一个学术课题来研究，会尽可能的客观和深入。

我们的讨论需要多元化的看法，这样才可能尽量地做到客观。今天的讨论很好，给了我们一次很好的学习机会。最后是不是请七星集团的刘主任做一下总结。

刘钢：

今天我觉得大家说得都非常好。同时我也想告诉大家，实际上我们这里从去年已经成立了专家委员会。今天听到大家的发言，我们也会思考 798 下一步的定位和发展。

参考文献

专著

张云鹏著:《文化权：自我认同与他者认同的向度》，社会科学文献出版社1997年版。

夏建中著:《文化人类学理论学派：文化研究的历史》，中国人民大学出版社1997年版。

滕守尧著:《文化的边缘》，作家出版社1997年版。

兰久富著:《社会转型时期的价值观念》，北京师范大学出版社1999年版。

朱青生著:《没有人是艺术家，也没有人不是艺术家》，商务印书馆2000年版。

费孝通著:《江村经济：中国农民的生活》，商务印书馆2001年版。

方李莉著:《传统与变迁：景德镇新旧民窑业田野考察》，江西人民出版社2002年版。

尹吉男著:《后娘主义：近观中国当代文化与美术》，生活·读书·新知三联书店2002年版。

高氏兄弟著:《中国前卫艺术状况：关于中国前卫艺术的访谈》，江苏人民出版社2002年版。

朱其著:《新艺术史与视觉叙事》，湖南美术出版社2003年版。

舒克文著:《相信艺术还是相信艺术家》，中国人民大学出版社2003年版。

杨卫编:《通州艺术家演艺》，湖南美术出版社2003年版。

李勇A著:《千万别当艺术家》，山西人民出版社2004年版。

鲁虹、孙振华主编:《艺术与社会：26位著名批评家纵谈中国当代艺术的转向》，湖南美术出版社 2005 年版。

高名潞著：《墙：中国当代艺术的历史与边界》，中国人民大学出版社 2006 年版。

叶舒宪、彭兆荣、纳日碧力戈著：《人类学关键词》，广西师范大学出版社 2006 年版。

张朝晖著：《当叛逆沦为时尚》，湖南美术出版社 2006 年版。

王南溟著：《观念之后：艺术与批评》，湖南美术出版社 2006 年版。

郭艳著：《私人城市：寻访 28 位中国当代艺术家》，湖南美术出版社 2007 年版。

杨卫著：《批评之路》，湖南美术出版社 2007 年版。

杨卫、尉彬主编：《中国当代艺术生态》，天津大学出版社 2008 年版。

［美］罗伯特·莱顿著，靳大成等译：《艺术人类学》，文化艺术出版社 1992 年版。

［美］H·H·阿纳森著，邹德侬、巴师竹、刘珽译：《西方现代艺术史》，天津人民美术出版社 1994 年版。

［美］格尔兹著，韩莉译：《文化的解释》，译林出版社 1999 年版。

［英］马凌诺斯基著，费孝通译：《文化论》，华夏出版社 2001 年版。

［英］拉德克里夫－布朗著，夏建中译：《社会人类学方法》，华夏出版社 2001 年版。

［美］萨利·贝恩斯著，华明等译：《1963 年的格林尼治村：先锋派表演和欢乐的身体》，广西师范大学出版社 2001 年版。

［美］萨义德（Said, E. W）著，单德兴译：《知识分子论》，生活·读书·新知三联书店 2002 年版。

［英］康纳著，严忠志译：《后现代主义文化：当代理论导引》，商务印书馆 2002 年版。

福柯等著，周宪译：《激进的美学锋芒》，中国人民大学出版社 2003 年版。

高千惠著：《当代艺术思路之旅》，广西师范大学出版社 2003 年版。

王逢振编：《詹姆逊文集第 4 卷：现代性、后现代和全球化》，中国人民大学出版社 2004 年版。

［英］爱德华·泰勒著，连树声译：《人类学：人及其文化研究》，广

西师范大学出版社 2004 年版。

［美］弗朗兹·博厄斯著，金辉译：《原始艺术》，贵州人民出版社 2004 年版。

鲍尔德温·阿雷恩等：《文化研究导论》，高等教育出版社出版社 2004 年版。

［英］罗伯特·莱顿（Robert Layton）著，蒙养山人译：《他者的眼光》，华夏出版社 2005 年版。

［美］罗伯特·C. 尤林著，何国强译：《理解文化：从人类学和社会理论视角》，北京大学出版社 2005 年版。

［美］古塔、弗格森著，骆建建、袁同凯、郭立新译：《人类学定位：田野科学的界限与基础》，华夏出版社 2005 年版。

［英］奈杰尔·拉波特、乔安娜·奥弗林（Nigel Rapport and Joanna Overing）著，鲍雯妍、张亚辉译：《社会文化人类学的关键概念》，华夏出版社 2005 年版。

［美］安德鲁·斯特拉森、帕梅拉·斯图瓦德著，梁永佳、阿嘎佐诗译：《人类学的四个讲座：谣言 想象 身体 历史》，中国人民大学出版社 2005 年版。

［美］艾瑞克·洪伯格著，瞿荔丽译：《纽约地标：文化和文学意象中的城市文明》，湖南教育出版社 2006 年版。

艾森斯塔特著，王爱松译：《反思现代性》，生活·读书·新知三联书店 2006 年版。

马尔科姆·巴纳德著，王升才、张爱东、卿上力译：《艺术、设计与视觉文化》，江苏美术出版社 2006 年版。

［法］克洛德·列维 – 斯特劳斯（Claude Levi – Strauss）著，张祖建译：《结构人类学（1～2）》，中国人民大学出版社 2006 年版。

［意］德玛黛著，罗永进等译：《艺术：各自为战的运动》，河北美术出版社 2008 年版。

［美］约翰·奈斯比特、［德］多丽丝·奈斯比特著，魏平译：《中国大趋势：新社会的八大支柱》，中国工商联合出版社 2009 年版。

期刊论文类

方李莉：《文化生态失衡问题的提出》，《北京大学学报（哲学社会科学版)》2001年第3期,第105—113页。

汪民安:《宋庄艺术家的存在方式》,《读书》2001年第12期,第69—73页。

王永林:《京郊宋庄画家村揭秘》,《三月风》2001年第2期,第56页。

杨巨平:《古希腊乌托邦思想的起源与演变》,《世界历史》2003年第6期,第94—102页。

杨卫:《乡村的失落:析北京的宋庄艺术家群落现象》,《艺术评论》2004年第1期,第24—25页。

蒋晓樱:《LOFT在中国》,《装饰》2004年第4期,第61页。

张玉峰、尧文铭:《宋庄:不寻常的现代艺术部落》,《经纪人》2005年第2期,第30—37页。

栗宪庭:《宋庄艺术家聚集区的模式》,《北京规划建设》2005年第5期。

吴国荣、戴姗姗、黄婉春:《中国的LOFT改造与研究》,《装饰》2005年第12期,第120页。

陈贻焱:《尊重艺术市场的发展规律》,《上海艺术家》2006年第1期,第9—10页。

康庆强、赵佳琛、何明:《北京文化艺术村落调查》,《投资北京》2006年第3期,第22—27页。

陈培一:《中国雕塑艺术市场散论——从"中国首度雕塑行业生态调查"到广告宣传》,《雕塑》2006年第4期,第58—59页。

高超:《美国艺术市场中的中国艺术品:龚继遂讲座摘要》,《美苑》2006年第5期,第43页。

罗小平:《第三只眼看西方:从798说起》,《雕塑》2006年第6期,第70—71页。

李星婷、田太权:《坦克库:重庆的"苏荷"》,《今日重庆》2006第6期,第106—111页。

魏道培:《如何把握艺术市场的行情》,《艺术市场》2006年第9期,第90—91页。

李向民等:《经济学者谈中国艺术市场》,《中国书画》2006年第10

期,第75页。

曹园林:《艺术市场中的"艺术"思考》,《艺术市场》2006年第11期,第92—93页。

风声:《2006北京798创意文化节论坛述要》,《美术观察》2006年第11期,第26—27页。

马可波罗:《逛在北京"苏荷区"》,《都市周游》2006年第12期(数字版),第80—104页。

黄亚纪:《KIAF韩国国际艺术博览会:极端的艺术市场和亚洲热的发酵关系》,《东方艺术》2006年第13期,第102页。

利奥诺拉·巴特森:《中国当代艺术市场现状》,《东方艺术》2006年第21期,第98—100页。

王静:《面对艺术市场狂潮:警钟该响起了!》,《东方艺术》2006年第17期,第91页。

李亚峰、阎安:《年轻艺术家与艺术市场》,《东方艺术》2006年第21期,第103页。

冀少峰:《对当代艺术生产机制的思考:兼谈宋庄文化产业的发展》,《湖北美术学院学报》2007年第1期,第10页。

卫艳:《2006全球当代艺术市场综览》,《东方艺术》2007年第1期,第68页。

赵洪生:《对当代艺术发展的生态和区域的思考:以798大山子艺术区为例》,《美术研究》2007年第2期,第85页。

罗青:《当代艺术市场的结构》,《艺术·生活》2007年第3期,第71页。

唐子韬:《宋庄制造:正面临尴尬》,《美术观察》2007年第4期,第19页。

宋轶:《2007香港苏富比春拍:为中国艺术市场再添一把火》,《艺术与投资》2007年第5期,第27页。

刘泉徽:《畸形变奏:中国艺术市场的现实与问题》,《东方艺术》2007年第5期,第90页。

孔建华:《宋庄原创艺术区发展方略》,《城市问题》2007年第5期,第65—69页。

朱其：《抽离中心的一代》，《艺术地图》2007 年第 4—6 期，第 33 页。

宋轶：《2007 香港苏富比春拍：为中国艺术市场再添一把火》，《艺术与投资》2007 年第 5 期，第 27 页。

Giancarlo Politi. Ciaay 著，吴子茹译：《特别报道：国际艺术博览会专访——艺术博览会与艺术市场的现状与展望》，《东方艺术》2007 年第 17 期，第 116—123 页。

张晓凌：《谁制造了"病态化中国"》，《美术观察》2008 年第 4 期，第 6 页。

苏坤阳：《我不相信乌托邦可以战胜全世界——专访 2008 北京 798 艺术节总策展人王林》，《画刊》2008 年第 11 期，第 40—43 页。

马萱：《国外"艺术仓库"的发展与改造分析》，《美术观察》2009 年第 1 期，第 130—133 页注 5。

徐津：《渗透可持续理念的中国 LOFT 改造研究》（学位论文），南昌大学艺术与设计学院，2006 年。

罗晓东：《国内画廊生态研究》（学位论文），华南师范大学，2007 年，第 13 页。

其他

北京市第十三届人大二次会议第 0572 号建议的办理报告，2009 年.

方李莉：《大山子文化艺术产业区（798 厂及其周边企业）的调查：798 现象分析及对策的建议》，2005 年.

王铭铭主编：《中国人类学评论 第 2 辑》，世界图书出版公司北京公司 2007 年版。

黄锐主编：《北京 798：再创造的"工厂"》，四川美术出版社 2008 年版。

程磊、朱其主编：《北京 798》，北京 798 艺术区建设管理办公室 2008 年，第 261—262 页。

黄鹭新、胡天新、杜澍、吴思群：《艺术创意人才空间集聚的初步研究 6——以北京的艺术家集聚现象为主要研究案例》，《和谐城市规划——2007 中国城市规划年会论文集》。

2009 首届北京 798 双年展导览册。

杨卫：《历史的后花园——圆明园画家村逸事》（文章节选），http://www.bookschina.com/2704928.htm。

杨卫：《一个隐蔽的艺术群落》，http://blog.artron.net/indexold.php?76173/viewspace-240763。

宦东槐：《探访圆明园画家村》，http://www.cnarts.cn/yszx/12383.html。

汪继芳的《圆明园画家村》，http://www.cnarts.cn/yszx/12382.html。

世纪在线艺术网：《圆明园画家村大事记》，http://www.cl2000.cn/reports_detail.php?iInfoID_6767.html。

吕澎：《798小史》，http://www.artda.cn/view.php?tid=1089&cid=30。

华西都市报：《金融危机冲击"798"：租金居高不下展览屈指可数》，http://www.chinanews.com.cn/cul/news/2009/03-18/1606901.shtml。

徐云峰：《798本行难继商铺抢驻》，http://news.xinmin.cn/rollnews/2009/05/04/1908601.html。

搜狐文化，http://cul.sohu.com/20090826/n266235424.shtml。

豆瓣网，http://www.douban.com/group/topic/1031018/。

来源：中国文化网，http://www.chinaculture.org/gb/cn_news/2007-03/28/content_94528.htm。

艺术中国专访：《2007北京798艺术节总策展人——朱其》，http://art.china.cn/zixun/txt/2007-05/11/content_1567969.htm。

搜狐文化，http://cul.sohu.com/20090826/n266235424.shtml。

崔永福：《大山子798厂艺术区调查报告》，http://www.artist.org.cn/yanlun/2/4/200704/58067.html。

王文彬：《论"2008北京798艺术节"："鸡肋"般的无奈——下一个被招安的是谁？》，http://www.cl2000.cn/reports_detail.php?iInfoID_8266.html。

《北京798艺术区建设发展情况及发展规划》，http://post.arts.tom.com/18000AF362.html。

后　记

本书稿系根据我的同名博士学位论文修改而成。

博士学习生活就要画上一个句号，但学术的路才刚刚开始。

回顾几年来的学习，心中不禁惴惴不安。刚入校时恩师方李莉先生曾对我说："希望你毕业的时候，有一种脱胎换骨的感觉。"这句话一直压在我的心中，一直不知道能否做到。今天，当我把论文的最后一个标点敲入电脑的时候，我突然有了一种刻骨铭心的感受，终于明白了方师的话。我知道这是一种激励，一种期待，更是一种信任。如果说这些文字还有些许可取之处的话，那是恩师点化的结果；如果其中存在过多的不足甚至错误的话，那都是学生的愚钝所致。当要离开时，才发现原来自己对母校、导师和诸先生是多么留恋。我在这里受到诸先生的教诲，在敬畏之中沐浴着先生们高尚的人格魅力和严谨的学术品格，更受到恩师方李莉先生慈母般的关怀，先生们给予我的，不仅是学术上的收获，更包含人生的精神财富。谢谢中国艺术研究院的诸位先生，谢谢恩师方李莉先生！

感谢北京大学的朱晓阳教授、于长江教授，中央民族大学的王建民教授，北京师范大学的色音教授，中国艺术研究院的刘梦溪先生、王列生研究员。在论文写作中，他们提出了诸多宝贵意见。感谢艺术人类学研究中心的诸位师长，他们不仅在学术，也在生活上给了莫大的帮助，他们是：邱春林博士后、杨秀博士、安丽哲博士、李修建博士、关祎硕士，还有付京华和蔡玉琴女士等。感谢我的同学们，他们给予的无私帮助和兄弟般的感情，他们或帮忙查资料，或提供修改意见，或帮忙修改错误。同学的感情，纯洁无私，是我一生的宝贵财富。他们是：郭威、王先岳、陈义丰、汪世基、王进、胡斌、赵书波、孙恩杨、冯建章、武洪滨、李朝霞、李雪、燕生东、王克、罗易扉、施艳萍、张伟平（仁量）、孔德平、吴士新、任方冰、徐振杰、陶宏、陈紫，等等。还要感谢我在798艺术区考察期间给予帮助的诸位艺术家和朋友们：张小涛、管一棹、徐勇、黄锐、傅磊、吕元永、陈进、李继春、郝光、李九实以及其他未署名的朋友们。感谢齐鲁师范学院的各位领导，尤其是我的系主任赵英水先生，他们为我顺利完成学业给予了物质和精神的双重支持。感谢我的硕士导师、山东艺术学院的毛岱宗先生，是他把我引领上艺术的道路，并一直鼓励我走到今天。

还要感谢我的亲人们，感谢我的父母，感谢我的妻儿。最后的感谢，并非他们最不重要，他们的无私、他们的支持和鼓励是我能够安心学习并完成学业的重要前提和有力保障。欠得太多，只一句感谢完全不能表达，唯有将来用心弥补。

行文至此，再次回想起方师李莉的那句话："人需要读两本书，一本是书本的书，一本是社会的书。作为一个艺术人类学的学生，还要加上田野的书，做人的书。"方师的期待需我一生去实践。

刘明亮
庚寅（2010）二月初二于北京新源里